PLANEJAMENTO ORÇAMENTÁRIO

Dados Internacionais de Catalogação na Publicação (CIP)
(Câmara Brasileira do Livro, SP, Brasil)

Padoveze, Clóvis Luís
　　Planejamento orçamentário / Clóvis Luís Padoveze. – 3. ed. rev. e atual. – São Paulo : Cengage Learning, 2023.

　　2. reimpr. da 3. ed. rev. e atual. de 2015.
　　Bibliografia.
　　ISBN 978-85-221-2394-0

　　1. Administração financeira 2. Administração financeira - Problemas, exercícios etc.
3. Orçamento - Problemas, exercícios etc.
4. Planejamento estratégico I. Título.

15-06362　　　　　　　　　　　　　　　　　　　　　CDD-658.15

Índice para catálogo sistemático:
1. Planejamento orçamentário : Administração financeira 658.15

PLANEJAMENTO ORÇAMENTÁRIO

3ª Edição
revista e atualizada

Clóvis Luís Padoveze

CENGAGE

Austrália • Brasil • México • Cingapura • Reino Unido • Estados Unidos

CENGAGE

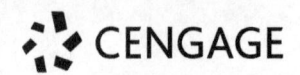

Planejamento Orçamentário – 3ª edição revista e atualizada

Clóvis Luís Padoveze

Gerente editorial: Noelma Brocanelli

Editora de desenvolvimento: Gisela Carnicelli

Supervisora de produção gráfica: Fabiana Alencar Albuquerque

Editora de aquisições: Guacira Simonelli

Especialista de direitos autorais: Jenis Oh

Revisão: Norma Gusukuma e Nelson Barbosa

Projeto gráfico e diagramação: PC Editorial Ltda.

Capa: Sergio Bergocce

Imagem de capa: ziviani/Shutterstock

© 2016 Cengage Learning, Inc.

Todos os direitos reservados. Nenhuma parte deste livro poderá ser reproduzida, sejam quais forem os meios empregados, sem a permissão, por escrito, da Editora. Aos infratores aplicam-se as sanções previstas nos artigos 102, 104, 106 e 107 da Lei nº 9.610, de 19 de fevereiro de 1998.

Esta editora empenhou-se em contatar os responsáveis pelos direitos autorais de todas as imagens e de outros materiais utilizados neste livro. Se porventura for constatada a omissão involuntária na identificação de algum deles, dispomo-nos a efetuar, futuramente, os possíveis acertos.

A editora não se responsabiliza pelo funcionamento dos links contidos neste livro que possam estar suspensos.

> Para informações sobre nossos produtos, entre em contato pelo telefone **+55 11 3665-9900**.
>
> Para permissão de uso de material desta obra, envie seu pedido para
> **direitosautorais@cengage.com**.

ISBN-13: 978-85-221-2394-0
ISBN-10: 85-221-2394-2

Cengage
WeWork
Rua Cerro Corá, 2175 – Alto da Lapa
São Paulo – SP – CEP 05061-450
Tel.: (11) +55 11 3665-9900

Para suas soluções de curso e aprendizado, visite
www.cengage.com.br

Impresso no Brasil
Printed in Brazil
2. reimpr. – 2023

Sumário

Prefácio à 3ª edição ix

PARTE I – OBJETIVOS E O PROCESSO DE GESTÃO ... 1

Capítulo 1 – O processo empresarial de criação de valor 3
   1.1 Criação de valor – A atividade produtiva e o valor agregado 3
   1.2 Criação de valor para o acionista e valor econômico adicionado
       (EVA® – *Economic Value Added*) 4
   1.3 Lucro econômico *versus* lucro contábil 5
   1.4 Modelo da gestão econômica para criação de valor 7
   1.5 Valor da empresa 8
   1.6 Principais critérios para apurar o valor da empresa 9
   Questões e exercícios 17

Capítulo 2 – O sistema empresa e o processo de gestão 19
   2.1 Eficiência e eficácia 20
   2.2 Os subsistemas do sistema empresa 20
   2.3 Modelo de gestão 21
   2.4 O processo de gestão 22
   2.5 Planejamento estratégico 24
   Questões e exercícios 28

Capítulo 3 – Plano orçamentário 31
   3.1 Definição e objetivos 31
   3.2 Terminologias 41
   3.3 Conceitos de orçamento 43
   3.4 Tipos de orçamento 45
   3.5 Orçamento, inflação e moedas 52
   3.6 Empresa e processo de elaboração 54
   3.7 Construção de cenários e elaboração de premissas 61
   3.8 Estrutura do plano orçamentário 64
   3.9 Sistema de informação de orçamento 67
   3.10 Orçamento, sistemas de indicadores de desempenho e gestão de riscos 72
   Questões e exercícios 73

PARTE II – ORÇAMENTO 75

Capítulo 4 – Orçamento de vendas, produção e capacidade 77
   4.1 Aspectos gerais do orçamento de vendas 77

4.2 Previsão de vendas 80
4.3 Orçamento de vendas 82
4.4 Orçamento de produção 89
4.5 Orçamento de capacidade e logística 92
Apêndice: Exemplo de aplicação de métodos quantitativos 99
Questões e exercícios 119

Capítulo 5 – Orçamento de materiais e estoques 121
5.1 Aspectos gerais do orçamento de materiais 121
5.2 Orçamento de estoques de produtos em processo e produtos acabados 134
5.3 Orçamento de impostos a recolher sobre mercadorias 141
Questões e exercícios 141

Capítulo 6 – Orçamento de despesas departamentais 145
6.1 Aspectos gerais do orçamento de despesas 145
6.2 Características comportamentais dos gastos 149
6.3 Despesas a serem orçadas 153
6.4 Premissas e dados-base 158
6.5 Salários e encargos a pagar 167
6.6 Exemplo analítico de orçamento de mão de obra 167
Apêndice: Apuração da tendência ou inclinação da reta dos custos
   semifixos e semivariáveis 171
Questões e exercícios 172

Capítulo 7 – Orçamento de investimentos e financiamentos 177
7.1 Os segmentos do plano orçamentário nos demonstrativos
    contábeis básicos 177
7.2 Orçamento de investimentos 181
7.3 Orçamento de financiamentos 184
Apêndice 1: Critérios de avaliação dos investimentos 191
Apêndice 2: Projetos de investimento e fluxo de caixa descontado ... 197
Questões e exercícios 203

Capítulo 8 – Orçamento em entidades não industriais 205
8.1 Orçamento de receitas 205
8.2 Empresas comerciais 206
8.3 Empresas de serviços 207
8.4 Atividade hospitalar 208
8.5 Atividade hoteleira 209
8.6 Instituições de ensino 209
8.7 Entidades sem fins lucrativos 210
Questões e exercícios 216

PARTE III - AVALIAÇÃO E CONTROLE 217

Capítulo 9 - Projeção das demonstrações financeiras 219

9.1 Demonstrativos contábeis a serem projetados 219
9.2 Metodologia das projeções 223
9.3 Receitas financeiras projetadas 225
9.4 Demonstrativos financeiros projetados 228
9.5 Exemplo sintético para apuração do saldo final de caixa e elaboração do fluxo de caixa 235
Questões e exercícios 242

Capítulo 10 - Controle orçamentário 245

10.1 Objetivos, conceitos e funções 245
10.2 Controle matricial 246
10.3 Características de controle e modelo de processo orçamentário 249
10.4 Relatórios de controle orçamentário 252
10.5 Análise das variações 256
Questões e exercícios 260

Capítulo 11 - Análise das demonstrações financeiras 261

11.1 Análise financeira ou de balanço 261
11.2 Análise da rentabilidade 274
11.3 EVA® - *Economic Value Added* (Valor Econômico Agregado ou Adicionado) 281
Questões e exercícios 283

Capítulo 12 - Introdução à simulação no planejamento orçamentário 287

12.1 Exemplo 1 - Modelo sintético 288
12.2 Exemplo 2 - Modelo simplificado 290
Questões e exercícios 299

Referências 300

Prefácio à 3ª edição

Renovamos nossa satisfação em termos a oportunidade de introduzir melhorias em nosso trabalho e agradecemos aos leitores docentes, discentes e profissionais que nos estimulam a manter o livro atualizado.

Além das revisões normais de algumas semânticas e alguns ajustes necessários, as principais alterações desta edição são as seguintes:

a) Reforçamos o conceito de *forecast*, pois entendemos ser de grande valia esse procedimento complementar ao orçamento original;

b) Reforçamos o conceito do plano orçamentário como instrumento de delegação de autoridade e cobrança de responsabilidade como um dos fundamentos do orçamento;

c) Exploramos um pouco mais o conceito de gerenciamento matricial como uma alternativa interessante para condução do modelo orçamentário;

d) Deixamos mais claro o conceito de orçamento por atividades para as empresas que optam pelo Custeamento ABC;

e) Introduzimos o conceito de *challenge* como um conceito complementar para a condução do orçamento com vistas à otimização do resultado empresarial;

f) Inserimos novas tabelas para exemplificar os conceitos de *forecast* e *rolling budgeting*;

g) Reforçamos a proposta de adoção do Comitê Orçamentário para início e fim dos trabalhos do orçamento;

h) Introduzimos um item para deixar claro que não há conflito entre o orçamento e sistemas de indicadores de desempenho, como o *Balanced Scorecard*;

i) Introduzimos a sugestão de criação de uma tabela de produtos e serviços para estruturação do orçamento de vendas;

j) No orçamento de despesas gerais, desenvolvemos um exemplo bastante completo para cálculo dos gastos com folha de pagamento de salários e encargos sociais;

k) No orçamento de investimentos, introduzimos um novo item para deixar clara a necessidade do subsistema de informação orçamentário para captação e análise dos investimentos necessários;

l) Para deixar mais claras as interligações entre as peças orçamentárias, a demonstração de resultados e o balanço patrimonial orçados, inserimos duas tabelas para exemplificação;

m) Na Parte III de finalização do plano orçamentário, introduzimos um modelo sintético de orçamento do balanço patrimonial, demonstração dos resultados e dos fluxos de caixa, propondo uma metodologia simples e eficaz para obtenção do saldo final de caixa e da demonstração dos fluxos de caixa orçados;

n) No capítulo de controle orçamentário, inserimos uma chamada adicional sobre as variações orçamentárias denominada folga orçamentária. Nesse mesmo item, introduzimos um novo exemplo de análise de variações quando o evento envolve taxas cambiais de moeda estrangeira.

Esperamos novamente contar com a aprovação de nossos leitores.

À disposição,

CLÓVIS LUÍS PADOVEZE
cpadoveze@yahoo.com.br

PARTE I – OBJETIVOS E O PROCESSO DE GESTÃO

Capítulo 1

O processo empresarial de criação de valor

O atual foco das pesquisas sobre a missão das entidades empresariais está centrado no conceito de criação de valor, associando no mesmo escopo o processo de informação gerado pela contabilidade para que tal missão possa ser cumprida adequadamente.

Mais especificamente na administração financeira, Van Horne (1998, p. 3) inicia seu último trabalho também com o mesmo enfoque quando diz: "*O objetivo de uma companhia deve ser a criação de valor para seus acionistas.* O valor é representado pelo preço de mercado da ação ordinária da companhia, o qual, por outro lado, é uma função das decisões de investimento, financiamento e dividendos da empresa (...) Por todo este livro, o tema unificante é a criação de valor".

A Contabilidade Gerencial é vista como uma *parte integral do processo de gestão*, com informações disponibilizadas em tempo real diretamente para a administração, e com a distinção entre administração de *apoio* e de *linha* sendo progressivamente embaçada. *O foco do uso dos recursos (incluindo a informação) para criar valor é uma parte integral do processo gerencial nas organizações* – na criação de valor para os acionistas, clientes e outros credores (Ifac, 1998, p. 4, parágrafos 19 e 29). Apresentamos a seguir os principais conceitos que devem ser revistos à luz dessa função-objetivo da contabilidade gerencial, que é a adição e criação de valor.

1.1 Criação de valor – A atividade produtiva e o valor agregado

A Ciência Econômica é responsável pelo conceito-base de adição ou agregação de valor. Conforme Rossetti (1994, p. 81), "a produção deve ser vista como um processo contínuo de entradas (*inputs*) e saídas (*outputs*). O produto deve ser entendido como a diferença entre o valor das saídas e o valor das entradas, o que equivale a dizer que o conceito de produto corresponde ao *valor agregado* pelas empresas no decurso do processamento da produção".

Portanto, a base sobre a qual se fundamenta o processo de criação de valor empresarial é a produção e a venda dos produtos e serviços da empresa. Cada unidade de produto ou serviço traz dentro de si seu valor agregado (VA), que é a diferença entre o preço de venda obtido no mercado e o preço de compra dos insumos e serviços adquiridos de terceiros também no mercado.

Para produzir e entregar os produtos e serviços, a empresa necessita desenvolver uma série de atividades internas que, por sua vez, também têm um preço de venda e, portanto, um valor agregado. Dessa maneira, a máxima eficiência e eficácia obtida no desenvolvimento de todas as atividades do sistema empresa é que permite, à empresa, a possibilidade de criação de valor, que se traduz no lucro operacional. Denominamos esse processo apropriação de valor agregado, e ele pode ser visto resumidamente na Figura 1.1 a seguir:

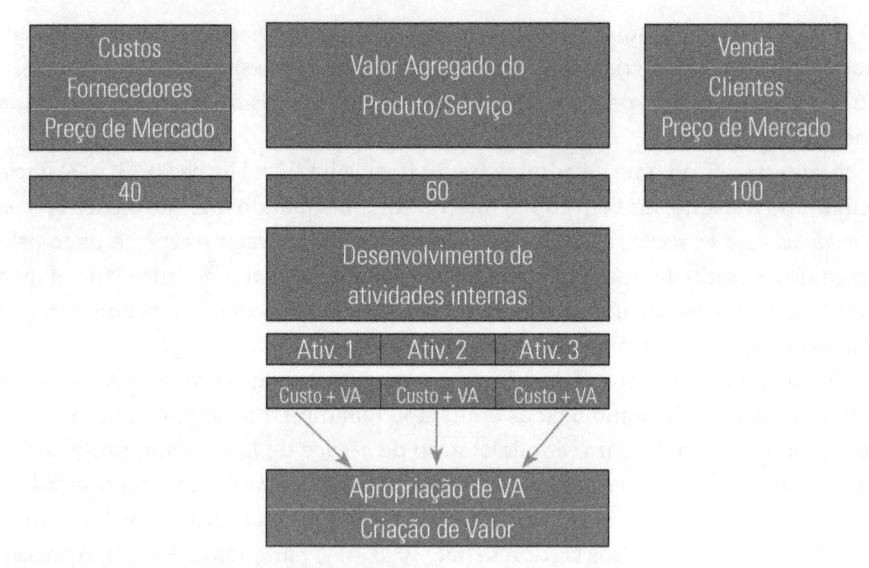

```
┌─────────────────┐      ┌──────────────────────┐      ┌─────────────────┐
│     Custos      │      │                      │      │      Venda      │
│  Fornecedores   │      │  Valor Agregado do   │      │    Clientes     │
│ Preço de Mercado│      │   Produto/Serviço    │      │ Preço de Mercado│
└─────────────────┘      └──────────────────────┘      └─────────────────┘
       40                          60                          100

                         ┌──────────────────────┐
                         │  Desenvolvimento de  │
                         │  atividades internas │
                         └──────────────────────┘
                         │ Ativ. 1 │ Ativ. 2 │ Ativ. 3 │
                         │Custo+VA │Custo+VA │Custo+VA │

                         ┌──────────────────────┐
                         │   Apropriação de VA  │
                         │   Criação de Valor   │
                         └──────────────────────┘
```

Figura 1.1 – Processo de apropriação de valor.

1.2 Criação de valor para o acionista e valor econômico adicionado (EVA®[1] – *Economic Value Added*)

A função-objetivo da contabilidade gerencial de criação de valor para os acionistas nos parece clara, e é um conceito objetivo, pois pode ser mensurado economicamente. A criação do valor para o acionista centra-se na geração do lucro empresarial, o qual, por sua vez, é transferido para os proprietários da entidade, que genericamente estamos denominando acionistas.

Dentro da área de finanças, mais ligado à análise de investimentos, surgiu o conceito de EVA/MVA – Valor Econômico Adicionado/Valor Adicionado de Mercado. Conforme Atkinson et al. (2000, p. 478-9), "recentemente, um número de analistas e consultores tem proposto o uso do valor econômico adicionado como uma ferramenta para avaliação do desempenho da organização... o analista ajusta o lucro contábil, corrigindo-o com o que os proponentes do valor econômico adicionado consideram para sua visão conservadora. Por exem-

---
[1] Marca registrada da Stern Stewart & Co.

plo, os ajustes incluem a capitalização e amortização de custos de pesquisa e desenvolvimento e custos significativos de lançamento de produtos. A seguir o analista computa a importância do investimento na organização e deriva o valor econômico adicionado como segue:

Valor Econômico Adicionado = Lucro Contábil Ajustado (−)
Custo de Capital × Nível de Investimento"

Na realidade, podemos dizer que o conceito de EVA nada mais é do que uma aplicação do conceito de *custo de oportunidade* do capital e do conceito de manutenção do capital financeiro da empresa.

Custo de oportunidade

Todas as atividades devem ser avaliadas pelo preço de mercado, que representa o custo de oportunidade de manter determinada atividade. Fundamentalmente, isso é explicitado em dois conceitos de custo de oportunidade:

1. Preço de mercado e preço de transferência baseados no preço de mercado, para avaliação dos estoques e produtos finais e dos produtos e serviços produzidos pelas atividades internas.
2. Custo financeiro de oportunidade, para mensurar e avaliar o aspecto financeiro das atividades e do custo de oportunidade dos acionistas, fornecedores de capital à empresa e às atividades.

A adoção do custo de oportunidade para os acionistas implica criar uma área específica de resultados para mensurar sua rentabilidade. O custo de oportunidade dos acionistas é o lucro mínimo que eles deveriam receber para justificar seu investimento (o seu custo de oportunidade, a preço de mercado). O conceito de custo de oportunidade dos acionistas permite uma visão correta de lucro distribuível, ou seja, só distribuir o excedente à manutenção do capital financeiro, e com isso dá as condições econômicas para o processo de sobrevivência do sistema empresa e, portanto, sua continuidade. O conceito de custo de oportunidade, acoplado a conceitos de mensuração relacionados com o fluxo futuro de benefícios, configura o conceito de lucro econômico, em oposição ao conceito tradicional de lucro contábil.

1.3 Lucro econômico *versus* lucro contábil

O resultado apurado de acordo com os princípios contábeis geralmente aceitos é denominado *lucro contábil*. Chamamos de lucro econômico o resultado apurado segundo os conceitos de mensuração não atrelados ao custo original como base de valor, mas, sim, como valores de realização ou de fluxo futuro de benefícios, decorrente da abordagem das atividades para mensuração do lucro (Hendriksen, 1977, p. 143-144).

Estamos adotando como premissa que o lucro é obtido pela diferença do valor do patrimônio líquido final menos o inicial. Nesse sentido, adotamos o conceito de lucro econômico como mensuração do resultado empresarial, em acordo com as colocações de Guerreiro (1991, p. 5):

> em termos econômicos, o lucro é visto como a quantia máxima que a firma pode distribuir como dividendos e ainda continuar tão bem ao final do período como estava no começo. Continuar tão bem, economicamente falando, é interpretado como manter o capital intacto em termos do valor descontado do fluxo de recebimentos líquidos futuros. O lucro econômico é gerado, portanto, assim que exista um aumento no patrimônio líquido. Por outro lado, para mensurar o lucro como incremento do patrimônio líquido é necessária a avaliação de todos os ativos da empresa, com base nos recebimentos líquidos futuros esperados. O lucro é mensurado por meio do crescimento do patrimônio líquido, originado pela manipulação dos ativos. Sob esse prisma, os ativos de qualquer natureza são 'recebíveis', esperados para fluir para a empresa período a período.

Lucro econômico, *goodwill* e custo de oportunidade

Para manter o capital intacto, é necessária a adoção do conceito de custo de oportunidade do capital, conceito que implica uma rentabilidade mínima de mercado, de tal forma que os investidores sejam remunerados além dessa rentabilidade mínima, sob pena de abandonarem os investimentos na empresa. Assim, dois conceitos de mensuração são fundamentais, para a Contabilidade Gerencial, para obter o justo valor da empresa e o resultado econômico correto: custo de oportunidade e fluxo líquido de benefícios futuros.

Nesse sentido, a figura do *goodwill** emerge naturalmente como o valor resultante da mais-valia do valor da empresa sobre a avaliação individual de seus ativos, conforme diz Martins (1972, p. 78): "O *goodwill* tem sido genericamente aceito como o fruto da existência de diversos fatores que a Contabilidade não aceita formalmente como elementos do Ativo, quer sejam eles a organização interna da empresa, o bom relacionamento com os empregados, a condição monopolística, a localização da firma, ou outros quaisquer".

Como vemos, o conceito de lucro econômico é muito mais abrangente, pois permite incorporar as questões fundamentais da mensuração do resultado, eficácia, sobrevivência e valor da empresa, além de fazê-lo de forma integrada e dentro da visão sistêmica.

* *Goodwill: valor da diferença obtida entre o valor total da empresa, avaliada por determinados critérios, e o valor resultante da soma aritmética do valor dos ativos e passivos avaliados isoladamente; valor intangível adicional da empresa.*

EVA e destruição de valor

O conceito de destruição de valor emerge como conceito inverso ao de adição de valor, considerando o custo de oportunidade de capital. Todas as atividades com um resultado inferior ao custo de oportunidade do investimento apresentam destruição de valor, pois os acionistas estarão sendo remunerados com rentabilidade inferior ao custo médio de oportunidade do mercado.

A distribuição de resultados nessa condição implicaria um processo de destruição do capital da empresa, pois estar-se-ia, na realidade, distribuindo capital dos acionistas e, consequentemente, reduzindo o valor da empresa.

1.4 Modelo da gestão econômica para criação de valor

Os conceitos apresentados podem ser incorporados e resumidos dentro do balanço patrimonial. O conceito de valor agregado pela empresa, decorrente da venda dos produtos e serviços a seus clientes, é um conceito de valor agregado ligado ao ativo. Em outras palavras, o ativo são os recursos necessários para gerar o valor agregado pela empresa, por meio da compra, produção e venda de seus produtos e serviços.

O conceito de valor adicionado para os acionistas é ligado às fontes supridoras de capital – no caso, os proprietários da empresa. Dessa maneira, os dois conceitos de criação de valor podem ser associados ao balanço patrimonial. A criação de valor pela empresa, mediante seus produtos, é operacionalizada pelo ativo. A criação de valor para os acionistas é parametrizada pelo custo de oportunidade de capital desses acionistas e fica evidenciada na figura do passivo, como mostra o quadro a seguir.

Quadro 1.1 – Criação de valor e o modelo contábil

Ativo	Passivo
Criação de valor pela empresa pelo valor agregado dado pelos produtos e serviços	Criação de valor para o acionista pela adoção do custo de oportunidade de capital

Pontos limítrofes ou referenciais no processo de criação de valor

Conclui-se, então, que existem dois pontos referenciais na análise do processo de criação de valor:

1. Conceito de valor agregado, decorrente da teoria econômica, que é expresso pelo valor de mercado do produto final entregue aos clientes, menos o valor dos insumos adquiridos de terceiros, também a preços de mercado – ou seja, o conceito de valor adicionado adotado pela Ciência Contábil.

2. Custo de oportunidade de capital dos acionistas, que entende como criação de valor o lucro empresarial que excede ao custo de oportunidade do capital sobre o valor dos investimentos no negócio.

Com base nesses pontos referenciais, a Controladoria, no exercício da função contábil gerencial, pode monitorar adequadamente o processo de geração de valor dentro da empresa, mediante:

- a adoção dos conceitos adequados de mensuração do lucro empresarial, que, em nosso entendimento, são derivados do conceito de lucro econômico;
- o apoio às atividades operacionais no processo de geração de valor, por meio do sistema de informação contábil gerencial.

Os fundamentos do lucro econômico são:

1. O resultado da empresa é obtido pela diferença entre patrimônios líquidos, final menos inicial, excluídos os aumentos e reduções de capital durante o período;
2. Ativos avaliados pelo valor presente do fluxo futuro de benefícios e, consequentemente, incorporação do conceito de *goodwill*;
3. Adoção do custo de oportunidade de capital para mensuração do resultado dos produtos, atividades, divisões e da empresa;
4. Adoção do custo de oportunidade para o processo de distribuição de dividendos e manutenção do capital da empresa.

Nesse sentido, todas as estruturas organizacionais da empresa trabalharão de forma congruente junto aos acionistas, objetivo maior da entidade e da continuidade do empreendimento. A Controladoria, pelo sistema contábil gerencial, que incorpora os conceitos de lucro econômico, dá as condições de avaliação de todo o processo de geração ou criação de valor da empresa e para os acionistas.

1.5 Valor da empresa

Sendo o foco da Controladoria a maximização do valor da empresa, pelo processo de criação de valor, é necessário um processo de avaliação permanente do valor da empresa.

> *O valor da empresa é aquele que será obtido pela venda da empresa a seus novos proprietários.*

O pressuposto para a Controladoria ter sempre o valor da empresa é no sentido de nortear sua missão. A contabilidade deve mensurar adequadamente o valor da empresa para que os seus gestores, a qualquer momento, possam redirecionar seu planejamento no sentido de manter ou não o investimento. Em outras palavras, saber se continuam ou não com a empresa. Dever-se-á continuar com a empresa caso ela esteja mantendo ou criando valor; deverá haver a descontinuação com o investimento na empresa se ela estiver diminuindo de valor, ou seja, destruindo valor.

Critérios de avaliação de empresas e os princípios contábeis geralmente aceitos

Dentro da Contabilidade Financeira (a contabilidade tradicional regida pelos Princípios Fundamentais de Contabilidade), os critérios de avaliação são centrados no custo como base de valor, tendo como referência o *postulado da continuidade*. Nesse sentido, a avaliação da empresa feita por outros critérios que não o custo (preços de mercado, fluxo futuro de benefícios etc.) pressupõe a *descontinuidade* da empresa, ou seja, sua paralisação definitiva ou momentânea.

Na nossa visão de Controladoria, em que aplicamos a Ciência Contábil como a ciência do controle econômico, esse conceito não é importante. Entendemos que é necessário obter o valor da empresa segundo critérios econômicos, que basicamente centram-se nos fluxos futuros de benefícios, e que esses critérios não pressupõem, de forma nenhuma, a descontinuidade empresarial.

Podemos afirmar até o contrário: a obtenção permanente do valor da empresa, segundo critérios econômicos, e sua incorporação no Sistema de Informação de Controladoria, é vital para a continuidade do empreendimento. Se não há uma avaliação do potencial de benefícios futuros do empreendimento, poderá, sim, haver a descontinuidade. O valor da empresa, que indica se está havendo ou não criação de valor, é fundamental para a continuidade do investimento.

O valor da empresa é que determina a atratividade do investimento e, por conseguinte, da empresa junto aos potenciais investidores – portanto, é fator determinante para sua sobrevivência, que é a condição final da eficácia empresarial.

1.6 Principais critérios para apurar o valor da empresa

O ponto fundamental para a decisão de comprar ou não uma empresa ou participação acionária, ou avaliar a continuidade do investimento, está no valor-base para negociação, determinado por alguns critérios de avaliação. No caso de negociação, provavelmente o valor final se situará entre os principais critérios aplicados à mensuração econômica do empreendimento. Contudo, seguramente haverá a proeminência dos critérios centrados no fluxo futuro de benefícios. De qualquer forma, é importante que a Controladoria ofereça todos os critérios possíveis.

Quanto ao critério de avaliação pelo fluxo futuro de benefícios, alguns o consideram discutível, pois conta com forte dose de subjetividade. Em nosso entendimento, o profissional de Controladoria tem todas as condições de fazer o melhor, pois tem a Ciência Contábil e outros ramos do conhecimento humano (economia, matemática, sociologia, administração, marketing etc.) ao seu dispor. Nessa linha de raciocínio, o valor da empresa será decorrente da competência técnica dos avaliadores. Seguramente, não haverá ninguém com melhores condições do que as pessoas dentro da própria empresa para avaliá-la.

Os principais critérios de avaliação de empresas são:

1. Valor contábil.
2. Valor de mercado.
3. Cotação da ação ou cota.
4. Potencial de rentabilidade futura.

Valor contábil

O valor contábil é o valor constante da Contabilidade Financeira, segundo os princípios contábeis geralmente aceitos. Tem como fundamento o princípio do custo como base de valor e o regime de competência de exercícios. Como o valor da empresa na contabilidade é evidenciado pelo valor total do patrimônio líquido, automaticamente o valor de uma empresa, segundo a contabilidade, é o total do patrimônio líquido. O valor do patrimônio líquido de uma empresa é obtido sob o postulado contábil da continuidade. Assim, os ativos estão avaliados pelos custos de aquisição ou produção e os direitos e obrigações estão avaliados com os encargos e direitos até a data do balanço patrimonial. É importante verificar a possibilidade da existência de passivos contingenciais não declarados, como avais, processos judiciais sem depósito, *leasings* etc., bem como de ativos intangíveis ou não declarados, como impostos a recuperar, *franchisings* etc., que deverão ser excluídos do valor contábil ou a ele adicionados para obtenção do valor final.

> *Valor Contábil = Valor do Patrimônio Líquido Contábil*

Valor de mercado

O valor de mercado normalmente é diferente do valor contábil porque as avaliações contábeis, obtidas por critérios gerais de avaliação de ativos e passivos, fundamentadas em documentação existente e valores históricos, por mais acuradas que sejam, dificilmente são iguais ao valor que o mercado pode pagar em determinado momento.

O valor de mercado, outrossim, deve levar em consideração o fato de a empresa estar encerrando-se ou não. Se a empresa está encerrando suas atividades, provavelmente os valores de seus ativos têm um valor que o mercado paga como um bem usado. Caso, porém, a empresa esteja em continuidade, ou seja, em operação, a avaliação do valor de mercado pode vir a ser diferente.

De qualquer forma, é possível fazer uma avaliação a preços de mercado de todos os ativos e passivos da empresa, cujos valores podem ser maiores ou menores do que os valores constantes da contabilidade. Nesse critério de avaliação, cada ativo e cada passivo será individualizado para a feitura das avaliações, no pressuposto de que podem ser vendidos separadamente.

> *Valor de Mercado = Patrimônio Líquido a Preços de Mercado*
> *(Valor de Mercado dos Bens e Direitos Avaliados Individualmente*
> *(−) Valor de Mercado das Dívidas Avaliadas Individualmente)*

Tabela 1.1 − Valor da empresa: valor contábil e valor de mercado

Balanço Patrimonial	Valor Contábil − $	Valor de Mercado − $	Critério Básico
ATIVO CIRCULANTE			
Disponibilidades	495	495	Não há ajuste estando os juros contabilizados adequadamente
Clientes	3.380	3.200	Ajuste a valor presente − dedução dos juros adicionados nas vendas a prazo
Estoques			
Materiais	1.864	3.000	Ajuste do custo médio ponderado para custo de reposição
Em Processo	799	1.600	Ajuste do custo médio de fabricação para custo de reposição
Produtos Acabados	1.384	3.500	Ajuste do custo médio de fabricação para preço de venda realizável líquido
Impostos a Recuperar	500	470	Desconto de juros pelo tempo provável de compensação ou restituição
Soma	8.422	12.265	
ATIVO NÃO CIRCULANTE			
Realizável a Longo Prazo			
Instrumentos Financeiros	210	210	Não há ajuste, pois devem estar a valor justo (valor de mercado)
Investimentos			
Empresas coligadas e controladas	830	950	Avaliação da empresa ("*Valuation*") pelo fluxo de caixa descontado
Imobilizado			
Terrenos e Prédios	2.990	4.098	Valor justo (valor de mercado) superior ao valor contábil
Equipamentos, Móveis, Veículos	4.030	3.620	Valor justo (valor de mercado) superior ao valor contábil
(−) Depreciação Acumulada	-1.280	0	
Intangível			
Marcas e patentes	350	500	Valor justo (valor de mercado) superior ao valor contábil
(−) Amortização Acumulada	-280	0	
Soma	6.850	9.378	
ATIVO TOTAL	15.272	21.643	

(continua)

Tabela 1.1 – Valor da empresa: valor contábil e valor de mercado (continuação)

Balanço Patrimonial	Valor Contábil – $	Valor de Mercado – $	Critério Básico
PASSIVO CIRCULANTE			
Fornecedores	838	810	Ajuste a valor presente - dedução dos juros adicionados nas compras a prazo
Tributos a Recolher	499	499	Não há ajuste estando os juros e multas contabilizadas adequadamente
Salários e Encargos a Pagar	400	400	Não há ajuste se as provisões de perdas prováveis estão contabilizadas
Outras Contas a Pagar	534	534	Não há ajuste estando os juros e multas contabilizadas adequadamente
Empréstimos e Financiamentos	1.604	2.500	Ajuste a valor justo de mercado, se existir
Soma	3.875	4.743	
PASSIVO NÃO CIRCULANTE			
Empréstimos e Financiamentos	4.000	3.900	Ajuste a valor justo de mercado, se existir
Tributos Parcelados	1.300	1.300	Não há ajuste estando os juros e multas contabilizadas adequadamente
Soma	5.300	5.200	
PATRIMÔNIO LÍQUIDO			
Capital Social	4.000	4.000	Não há ajuste
Reservas	1.800	1.800	Não há ajuste
Lucros Acumulados	297	5.900	Valor de Mercado Residual obtido por diferença
Soma	6.097	11.700	VALOR DA EMPRESA
PASSIVO TOTAL	**15.272**	**21.643**	

Nesse exemplo, pelo critério de avaliação pelo *Valor Contábil*, o valor da empresa é igual a $ 6.097, que é o valor total do Patrimônio Líquido pela contabilidade tradicional.

No critério de avaliação pelo *Valor de Mercado*, o valor da empresa é igual a $ 11.700, decorrente da avaliação individual dos ativos e passivos a preços de mercado, ficando a diferença como Valor de Mercado Residual ou Patrimônio Líquido a Preços de Mercado.

Cotação da ação

Nesse critério, a empresa vale a cotação da ação ou cota no mercado de bolsa de valores ou mercado de balcão. Esse critério é tanto mais válido quanto mais o mercado acionário representar a realidade econômica do país e do mercado, bem como o desempenho das empresas, como tende a acontecer nos países em que há grande número de empresas de capital aberto.

Sabe-se que, em linhas gerais, os princípios que direcionam o valor da cotação da ação das empresas em bolsas de valores são conceitos econômicos atrelados a fluxo futuro de dividendos ou lucros, sendo, portanto, um critério antecipatório do critério mais recomendado de avaliação de empresas.

Nesse conceito, para se obter o valor da empresa, basta multiplicar a quantidade de ações ou cotas representativas do capital social da empresa pelo valor da cotação ou cota no mercado, por ocasião da negociação ou no momento de mensuração do valor da empresa. Respeitam-se, obviamente, as diversas classes de ações representativas do capital e suas eventuais cotações diferenciadas. Se as ações preferenciais têm valor diferente das ações ordinárias, essas diferenças devem ser consideradas junto às respectivas quantidades.

$$\text{Valor da Empresa pela Cotação da Ação} = \text{Quantidade de Ações} \times \text{Cotação da Ação na Bolsa}$$

Tabela 1.2 – Valor da empresa pelo critério de cotação da ação

COTAÇÃO DA AÇÃO	Ordinárias	Preferenciais	Total
Quantidade integralizada	3.200.000	4.500.000	7.700.000
Cotação unitária da ação no mercado – R$	1,25	1,45	
VALOR DA EMPRESA – R$	4.000.000	6.525.000	10.525.000

Potencial de rentabilidade futura

Nesse conceito, o *valor atual* da empresa é decorrente de sua *rentabilidade futura* ou, em outras palavras, do fluxo futuro de benefícios. Em princípio, devemos projetar os lucros da empresa, considerando os produtos e mercados atuais, os produtos e mercados futuros, e avaliar sua rentabilidade, trazendo-os a valor atual por uma taxa de juros de desconto. Esse critério é considerado como o mais adequado para avaliação de uma empresa, pois fundamenta-se no cerne da questão empresarial: a capacidade de geração de lucros.

A capacidade de geração de lucros é que possibilitará o que se busca em um investimento de risco: a geração de caixa e, consequentemente, o retorno do investimento. Gerando lucros e caixa, a empresa terá condições de distribuir resultados e, com isso, possibilitará tanto os fluxos futuros de dividendos como a manutenção de sua atratividade junto aos atuais e potenciais acionistas e investidores.

A possibilidade real de dividendos futuros influenciará decisivamente na avaliação da ação no mercado, trazendo sua cotação a preços que reflitam o patrimônio da empresa, sua rentabilidade futura e, portanto, seu desempenho empresarial.

Nesse critério, podemos incluir os seguintes conceitos, que, em nosso entendimento, são similares:

- fluxo futuro de benefícios;
- fluxo futuro de dividendos;
- fluxo futuro de lucros;
- fluxo futuro de caixa ou fluxo de caixa descontado.

A dúvida que possa existir sobre se devemos utilizar o conceito de lucros futuros ou o conceito de fluxos futuros de caixa é, em nosso entendimento, dirimida pelas colocações de Iudícibus (1995, p. 6), quando diz:

> A curto prazo, no que se refere ao modelo informacional que precisa ser suprido para o modelo decisório, pode parecer que este condiciona modelos diferenciados para aquele, caso estejamos contemplando o usuário interno ou externo. Assim, podemos ter modelos baseados em *fluxos de renda ou de caixa*, conforme o usuário. Mas, a longo prazo, tanto os fluxos de renda (competência) podem ser transformados em fluxos de caixa, como estes são, em última análise, os insumos informacionais mais relevantes. Se examinarmos bem, o que todos os usuários da informação contábil procuram é maximizar o valor presente dos fluxos de caixa futuros por meio de manipulações com elementos patrimoniais. Como já afirmei em outros trabalhos, a empresa, por exemplo, somente mantém outros ativos (que não caixa) na esperança de obter mais caixa no futuro. Assim, basicamente, pensamos que não existe grande diferença nos objetivos decisórios de usuários, os mais variados. *A maximização do fluxo de caixa é um objetivo comum* [grifos nossos].

Ativos intangíveis e *goodwill*

Uma das questões cruciais na avaliação de empresas é determinar o valor dos denominados *ativos intangíveis*. Ativos intangíveis são elementos patrimoniais que adicionam valor ao empreendimento negocial, mas que não existem fisicamente nem são mensurados tradicionalmente pela contabilidade, salvo se já houverem sido objeto de uma negociação anterior.

Alguns conceitos expressam bem os ativos intangíveis, pois eles evidenciam elementos que, de fato, agregam valor ao negócio, mas não são normalmente mensurados. São exemplos *goodwill*, fundo de comércio, marca da empresa ou de produtos etc. De um modo geral, o conceito de *goodwill* engloba todos esses aspectos e elementos intangíveis.

Goodwill pode ser entendido como um elemento patrimonial intangível que possibilita um ganho para a empresa além do normal (Neiva, 1992, p. 63). É importante ressaltar que o *goodwill* não pode ser mensurado isoladamente. Ele só existe em função de determinados acontecimentos ou aspectos, que fazem a empresa conseguir ganhos acima do normal. Sem o *goodwill*, a empresa faturaria e lucraria menos.

De um modo geral, o *goodwill* é um elemento que caracteriza o caráter sinérgico da empresa, ou seja, a resultante de uma série de fatores coordenados dentro da empresa, nos seus aspectos de produtos, produção, mercados, administração, localização, cultura empresarial etc., que empurra a empresa para lucros superiores àqueles que seriam obtidos após a análise puramente técnica dos elementos tradicionais dos investimentos negociais. O *goodwill* está ligado, então, à empresa como um todo.

O *goodwill* pode ser determinado pela diferença entre o valor da empresa como um todo, avaliada pelo potencial de rentabilidade futura, e o valor dos ativos avaliados individualmente, mesmo que esses ativos sejam, também, avaliados pelo potencial de serviços futuros específico de cada um.

Tabela 1.3 – Apuração do valor do *goodwill*

A = Valor da empresa pelo critério de potencial de rentabilidade	=	$ 13.127.022
B = Valor da empresa pelos ativos e passivos avaliados individualmente	=	$ 11.700.000
C = Valor do *goodwill* (A − B)	=	$ 1.427.022

Elementos para avaliar a empresa pelo potencial de rentabilidade

O valor da empresa no momento, como já vimos, deve ser encarado como sendo o valor atual dos lucros futuros, até o horizonte, descontado pelo custo de oportunidade do investimento em cada início de período em que se gerar lucro, somado ao valor de realização do patrimônio líquido no início do horizonte (ou o provável valor de realização no final do horizonte de tempo considerado), descontados a uma taxa adequada. Dessa maneira, os elementos para esse critério de avaliação são os seguintes:

1. *Horizonte do empreendimento*, ou seja, o número de anos a serem utilizados para projeção dos lucros futuros (em condições de continuidade, a faixa de horizonte mais utilizada situa-se entre cinco e dez anos).
2. *Lucro projetado ou fluxo de caixa projetado* (para todos os períodos de tempo considerados no horizonte do empreendimento).
3. *Investimento inicial ou valor de realização (valor residual) do investimento ao final do horizonte de tempo*; no caso de empresa em andamento, o valor a ser considerado será o valor residual, ou seja, qual o provável valor da empresa após a distribuição dos lucros projetados.

4. *Taxa de desconto adequada,* isto é, a taxa para descontar os fluxos futuros periódicos, dentro do conceito de juro composto, objetivando trazer os valores futuros a valor presente.
5. *Surgimento do* goodwill, já que, mesmo sob o melhor critério de avaliação individual dos ativos e passivos existentes, emergirá o valor do *goodwill*, como o valor que complementa a avaliação global pelo potencial de rentabilidade em relação à avaliação anterior existente.

Os elementos e seus problemas

Todos os elementos componentes do critério de avaliação pelo potencial de rentabilidade futura podem ser objeto de críticas, pois têm um grande grau de subjetividade ou um grande grau de incerteza na obtenção de seus dados. Todos os elementos devem ser trabalhados no sentido de se obter a melhor solução, seja com alguns caminhos práticos, seja com o auxílio de métodos quantitativos e probabilísticos.

Mesmo considerando todos esses problemas, o valor da empresa deve ser calculado segundo a melhor competência dos gestores empresariais, lembrando sempre que a importância do valor da empresa está em se ter o melhor parâmetro para a gestão de Controladoria, que é o processo de criação de valor.

A seguir apresentamos um modelo numérico de avaliação econômica da empresa sob o conceito de fluxos futuros.

Tabela 1.4 – Exemplo: potencial de rentabilidade futura

POTENCIAL DE RENTABILIDADE FUTURA			
Custo de Oportunidade		10% aa	
Período considerado		5 anos	
Valor atual / residual		6.097.000	
	Rentabilidade Futura	Taxa de Desconto	Valor Descontado
Ano 1	1.200.000	1,10000	1.090.909
Ano 2	1.500.000	1,21000	1.239.669
Ano 3	1.850.000	1,33100	1.389.932
Ano 4	2.300.000	1,46410	1.570.931
Ano 5	2.800.000	1,61051	1.738.580
Soma	9.650.000		7.030.021
Valor atual/residual	6.097.000		6.097.000
VALOR DA EMPRESA	15.747.000		13.127.021

Questões e exercícios

1. Uma empresa decide entrar no ramo de leite longa vida e espera vender 5 milhões de litros de leite ao mês. O preço pago pela matéria-prima é de $ 0,25 o litro, e o preço de mercado do produto final é igual a $ 1,10. Qual será o valor agregado máximo dado pelo produto em um ano de faturamento? Desconsidere impostos para esse cálculo.

2. Os gastos estimados para suportar as atividades internas desenvolvidas para fabricar e comercializar o produto do exercício anterior somam $ 46.500.000 para um ano. Os investimentos necessários para implantação do projeto de leite longa vida são da ordem de $ 38.000.000. Qual é a rentabilidade anual do investimento?

3. Supondo que os financiadores do projeto tinham em mente um custo de oportunidade do capital de 11% ao ano, qual será a criação de valor para os acionistas estimada anualmente?

4. Considere uma outra alternativa, em que o preço de venda do litro de leite poderá crescer 3% e o preço da matéria-prima suba apenas 2%. Considere que o custo anual das atividades é o mesmo, bem como o investimento inicial. Calcule:
   a) o novo valor agregado gerado pela empresa;
   b) a rentabilidade anual do investimento;
   c) o valor criado para o acionista, partindo agora do pressuposto de que o custo de oportunidade dos fornecedores de capital seja de 18% ao ano.

5. Considere os seguintes demonstrativos contábeis de uma empresa:

ATIVO CIRCULANTE		PASSIVO CIRCULANTE		DEMONSTRAÇÃO DO RESULTADO DO PERÍODO	
Caixa/Bancos/AF	1.000	Fornecedores	2.700	Vendas Brutas	9.600
Estoques	5.000	Contas a Pagar	200	(–) Impostos sobre Vendas	(1.600)
Clientes	7.000	Impostos a Recolher	100	Vendas Líquidas	8.000
ATIVO NÃO CIRCULANTE		PASSIVO NÃO CIRCULANTE		(–) CMV	(5.000)
Imobilizado	12.000	Empréstimos	8.000	= Lucro Bruto	3.000
(–) Depreciação Acumulada	(2.000)	PATRIMÔNIO LÍQUIDO		(–) Despesas operacionais	(700)
		Capital Social	10.000	(–) Juros	(200)
		Lucro Acumulado	2.000	(–) Depreciação	(1.000)
TOTAL	23.000	TOTAL	23.000	= Lucro Líquido	1.100

   a) Determine o valor da empresa a preços de mercado, considerando as seguintes premissas:
   • os estoques a preços de reposição valem mais 12%;
   • os clientes têm embutido taxas médias de juros de 4%;

- o imobilizado a valor contábil está superavaliado em 20%;
- a depreciação a preços de mercado deve seguir a proporção do valor contábil;
- os fornecedores têm embutido taxas médias de juros de 2%.

b) Determine o valor da empresa pelo fluxo futuro de lucros, considerando que nos próximos três anos a empresa lucrará 20% a mais em cada ano, de forma consecutiva e sempre sobre o ano anterior. Considere como taxa de desconto o custo de oportunidade de 10% e um valor residual da empresa de $ 4.500.

c) Apure o valor do *goodwill*.

6. A projeção do fluxo líquido de caixa de uma empresa para os próximos cinco anos é a seguinte:

Fluxo de Caixa Projetado	
Ano 1	$ 20.000
Ano 2	23.500
Ano 3	24.000
Ano 4	28.000
Ano 5	30.000

Considerando um valor residual de $ 35.000 e um custo de oportunidade de capital de 13% ao ano, qual será o valor da empresa pelo critério de fluxos futuros?

7. Uma empresa tem um valor atual de mercado de $ 154,5 milhões. Novas premissas e condições do ambiente indicam que ela tem uma capacidade anual de geração de lucro de $ 19,2 milhões por ano. Considerando um custo de oportunidade de capital de 12% ao ano, em perpetuidade, quais serão o novo valor da empresa e o *goodwill* resultante?

Capítulo 2

O sistema empresa e o processo de gestão

As organizações empresariais interagem com a sociedade de maneira completa. A empresa é um sistema no qual há recursos introduzidos, que são processados, e há a saída de produtos ou serviços. Uma empresa é considerada um sistema aberto em razão de sua interação com a sociedade. Essa interação provoca influência nas pessoas, aumento nos padrões de vida e o desenvolvimento da sociedade.

> Toda empresa tem uma missão em relação à sociedade *e a missão das empresas corresponde aos seus objetivos permanentes, que consistem em otimizar a satisfação das necessidades humanas.* (Catelli, 1994, grifo nosso)

A visão da empresa como um sistema aberto, conforme mostra a Figura 2.1, ressalta as diversificadas e enormes pressões a que o ambiente a submete. Classificamos as pressões ambientais, dentro do ambiente remoto e do ambiente próximo, em variáveis e entidades.

Como a empresa deve procurar o desenvolvimento da sociedade, ela tem de devolver produtos ou serviços (as saídas do sistema) com valor superior aos dos recursos introjetados para processamento (as entradas do sistema), uma vez que os recursos consumidos exaurem o meio ambiente.

Dessa forma, a eficiência empresarial é componente de sua missão. Podemos definir eficiência como a relação existente entre o resultado obtido e os recursos consumidos para conseguir esse resultado.

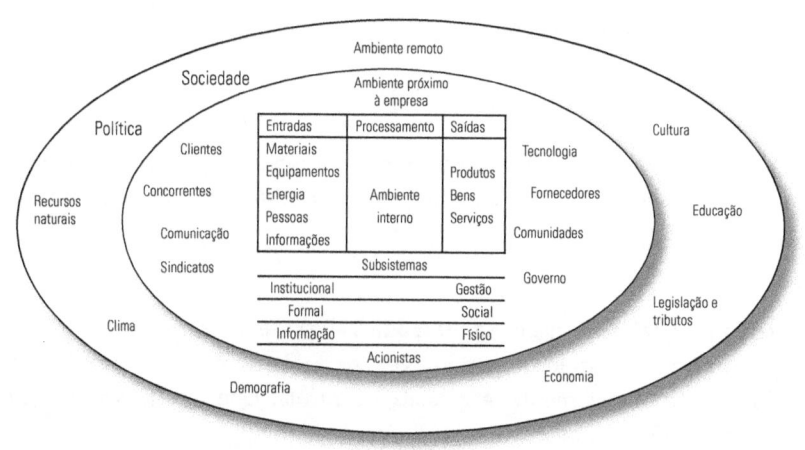

Figura 2.1 – A empresa como um sistema aberto.

2.1 Eficiência e eficácia

Não podemos, aqui, deixar de retomar a questão da eficácia *versus* eficiência. São premissas de nosso trabalho que o *lucro é a melhor medida da eficácia empresarial* e que a empresa, como um investimento, deve apresentar um lucro para seus proprietários e para a própria comunidade.

A empresa, como um sistema aberto, tira recursos do ambiente, processa esses recursos e devolve-os transformados ao ambiente no qual se insere. Dentro desse enfoque sistêmico, os conceitos de eficiência e eficácia se entrelaçam, mas são diferentes. Em resumo, uma empresa, para ser eficaz, deve também ser eficiente; eficácia é quando os objetivos preestabelecidos são atingidos como resultado da atividade ou do esforço; eficiência é a relação existente entre o resultado obtido e os recursos consumidos para conseguir esse resultado.

Dessa forma, os dois conceitos, eficácia e eficiência, podem até juntar-se na visão sistêmica da empresa, como a representante do elemento processamento do sistema.

2.2 Os subsistemas do sistema empresa

Podemos dizer que todo sistema é composto de partes, quais sejam, seus subsistemas. O sistema empresa é bastante complexo e a sua divisão em subsistemas pode ser enfocada de várias maneiras. Adotaremos em nosso trabalho o enfoque de Catelli (1994) e Guerreiro (1989), que dividem o sistema empresa em seis subsistemas:

1. Subsistema institucional.
2. Subsistema de gestão.
3. Subsistema formal.
4. Subsistema de informação.
5. Subsistema social.
6. Subsistema físico-operacional.

Subsistema institucional

É a matriz dos demais subsistemas da empresa e compreende a definição da missão da empresa e as convicções de seus empreendedores traduzidas, seus valores e crenças.

Subsistema de gestão

Subsistema no qual as decisões são tomadas, só podendo ser especificado após a definição maior do modelo de gestão. Nele se encontram o processo de gestão e as atividades de planejamento, execução e controle. Está intimamente ligado ao subsistema de informação.

Subsistema formal

Corresponde à estrutura administrativa da empresa, de autoridades e responsabilidades. É o subsistema organizacional, no qual as tarefas e atividades são agrupadas em setores, departamentos ou divisões.

Subsistema de informação

Compreende todo o conjunto de necessidades informacionais para a gestão empresarial. Dado que o processo de comunicação requisita ininterruptamente um sem-número de informações, os gestores em atuação obrigam a geração de inúmeros subsistemas de informações específicos que, entendidos estruturalmente, formam o subsistema de informação.

Subsistema social

Compreende os indivíduos que fazem parte do sistema empresa, bem como toda a cultura, características e demais aspectos relacionados às pessoas.

Subsistema físico-operacional

Compreende as instalações físicas e os equipamentos do sistema empresa. É importante ressaltar que é no subsistema físico-operacional que as transações são executadas e os eventos econômicos acontecem.

A estruturação do subsistema físico-operacional está fundamentalmente ligada aos produtos e serviços produzidos pela empresa. É o subsistema físico-operacional que possibilita a maior quantidade de ações para a obtenção da eficiência e eficácia empresarial. A visão sistêmica da empresa, como processadora de recursos e obtentora de produtos e serviços, qualifica-se nesse subsistema.

2.3 Modelo de gestão

As crenças e os valores são conceitos que formam a cultura organizacional, que por sua vez interage e conduz a criação do modelo conceitual a ser adotado para gerir a empresa, o que denominamos *modelo de gestão* (Crozatti, 1998).

O modelo de gestão ideal deve ser estruturado considerando-se os seguintes aspectos:

- o processo de gestão do sistema empresa – planejamento, execução, controle;
- a avaliação de desempenho das áreas e dos gestores – responsabilidade pelos resultados das áreas de suas responsabilidades;
- o processo decisório – centralização ou descentralização;
- o comportamento dos gestores – motivação – empreendedores.

> *Modelo de gestão é produto do subsistema institucional e pode ser definido como o conjunto de normas e princípios que devem orientar os gestores na escolha das melhores alternativas para levar a empresa a cumprir sua missão com eficácia.*

Modelo de gestão e o processo de gestão

O modelo de gestão é a matriz do subsistema de gestão, que é traduzido dentro da empresa em um processo orientado que permite a ordenação de sua administração para o fluxo do processo de tomada de decisão em todos os planos empresariais e níveis hierárquicos, denominado *processo de gestão*.

O processo de gestão tem por finalidade permitir à empresa alcançar os seus resultados dentro de um conjunto coordenado de diretrizes, para atingir as metas e os objetivos explicitados na declaração da visão empresarial. O processo de gestão não se limita ao *planejamento*; inicia-se a partir deste e incorpora todas as etapas da *execução* das atividades, bem como do *controle* da execução destas. O controle, por sua vez, não se limita a eventos passados, mas deve permitir controles antecedentes e posteriores aos eventos realizados.

2.4 O processo de gestão

O processo de gestão, também denominado processo decisório, é um conjunto de processos decisórios e compreende as fases do planejamento, execução e controle da empresa, de suas áreas e atividades. Por processo entende-se a sucessão de estados de um sistema que possibilita a transformação das entradas do sistema nas saídas objetivas pelo mesmo sistema.

O planejamento subdivide-se em duas fases: planejamento estratégico e planejamento operacional. O planejamento operacional incorpora uma etapa adicional, que é aquela que finaliza o planejamento das operações, denominada programação.

Na Figura 2.2, podemos visualizar todo o conjunto do processo de gestão.

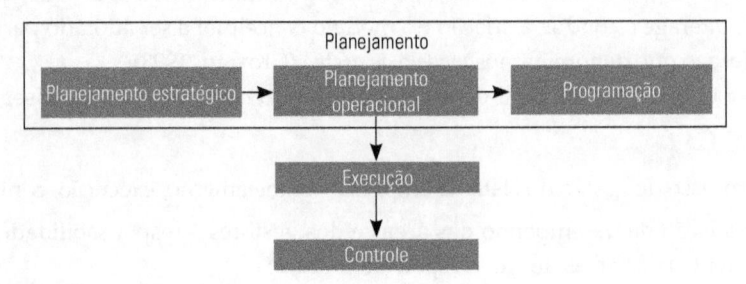

Figura 2.2 – Processo de gestão.

Planejamento estratégico

O planejamento estratégico é a etapa inicial do processo de gestão, quando a empresa formula ou reformula suas estratégias empresariais de acordo com uma visão específica do futuro.

É fase de definição de políticas, diretrizes e objetivos estratégicos e tem como produto final o equilíbrio dinâmico das interações da empresa com suas variáveis ambientais. Nessa etapa, realizam-se as leituras dos cenários do ambiente e da empresa, comumente confrontando as ameaças e oportunidades dos cenários vislumbrados com os pontos fortes e fracos da empresa.

Planejamento operacional

É a etapa em que as diretrizes e os planos estratégicos passam a ser trabalhados, ou seja, quando as definições estratégicas são operacionalizadas. Nessa etapa, elaboram-se os planos alternativos de ação para os projetos determinados no planejamento estratégico. Exemplificando: se a empresa tomou uma diretriz estratégica de uma nova planta fabril ou uma nova linha de negócios, essa etapa compreende o processo de pôr em prática essas definições estratégicas.

Programação

É a fase do processo de gestão que mensura os planos de curto prazo, o próximo ano. Compreende a programação das operações correntes para o próximo ano e os impactos esperados dos projetos em andamento decorrentes do plano operacional que vão se juntar ao resultado das operações correntes. É a concretização do planejamento orçamentário do próximo exercício.

Execução

É a etapa do processo de gestão em que as coisas acontecem. A execução deve estar em coerência com o planejado e programado.

Controle

O controle é um processo contínuo e recorrente que avalia o grau de aderência entre os planos e sua execução, compreendendo a análise dos desvios ocorridos, procurando identificar suas causas e direcionando ações corretivas. Além disso, deve observar a ocorrência de variáveis no cenário futuro, visando assegurar o alcance dos objetivos propostos. Dentro do enfoque sistêmico, o controle faz também o papel de *feedback* ou retroalimentação do sistema.

Quadro 2.1 – Processo de gestão – visão resumida

Fases do Processo	Finalidade	Produto
Planejamento Estratégico	Garantir a missão e a continuidade da empresa	Diretrizes e Políticas Estratégicas
Planejamento Operacional	Otimizar o resultado no médio prazo	Plano Operacional
Programação	Otimizar o resultado no curto prazo	Programa Operacional
Execução	Otimizar o resultado de cada transação	Transação
Controle	Corrigir e ajustar para garantir a otimização	Ações Corretivas

2.5 Planejamento estratégico[1]

Planejar é uma estratégia para aumentar as chances de sucesso de uma empresa, em um mundo de negócios que muda constantemente. Planos estratégicos não são garantia de sucesso. O planejamento estratégico será tão eficaz quanto as premissas que foram nele incluídas. O foco da Controladoria Estratégica é o planejamento estratégico.

Fundamentos para desenvolver o planejamento estratégico

> *O planejamento estratégico é um processo que prepara a empresa para o que está por vir.*

Um plano estratégico é uma visão específica do futuro da empresa e contém as seguintes descrições:

- como será o setor de atuação da empresa;
- quais os mercados em que a empresa vai competir;
- quais são os competidores no mercado;
- que produtos e serviços a empresa estará oferecendo;
- quem são e como são seus clientes;
- que valor estará oferecendo a seus clientes por meio de seus produtos e serviços;
- que vantagens a empresa terá no longo prazo;
- qual será ou deverá ser o porte da empresa;
- qual será ou deverá ser a rentabilidade da empresa;
- quanto será agregado de valor aos acionistas.

---

[1] Com base em: Tiffany e Peterson (1998).

A estratégia da empresa decorre de seus objetivos corporativos, que por sua vez decorrem de suas metas, as quais estão em linha com a missão da corporação. Além disso, o planejamento estratégico deve englobar também todos os objetivos funcionais e divisionais da empresa, em um processo integrado e interativo.

Informações analíticas necessárias para o planejamento estratégico: Análise SWOT

O planejamento estratégico emerge de um processo de tradução das informações existentes em planos para atender as metas e os objetivos organizacionais. O alicerce de todo o processo de planejamento estratégico está em identificar, coletar, armazenar, mensurar, analisar, entender, interpretar e julgar informações, e consolidar ideias e conceitos com base nessas informações para os processos decisórios subsequentes. O processo recomendado é a análise do ambiente do sistema empresa. Como evidenciamos no início deste capítulo, a empresa é um sistema inserido em outros sistemas maiores e é envolvida pelo ambiente externo, próximo e remoto, bem como tem o seu próprio ambiente interno. Portanto, um planejamento estratégico será tanto ou mais eficaz quanto mais eficazes forem a interpretação e o julgamento de todas as variáveis e entidades desses ambientes.

A análise dos pontos fortes e pontos fracos, ameaças e oportunidades (análise SWOT) é o procedimento mais recomendado.

- S – *Strenghts* – Forças – Pontos Fortes
- W – *Weaknesses* – Fraquezas – Pontos Fracos
- O – *Opportunities* – Oportunidades
- T – *Threats* – Ameaças

Essa análise pode ser vislumbrada como na Figura 2.3, em relação aos ambientes da empresa (ambientes externos e internos).

	Análise SWOT Interna		
Externa	2 Capitalizar	3 Melhorar	Oportunidades
	4 Monitorar	1 Eliminar	Oportunidades
	Pontos fortes	Pontos fracos	

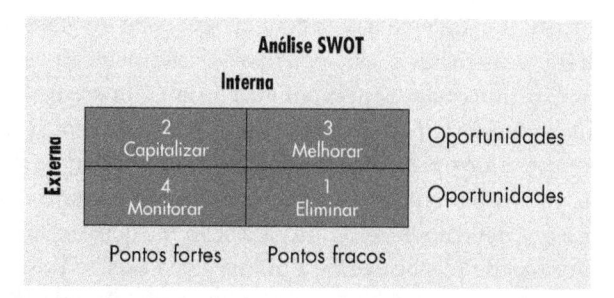

Figura 2.3 – Análise SWOT.

As forças e fraquezas referem-se aos aspectos internos da organização, comparados com a competição e as expectativas do mercado, isto é, se comparativamente os negócios atuais estão relativamente bons ou maus. Essa análise deve ser confrontada com os objetivos da empresa, o que indicará quais áreas de forças ou fraquezas provavelmente serão importantes no futuro.

As ameaças dizem respeito ao ambiente externo e devem identificar potenciais problemas que os fatores ambientais poderão trazer no futuro para a empresa, e as oportunidades revelam áreas a serem trabalhadas, que podem, inclusive, mudar os objetivos da empresa.

Os principais fatores do ambiente externo são: concorrentes, fornecedores, clientes, mercados, ambiente econômico, ambiente político, fatores legais e regulatórios, ambiente social, demografia, clima, desenvolvimento tecnológico.

A leitura do ambiente compreende, como já vimos, os ambientes externos e internos e é baseada na análise SWOT, de pontos fortes e pontos fracos, ameaças e oportunidades. Cada componente da leitura deve ser mensurado, salvo se for explicitamente qualitativo ou interpretativo, quando é preciso colocar pelo menos uma indicação de tendência ou aceitação.

O quadro de análise do ambiente da empresa deve ser interpretado pelos responsáveis pelo planejamento estratégico, mediante um relatório, não muito extenso, que deixe bem claro como a empresa tem consciência de todos os aspectos que interferem nas suas operações atuais e poderão interferir no futuro e como, onde, por que poderão interferir.

Cada um dos pontos levantados no quadro de análise de ambiente merece um aprofundamento crítico e resumido em algumas frases dentro do relatório interpretativo. É importante ressaltar, como já citamos, a consciência que a empresa tem, por intermédio dos responsáveis pela estratégia, de cada aspecto que a afeta.

Elaboração da estratégia: o plano estratégico

Depois da interpretação do ambiente em que a empresa está e a consciência de todos os aspectos que a envolvem, faz-se mister elaborar a estratégia e traduzi-la em um plano formal. A estratégia a ser adotada deve estar em consonância com a missão da empresa, suas metas e seus objetivos. Basicamente, a estratégia é uma visão de longo prazo, que pode ser até configurada em número de anos.

Não existe um horizonte temporal definido para o planejamento estratégico, mas pensar, no mínimo, para os próximos dois anos até um horizonte de cinco a oito anos, é razoável. No nosso exemplo, estamos visualizando a empresa para os próximos cinco anos e o que devemos fazer agora para ocorrer o que se está vislumbrando.

Dentro do processo de planejamento, a última etapa caracteriza-se pela necessidade de planejar o curto prazo, ou seja, as ações para o próximo exercício. Denominamos essa etapa de *programação*, uma vez que consiste na elaboração de planos operacionais de produção e vendas e na mensuração econômico-financeira desses planos.

O sistema empresa e o processo de gestão 27

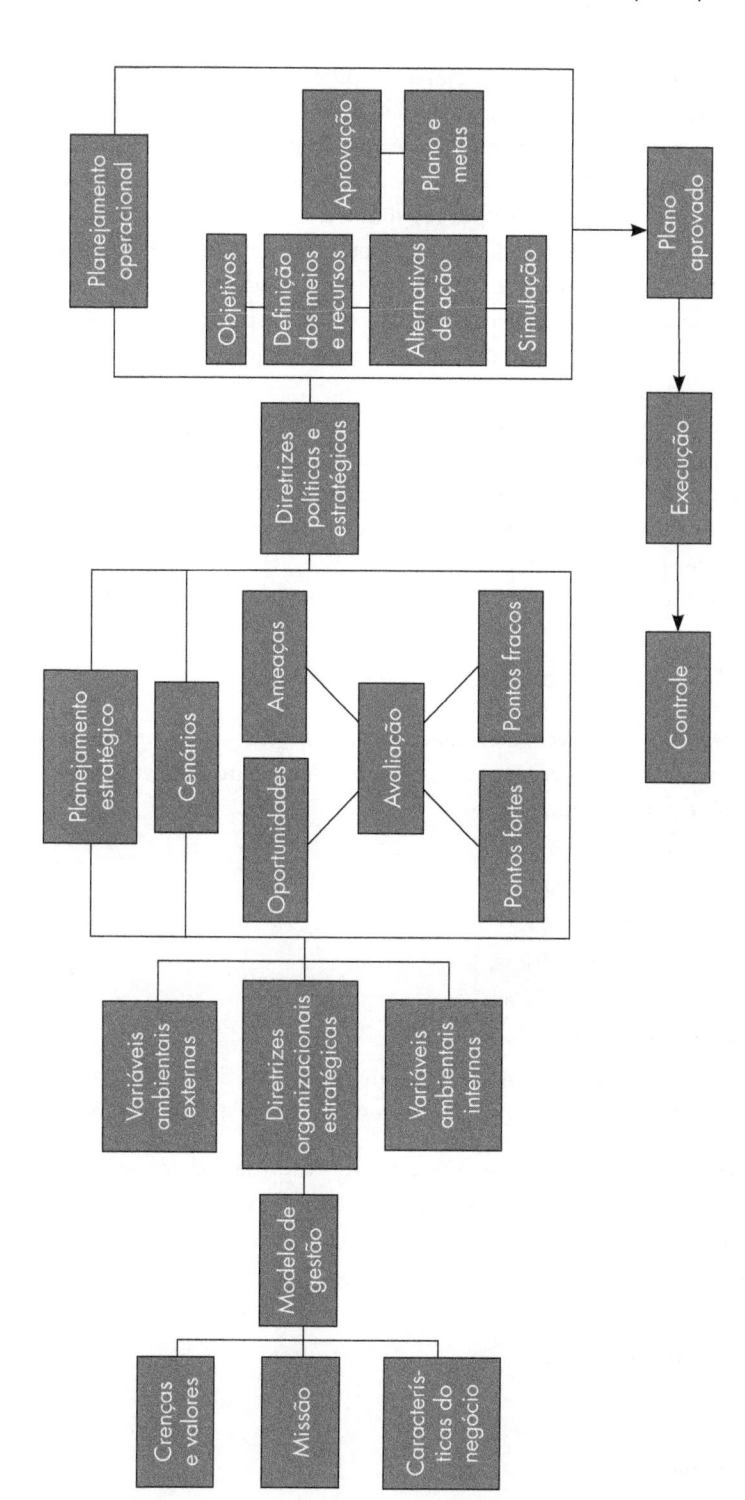

Figura 2.4 – Processo de gestão: visão analítica.

A função da Controladoria nessa etapa do processo de gestão tem como elemento central o plano orçamentário, que se caracteriza exatamente por ser um plano de curto prazo e envolve a quantificação dos elementos necessários para o processo de comprar, produzir e vender e, subsequentemente, a mensuração econômica de todos esses elementos e suas resultantes.

Algumas empresas elaboram planos orçamentários para mais de um ano futuro. Nosso entendimento é o de que não há muita utilidade gerencial em elaborar planos orçamentários além do próximo exercício futuro, apesar de isso ser possível a um custo razoável considerando os novos recursos de tecnologia de informação à disposição das empresas.

Entendemos que é extremamente útil o orçamento para o próximo exercício, com todo o grau de detalhe que é necessário e envolve o plano orçamentário. Para os demais exercícios futuros, sugerimos a utilização dos conceitos de projeção, considerando dados mais sintetizados, sem envolver todos os setores da empresa, e elaborados apenas pelo setor de Controladoria.

A Figura 2.4 evidencia com mais detalhes todo o processo de gestão empresarial.

Questões e exercícios

1. A classificação das variáveis e entidades que afetam o sistema empresa entre ambiente próximo e ambiente remoto não é a mesma para cada empresa. Tome como referência uma empresa de:
    a) rede de supermercado;
    b) usina de açúcar e álcool;
    c) usina siderúrgica;
    d) fabricação de computadores;
    e) rede de alimentação *fast-food*;
    f) serviços de consultoria empresarial.

   Pede-se: reclassifique as variáveis e entidades para cada tipo de empresa, se são de características mais próximas ou mais remotas em relação a cada uma delas.

2. Tomando como referência os mesmos tipos de empresa apresentados na questão anterior, analise e evidencie como as variáveis a seguir podem afetar cada uma delas:
    a) tecnologia;
    b) clima;
    c) recursos naturais;
    d) sindicatos;
    e) cultura;
    f) demografia;

g) concorrentes;
h) sociedade.

3. Tomando como exemplos as empresas listadas a seguir, descreva resumidamente como pode funcionar o subsistema físico-operacional de cada uma delas:
   a) fabricante de televisores;
   b) montadora de veículos;
   c) fabricante de tintas industriais e para construção civil;
   d) fabricante de cerveja.

4. O planejamento estratégico não é uma técnica que se limita às grandes empresas, valendo para qualquer tipo de empreendimento. Tomando como referência empresas que atuam nos setores apresentados a seguir, elabore, em grupo de três ou mais colegas, uma análise do ambiente e seu relacionamento com a empresa:
   a) empresa de alimentação de rua;
   b) pequena empresa de confecção de roupas;
   c) empresa de fornecimento de alimentação para outras empresas;
   d) empresa de produtos alimentícios (biscoitos, salgadinhos etc.);
   e) empresa de prestação de serviços contábeis;
   f) comércio varejista de armas de fogo;
   g) indústria processadora de plásticos para utensílios (baldes, lixos etc.);
   h) empresa montadora de microcomputadores;
   i) instituição de ensino médio particular;
   j) instituição de ensino particular de terceiro grau;
   k) empresa de fretes e transportes;
   l) revendedora de automóveis novos e usados.

5. Após o trabalho executado no exercício anterior, prepare:
   a) uma conclusão contendo as principais variáveis e entidades que afetam a empresa;
   b) um plano estratégico para a empresa;
   c) um caderno para uma explanação formal para apresentar o plano à diretoria ou investidores.

Capítulo 3
Plano orçamentário

A base da Controladoria Operacional é o processo de planejamento e controle orçamentário, também denominado planejamento e controle financeiro ou planejamento e controle de resultados. O orçamento é a ferramenta de controle por excelência de todo o processo operacional da empresa, pois envolve todos os seus setores.

3.1 Definição e objetivos

Orçamento, para Stedry (1999, p. 22), é "a expressão quantitativa de um plano de ação e ajuda à coordenação e implementação de um plano".

Orçar significa processar todos os dados constantes do sistema de informação contábil de hoje, introduzindo os dados previstos para o próximo exercício, considerando as alterações já definidas para o próximo exercício. Portanto, o orçamento não deixa de ser uma pura repetição dos relatórios gerenciais atuais, só que com os dados previstos. Não há, basicamente, nada de especial para fazer o orçamento, bastando apenas colocar no sistema de informação contábil, no módulo orçamentário, os dados que deverão acontecer no futuro, conforme a melhor visão que a empresa tem no momento de sua elaboração.

Contudo, convém lembrar que o orçamento tem outros objetivos, e estes devem ser buscados em seu conjunto, sendo ferramenta ideal para o processo de congruência de diversos objetivos corporativos e setoriais.

Objetivos

O orçamento pode e deve reunir diversos objetivos empresariais, na busca da expressão do plano e do controle de resultados. Portanto, convém ressaltar que o planejamento orçamentário não é apenas prever o que vai acontecer e seu posterior controle. Ponto fundamental é o processo de estabelecer e coordenar objetivos para todas as áreas da empresa, de forma que todos trabalhem sinergicamente em busca dos planos de lucros.

Exemplos de propósitos gerais que devem estar contidos no plano orçamentário podem ser:

1. *Orçamento como sistema de autorização*: o orçamento aprovado não deixa de ser um meio de liberação de recursos para todos os setores da empresa, minimizando o processo de controle.

2. *Um meio para projeções e planejamento*: o conjunto das peças orçamentárias será utilizado para o processo de projeções e planejamento, permitindo, inclusive, estudos para períodos posteriores.
3. *Um canal de comunicação e coordenação*: incorporando os dados do cenário aprovado e das premissas orçamentárias, é instrumento para comunicar e coordenar os objetivos corporativos e setoriais.
4. *Um instrumento de motivação*: na linha de que o orçamento é um sistema de autorização, ele permite um grau de liberdade de atuação dentro das linhas aprovadas, sendo instrumento importante para o processo motivacional dos gestores operacionais.
5. *Um instrumento de avaliação e controle*: considerando também os aspectos de motivação e de autorização, é lógica a utilização do orçamento como instrumento de avaliação de desempenho dos gestores e controle dos objetivos setoriais e *corporativos*.
6. *Uma fonte de informação para tomada de decisão*: contendo os dados previstos e esperados, bem como os objetivos setoriais e corporativos, é uma ferramenta fundamental para decisões diárias sobre os eventos econômicos de responsabilidade dos gestores operacionais.

Os objetivos da corporação, genéricos, direcionam os objetivos das diversas áreas ou funções, que são os objetivos específicos. Dessa maneira, o processo de estabelecer objetivos deve ser interativo, que coordena os objetivos gerais com os objetivos específicos. Nessa linha de atuação, o processo orçamentário tem de permitir a participação de toda a estrutura hierárquica com responsabilidade orçamentária, não devendo ser um processo ditatorial com uma única direção, de cima para baixo. Não há dúvida de que, em última instância, e em caso de dúvidas, prevalecerão os critérios da corporação.

Todos os envolvidos no processo orçamentário precisam ser ouvidos. Esse envolvimento permitirá uma gestão participativa, consistente com a estrutura de delegação de responsabilidades, e possibilitará o comprometimento de todos os gestores dos setores específicos. Só assim será possível a gestão adequada da etapa final do plano orçamentário, que é o controle orçamentário, com a análise das variações e do desempenho individual dos gestores.

Diante dessas colocações, podemos elencar alguns princípios gerais para a estruturação do plano orçamentário:

1. *Orientação para objetivos*: o orçamento deve-se direcionar para que os objetivos da empresa e dos setores específicos sejam atingidos eficiente e eficazmente.
2. *Envolvimento dos gestores*: todos os gestores responsáveis por um orçamento específico devem participar ativamente dos processos de planejamento e controle, para obtermos o seu comprometimento.

3. *Comunicação integral*: compatibilização entre o sistema de informações, o processo de tomada de decisões e a estrutura organizacional.
4. *Expectativas realísticas*: para que o sistema seja motivador, deve apresentar objetivos gerais e específicos que sejam desafiadores, dentro da melhor visão da empresa, mas passíveis de serem cumpridos.
5. *Aplicação flexível*: o sistema orçamentário não é um instrumento de dominação. O valor do sistema está no processo de produzir os planos, e não nos planos em si. Assim, o sistema deve permitir correções, ajustes, revisões de valores e planos.
6. *Reconhecimento dos esforços individuais e de grupos*: o sistema orçamentário é um dos principais instrumentos de avaliação de desempenho.

A questão da aplicação flexível é um dos aspectos bastante discutidos pelos gestores do plano orçamentário. Há correntes de pensamento e empresas que entendem que é normal realizar ajustes nos valores inicialmente orçados. Outras empresas e correntes de pensamento entendem que esse procedimento não é bom porque rompe com as premissas inicialmente estabelecidas.

Muitas empresas de origem multinacional, notadamente as de origem norte-americana, dificilmente aceitam o procedimento de ajustes. Elas trabalham com os conceitos de *budget* e *forecast*.

O *budget* corresponde ao orçamento original, que caracteriza-se como estático, em que não se permite nenhuma alteração ao longo do período do orçamento. Para contornar a questão da imutabilidade dos números do orçamento, essas empresas recorrem à adoção de um segundo orçamento, denominado *forecast (whole, estimated)*, que são revisões periódicas, para informar aos responsáveis pelo plano orçamentário sobre eventuais desvios significativos do *budget*, ao longo do período orçamentado.

Em outras palavras, trabalham com duas linhas de orçamento: o *budget*, que corresponde ao plano original, e o *forecast*, que corresponde às alterações detectadas ao longo do período orçamentário. Ao final do exercício orçamentário, os responsáveis pelas peças orçamentárias devem prestar contas e justificar as variações tanto com o *budget* quanto com o *forecast*. Nosso entendimento é que esse tipo de condução do plano orçamentário é eficaz e é melhor do que fazer ajustes, mexendo no orçamento original.

Conflitos

Verifica-se, pelos seus objetivos, princípios e propósitos, que o orçamento é um instrumento que se presta a múltiplas funções, indo da simples mensuração de planos operacionais até um instrumento de premiação ou não pelo desempenho dos gestores responsáveis pelas diversas áreas e divisões da empresa.

Várias dessas funções podem ser conflitantes. Os conflitos são inerentes a qualquer sistema de gestão que envolve delegação de responsabilidades e liberdade de ação dentro dessas responsabilidades. Cabem ao *controller* e aos principais executivos da empresa, contudo, a administração e a coordenação das múltiplas funções do orçamento e de seus conflitos, sempre tendo como norte a missão da empresa, na qual estão seus objetivos principais.

Orçamento participativo *versus* ditatorial

Como já vimos, o orçamento deve necessariamente ter o envolvimento dos gestores com responsabilidade sobre peças orçamentárias. Portanto, um processo de orçamento de cima para baixo (*top down*), de forma impositiva, sem nenhuma participação dos gestores que levarão a cabo os objetivos e cumprirão as metas operacionais, tende a produzir resultados inferiores do que sob outra proposta de condução do sistema orçamentário.

Por outro lado, o processo orçamentário conduzido de forma totalmente democrática (*bottom up*) traz também os problemas inerentes a essa política de condução de negócios. Existe a possibilidade de que os desejos, as necessidades e os objetivos setoriais não estejam, em um primeiro momento, coerentes com os objetivos maiores da empresa. Não é incomum também, nesse procedimento, que alguns gestores, menos pragmáticos, estipulem metas e objetivos exagerados, tanto no lado de incremento como no de redução do volume de atividades.

Em termos de tempo de execução do plano orçamentário, o modelo ditatorial é muito mais rápido, pois poucas pessoas fazem parte do processo de planejamento e mensuração dos programas. O orçamento totalmente democrático, por outro lado, despende muito mais tempo, pois envolve um número razoável de idas e vindas dos papéis de cálculo dos pré-orçamentos.

Ambas as posturas, de forma extremada, fatalmente levarão a problemas de comprometimento, motivação, coordenação de objetivos e até, talvez, incorreção na mensuração dos planos setoriais e gerais.

Como já salientamos, em algum momento poderá haver a necessidade de tomar uma decisão. E em uma empresa, o processo de decisão segue a estrutura hierárquica e sempre fará que algum gestor, no subir da pirâmide organizacional, tenha de tomar uma decisão que eventualmente pode estar em desacordo com o subordinado imediatamente inferior.

Dessa forma, o sistema orçamentário oscilará entre esses dois extremos: democracia participativa e processo impositivo. Contudo, nosso entendimento é de que ele deve conter o máximo possível de democracia e participação, para o comprometimento dos gestores setoriais, porém tem de reservar, aos responsáveis dos escalões mais altos, a possibilidade de ajustes dos objetivos setoriais aos objetivos maiores do empreendimento, mediante procedimentos algo mandatórios.

O ponto fundamental é que o orçamento deve estar totalmente integrado com a cultura *empresarial*. As empresas desenvolvem um conjunto de valores, princípios, regras e procedimentos ambientais que formam sua cultura específica, pela qual os gestores, desde a sua entrada na empresa, devem parametrizar seu comportamento profissional, sob pena de terem seu desempenho comprometido. Nesse sentido, o orçamento deve conter as doses adequadas de participação e/ou determinação, decorrentes da cultura da empresa, sem prejuízo do comprometimento desse ferramental de Controladoria.

Fundamentos do plano orçamentário

Podemos resumir os fundamentos do plano orçamentário em dois aspectos: a mensuração quantitativa e monetária de um plano de ação e um instrumento de compartilhamento de autoridade e responsabilidade sobre os resultados empresariais planejados, como mostra a Figura 3.1.

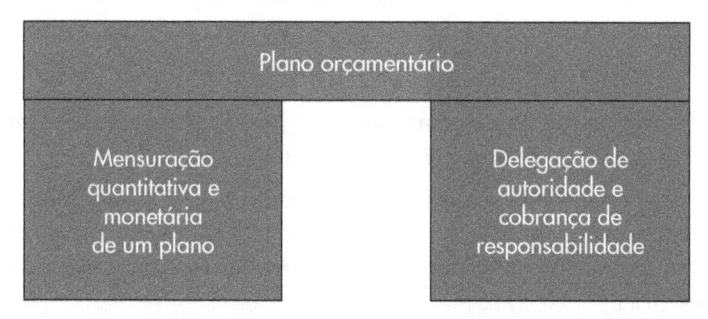

Figura 3.1 – Fundamentos do plano orçamentário.

Deve ficar claro que, além do propósito inicial de mensurar um plano, a programação para o próximo exercício, é fundamento do plano orçamentário o envolvimento dos gestores nesse processo, sem o qual esse instrumento de gestão não se caracteriza como orçamento.

Não há dúvida de que o fundamento de compartilhamento da autoridade e responsabilidade pelo plano é o aspecto mais difícil. Isso implica uma atitude de determinação da alta administração e da Controladoria, bem como a geração e manutenção de uma cultura orçamentária a mais saudável possível.

Validade do orçamento: as críticas do *Beyond Budgeting*

Mais recentemente, temos visto críticas ao processo orçamentário. Elas se centram, basicamente, nos seguintes pontos:

- ferramental ineficiente para o processo de gestão e frustração com os resultados obtidos no processo;
- o orçamento engessa em demasia a empresa (o plano tem de ser seguido a qualquer custo!), impedindo a criatividade e o empreendimento dos gestores setoriais, provocando conformismo, medo e/ou insatisfação;

- impossibilidade de utilização desse ferramental em situações de crônica variação de preços;
- extrema dificuldade de obtenção dos dados quantitativos para as previsões e volatilidade do futuro;
- altamente consumidor de tempo e recursos e criador em excesso de rotinas contábeis;
- falta de cultura orçamentária;
- utilização de tecnologias de informação inadequadas etc.

As críticas atuais mais contundentes ao processo orçamentário têm partido de uma instituição criada exatamente para isso, denominada *Beyond Budgeting Round Table – BBRT*,[1] um consórcio britânico de 20 grandes empresas que investiga a vida empresarial sem o plano orçamentário (Fraser e Hope, 2001). Os autores utilizam várias pesquisas que apontam insatisfação com o orçamento, tais como:

- em 1998, 88% dos diretores financeiros das principais empresas europeias disseram que estavam insatisfeitos com o modelo orçamentário;
- muitas empresas gastam mais com orçamento e menos com estratégia: 78% não mudam seus orçamentos no ciclo fiscal; 60% não vinculam estratégia com o plano orçamentário; 85% das equipes gerenciais gastam menos de uma hora por mês discutindo estratégia;
- estudos da KPMG mostraram que orçamentos ineficientes roubam 20% a 30% do tempo dos executivos seniores e administradores financeiros; 20% do tempo dos administradores é tomado pelo processo orçamentário e relatórios de variações.

Segundo esses autores, o valor do plano orçamentário é muito menor do que o esperado e tem diminuído em razão das seguintes razões:

- os mecanismos do processo orçamentário são ineficientes;
- os orçamentos são preparados de forma isolada, não alinhada com metas e objetivos estratégicos;
- o foco é exclusivamente financeiro, não incorporando outras medidas de avaliação de desempenho não financeiras;
- o horizonte de tempo do orçamento não é vinculado ao ritmo dos negócios – longos horizontes em setores que mudam rapidamente e horizontes curtos em setores relativamente estáveis;

---

[1] BBRT – a tradução literal seria: Mesa-redonda para além do orçamento. O nome do grupo é uma analogia aos Cavaleiros da Távola Redonda, da saga inglesa do mago Merlin e do rei Artur, ou seja, um grupo de pessoas lutando contra o orçamento. Em nosso país, recebe o nome de Beyond Budgeting no Brasil. Ver jornal *Valor Econômico*, ago. 2004, "Fim do orçamento é a mais nova onda do mercado corporativo".

- as informações do desempenho corrente não são acessíveis facilmente;
- os administradores tendem a jogar com os planos e manejá-los;
- as metas dos funcionários e o processo de avaliação de desempenho não são vinculados aos objetivos do negócio.

Ainda conforme Fraser e Hope (1999), as empresas deveriam aprender a viver sem orçamento. Quando as empresas aprenderem isso, boas coisas acontecerão. As políticas, os jogos e as trincheiras endêmicas ao processo desaparecerão da noite para o dia. Controles orçamentários burocráticos e inchados são inimigos das ideias e inovações. Eles sufocam a criatividade com um rígido sistema orçamentário de controle que recompensa bons guarda-livros (contadores burocráticos) e falham no reconhecimento da criatividade e inovação, bem como conseguem fornecer um clima gerencial que encoraja a criatividade do pessoal para prosperar e ter sucesso. A proposta desses autores é adotar modelos alternativos de gestão, e eles apresentam 12 princípios para isso:

1. *Governança*: utilizar fronteiras e valores claramente definidos como uma base para a ação, em vez de planos e relatórios de missão.
2. *Responsabilidade pelo desempenho*: fazer os administradores responsabilizarem-se por resultados competitivos, não para atingir seus orçamentos.
3. *Delegação*: dar aos funcionários liberdade e habilidade para agir, em vez de controlá-los e constrangê-los.
4. *Estrutura*: organizar a empresa ao redor dos processos, não em cima das funções e dos departamentos.
5. *Coordenação*: coordenar as interações dos processos da empresa por meio do planejamento de sistemas de informações que fluam com rapidez, não detalhando ações mediante orçamentos.
6. *Liderança*: desafiar e treinar os funcionários, em vez de comandá-los e controlá-los.
7. *Atribuição de metas*: dar metas competitivas, não orçamentos.
8. *Processo estratégico*: fazer do processo da estratégia um ato contínuo e compartilhado, não um evento anual de cima para baixo.
9. *Administração antecipatória*: utilizar sistemas de antecipação para administração da estratégia, não para fazer correções de curto prazo.
10. *Administração dos recursos*: prover disponibilidade de recursos para as operações, quando requeridos e a um custo justo, em vez de alocá-los arbitrariamente a partir da cúpula administrativa.
11. *Mensuração e controle*: utilizar uns poucos indicadores-chave de desempenho para controlar os negócios, não um detalhado e massificante conjunto de relatórios de variações.

12. *Motivação e recompensas*: estruturar recompensas com base em um desempenho competitivo da empresa e da unidade específica do gestor, não em metas predeterminadas.

Outro trabalho recente (Bourne e Neely, 2002) apresenta também uma série de críticas aos orçamentos:

- são consumidores de recursos e tempo;
- são a maior barreira para a responsabilidade, flexibilidade e mudança;
- raramente estão focados na estratégia e frequentemente estão desalinhados com ela;
- adicionam pouco valor, dado o montante de tempo requerido para prepará-los;
- são focados mais em custos que na criação de valor;
- fortalecem o comando e controle vertical;
- não refletem as novas estruturas de redes de trabalho (processos) que estão sendo adotadas pelas empresas;
- encorajam os "jogos" entre os superiores e subordinados durante a elaboração das metas;
- são desenvolvidos e reajustados com pouca frequência;
- são baseados mais em desejos e em assunções não suportadas que em dados bem estruturados;
- reforçam as barreiras departamentais, em vez de encorajar o compartilhamento do conhecimento;
- fazem o pessoal se sentir subavaliado.

Também recentemente outro trabalho (Leahy, 2002) discute as falhas orçamentárias, procurando corrigi-las e apresentando as seguintes observações para evitar problemas no processo orçamentário. As maiores falhas na condução do processo orçamentário seriam:

1. *Conduzir o processo de trás para a frente*: nunca faça o orçamento sem antes fazer o planejamento estratégico.
2. *Estimar os custos no escuro*: cada tipo de custo deve ser cuidadosamente estudado, não utilizar estimativas ou dados médios sem consistência. Também, todos os custos devem ser analisados de forma conjunta, já que são inter-relacionados.
3. *Começar de cima para baixo*: deve-se evitar o orçamento ditatorial, sem participação dos gestores dos demais níveis hierárquicos. O orçamento deve ser exercício de mão dupla.
4. *Atingir as metas a qualquer custo*: não vincular as recompensas exclusivamente ao cumprimento das metas orçamentárias. Oportunidades de investimentos lucrativas não previstas devem ser abrigadas, dando flexibilidade ao processo orçamentário.

5. *Tratar o orçamento como um mandamento gravado em pedra*: quando os negócios mudarem significativamente ao longo do período orçamentário, este tem de ser ajustado; o orçamento não pode ser inflexível.
6. *Apegar-se a planilhas*: a tecnologia de informação tem soluções, hoje, que permitem um orçamento mais analítico do que o tradicional uso de Excel.
7. *Tentar colocar um cilindro em um orifício quadrado*: a utilização de modelos ou sistemas de informações que não se adaptam à empresa só pode atrapalhar.
8. *Usar o orçamento como um plano de negócios*: o orçamento deve ser realista e complementar o plano de negócios. Contudo, o plano de negócios deve ser mais otimista, pela sua própria natureza de riscos e oportunidades.
9. *Minimizar a importância das variações*: há um certo menosprezo pela análise das variações, feita de forma muito superficial. É muito importante investigar as razões que levaram às variações.
10. *Passar automaticamente para a previsão móvel*: há uma corrente que propõe substituir o orçamento pelo *rolling forecast* (previsão móvel). Mesmo sendo um conceito interessante, descaracteriza o processo orçamentário e pode simplesmente fazer a empresa acabar tendo um modelo de gestão apenas com base nos dados reais, sem uma mensuração do planejamento para o próximo período, o que pode ser muito pior.

Outro artigo recente (Jensen, 2002) começa com um texto bastante sugestivo focando os comportamentos organizacionais induzidos pelo orçamento:

O processo de elaboração dos orçamentos corporativos é uma piada, e todos sabem disso. Consome um tempo absurdo dos executivos, forçando-os a passar por intermináveis e enfadonhas reuniões e tensas negociações. *Encoraja os gerentes a mentir e a enganar* – depreciando objetivos e supervalorizando resultados – e os penaliza quando dizem a verdade. Converte decisões comerciais em elaborados exercícios na arte de jogar. Transforma colegas de trabalho em concorrentes, criando desconfiança e má vontade. E deturpa incentivos, motivando pessoas a agir de forma contrária aos interesses da empresa em que trabalham. [grifo nosso]

Um texto desses deve fazer, realmente, qualquer *controller* pensar sobre o processo orçamentário. Pelo menos já garante que o *controller* deve ter um conhecimento mínimo de psicologia e sociologia para enfrentar seus colegas de trabalho. O autor desse artigo enfatiza os seguintes pontos:

1. O comportamento enganador subjacente ao processo orçamentário não necessariamente deve existir, mesmo que haja essa possibilidade. O processo orçamentário não é, por si só, a raiz de ações contraproducentes.

2. Elas são causadas, mais exatamente, pelo uso das metas que determinam as recompensas. Quando os gerentes ficam sabendo que ganharão bônus se atingirem determinados objetivos, duas coisas inevitavelmente acontecem: primeiro, eles tentam definir metas baixas, para que as cumpram facilmente; segundo, quando os objetivos forem predeterminados, fazem o que for preciso para alcançá-los, mesmo que a empresa sofra com o resultado.
3. A proposta do autor é desvincular o orçamento do processo de recompensa com bônus. Os prêmios devem ser conquistados apenas em razão dos feitos e não pela habilidade de atingir metas.

Como recomendações básicas, os estudos indicam que é possível, para a empresa, criar valor para os acionistas com planejamento e orçamento que incluam:

- melhores previsões;
- melhor formulação de estratégias;
- processos de planejamento e orçamentação que priorizem a eficiência na gestão de custos e
- subordinação de planos e orçamentos às estratégias, acima de tudo.

Vantagens do processo orçamentário

Apesar dessas pesadas críticas, não há dúvida de que o plano orçamentário é vital para a atividade de Controladoria e para a gestão econômica do sistema empresa. As críticas devem ser levadas para o aspecto positivo e a melhoria do processo orçamentário. Há uma série positiva de vantagens e utilizações do processo orçamentário que devem ser exploradas para viabilização desse instrumento.

Entendemos que esses pontos levantados são importantes para os responsáveis pela conduta do sistema e do processo orçamentário, mas não invalidam, de maneira alguma, esse ferramental de Controladoria. A teoria contábil, a teoria da decisão, os métodos quantitativos já desenvolvidos, a tecnologia existente etc. desde há muito têm dado as soluções para a maioria dessas questões.

O plano orçamentário, como qualquer outro ferramental de Controladoria, é um exercício de aprendizado permanente e só pode ser desenvolvido e atingir um grau de utilização eficaz se praticado. Os problemas ou dificuldades que surgem do processo devem ser analisados e, em seguida, é preciso encontrar as soluções, mesmo que não sejam as ideais para o momento.

O orçamento, que contém a mensuração econômica dos planos operacionais da empresa, sempre é necessário para o processo de planejamento, execução e controle. As frustrações que acontecem são frutos de planos orçamentários desenvolvidos incorretamente, pela falta de objetivos claros, de uma clara definição de responsabilidades, da competência para obtenção dos dados e dos procedimentos de mensuração etc.

Podemos, com isso, resumir as maiores vantagens do orçamento:

- a orçamentação compele os administradores a pensar à frente pela formalização de suas responsabilidades para planejamento;
- a orçamentação fornece expectativas definidas que representam a melhor estrutura para julgamento de desempenho subsequente;
- a orçamentação ajuda os administradores na coordenação de seus esforços, de tal forma que os objetivos da empresa como um todo sejam confrontados com os objetivos de suas partes.

Cultura orçamentária

Para que o sistema de orçamento sempre tenha sucesso, é necessária a criação de uma cultura orçamentária, dentro da cultura maior da empresa. Em algumas empresas, nas quais o sistema de orçamento já está consolidado, poucas dúvidas existem, e os objetivos, o plano e o controle orçamentário são aceitos normalmente, e o resultado é eficaz para a entidade.

Em outras empresas, em que é necessário fazer a implantação do sistema orçamentário, seja por ser um novo empreendimento, seja porque a empresa não possui um já desenvolvido, o sucesso do sistema orçamentário dependerá de como o processo será conduzido, bem como do tempo transcorrido e da prática orçamentária.

É esperado que no primeiro ano da implantação de um sistema orçamentário surjam muitos problemas e dificuldades, tanto de ordem técnica de valores como de ordem de motivação e desempenho dos gestores setoriais. Cada problema e cada dificuldade devem ser analisados para que sejam eliminados ou minimizados para o próximo exercício.

No segundo ano, novas dificuldades ou problemas ainda surgirão, se bem que em menor quantidade. Provavelmente, no terceiro ano, o sistema orçamentário estará praticamente consolidado e passando a fazer parte concretamente da cultura da empresa.

Estará, então, criada a cultura orçamentária. Nessa ocasião, os quesitos que eventualmente poderiam invalidar o orçamento já estarão sob controle e o sistema orçamentário será, como deve ser, um dos grandes instrumentos da gestão do processo de gestão empresarial.

3.2 Terminologias

Dentro do processo de planejamento, estratégico ou operacional, bem como do processo de tomada de decisão, várias metodologias de tratamento dos eventos futuros são passíveis de serem utilizadas, e é comum a utilização desses procedimentos com uma nomenclatura confusa. Objetivando direcionar nosso trabalho, adotaremos as seguintes terminologias que serão associadas aos conceitos do tratamento contábil de eventos futuros:

Planejamento

Criação e estabelecimento de planos gerais ou específicos. Esses planos não necessariamente têm um único critério de horizonte de tempo, podendo ser planos para um ano ou mais (2, 3, 4, 5... anos). Normalmente, a mensuração dos planos tende a ser de caráter sintético, isto é, poucos e grandes números, formalizados apenas o suficiente para os executivos de cúpula da empresa. Exemplo: planejamento estratégico, plano diretor, planejamento operacional etc.

Previsão

Expectativas de acontecimentos ou desejabilidades, normalmente *quantitativas*. Geralmente, as previsões antecedem o programa orçamentário e são a base para a elaboração das peças orçamentárias. Exemplos: previsões de quantidades a serem vendidas, a serem estocadas etc.

Orçamento

Expressão formal de planos de curto prazo (um ano), com base nas estruturas empresariais existentes e/ou já programadas. Decorre dos planos operacionais, na parte que é relativa ao próximo exercício contábil, ou seja, a programação operacional.

O orçamento obedece rigidamente à estrutura informacional contábil, seja de plano de contas, seja do plano de departamentalização.

As peças orçamentárias devem ser elaboradas para cada gestor do menor nível de decisão da empresa, em que há custos ou receitas controláveis por esses gestores.

É possível o orçamento para mais de um próximo exercício, porém, dado o caráter formal de que se reveste, não é recomendável, pois exige um trabalho significativo do pessoal de Controladoria.

Projeção

Mensuração econômica das previsões, planos e orçamentos já definidos. As projeções não têm todo o caráter formal dos orçamentos, servem-se deles e dos planos e previsões para obter resultados também mais agregados, no âmbito dos demonstrativos contábeis e financeiros, normalmente também de utilização da cúpula administrativa. Exemplos: projeções de resultados, balanços, fluxo de caixa etc.

Simulação Econômica

Mensuração econômica de *alternativas* de planos, previsões ou eventos econômicos futuros. O ponto central da simulação é a mensuração de mais de uma alternativa.

Quando se tem uma única alternativa, o conceito correto é o de projeção. No processo de simulação das alternativas, o gestor decide-se por uma a ser adotada ou utilizada. Exemplos: simulação do fluxo de caixa de cenários otimistas, moderados e pessimistas, simulação de vários resultados de eventos econômicos para decisão de execução (decidir sobre uma venda, uma compra, uma aplicação financeira) etc.

3.3 Conceitos de orçamento

Não existe uma única maneira de estruturar o orçamento e, consequentemente, de fazer o processo de avaliação e controle. Apresentaremos a seguir, resumidamente, os principais conceitos existentes, que são importantes, pois dão fundamento para o processo de execução do plano orçamentário.

Orçamento de tendências

Uma prática orçamentária muito comum tem sido a de utilizar dados passados para projeções de situações futuras. Tal prática vem dando bons resultados, pois, de modo geral, os eventos passados são decorrentes de estruturas organizacionais já existentes e, por conseguinte, há forte tendência de tais eventos se reproduzirem, considerando, contudo, a introdução dos novos elementos componentes do planejamento operacional da empresa.

Seria ingênuo imaginar uma simples reprodução em tendência dos eventos passados, como se fossem replicados no futuro. Na execução do orçamento de tendências sempre existirão eventos passados de conhecimento da empresa, que não se repetirão e que, portanto, não serão reproduzidos no orçamento. Da mesma forma, existirão futuros eventos que não terão um passado no qual basear novas estimativas, que deverão ser orçados de outra maneira.

Orçamento base zero

Essa proposta conceitual de elaboração de orçamento apareceu em contraposição ao orçamento de tendências. A filosofia do orçamento base zero está em romper com o passado. Consiste essencialmente em dizer que o orçamento nunca deve partir da observação dos dados anteriores, pois eles podem conter ineficiências que o orçamento de tendências acaba por perpetuar.

A proposta do orçamento base zero está em rediscutir toda a empresa sempre que se elabora o orçamento. Está em questionar cada gasto, cada estrutura, buscando verificar sua real necessidade.

> *A questão fundamental permanente para o orçamento base zero é a seguinte: não é porque aconteceu que deverá acontecer.*

Nessa linha de pensamento, cada atividade da empresa será rediscutida, não em razão de valores maiores ou menores, mas na razão ou não da sua existência. Concluída a definição da existência da atividade, será feito um estudo, partindo do zero, de quanto deveria ser o gasto para a estruturação e manutenção dessa atividade e quais seriam suas metas e objetivos. Dessa forma, podemos dizer que o orçamento base zero está intimamente ligado ao conceito de custo-padrão ideal.

Em nosso entendimento, o conceito de orçamento base zero é precursor do conceito mais atual de reengenharia, ou seja, rediscutir a empresa a partir de seus processos e da existência necessária deles.

Gerenciamento matricial

O gerenciamento matricial é uma abordagem de planejamento e controle orçamentário em que a empresa provoca um controle duplicado das verbas orçamentárias. A novidade do gerenciamento matricial é a introdução de gestores de linha, que serão responsáveis por uma conta ou grupo de contas contábeis afins.

Dessa maneira, além dos gestores normais dos departamentos (nesse modelo denominados gestores de colunas), haverá também gestores de contas contábeis, que têm prerrogativa sobre os gestores de colunas sobre as contas para as quais são designados para controle adicional. Esse conceito de orçamento está vinculado ao controle orçamentário e, em razão disso, trataremos mais detalhadamente dele no Capítulo 10, Seção 10.2 (Controle matricial).

Orçamento por atividades

O orçamento por atividades é uma estruturação de orçamento num nível adicional de planejamento e controle, no qual, além da estrutura normal do orçamento por contas contábeis e por departamentos (centros de custos), a empresa estrutura outra versão do mesmo orçamento num detalhamento adicional por atividades.

O objetivo desse conceito de orçamento é permitir, posteriormente, a elaboração do custeamento padrão dos produtos e serviços pelo conceito de *Custeamento ABC – Activity Based Costing*.[2]

O orçamento por atividades aplica-se aos setores de apoio à operação ou fábrica, departamentos administrativos e comerciais, que não se caracterizem como departamentos diretos, já que a proposta do Custeamento ABC é dar um formato mais técnico para a sistemática de alocação dos custos e despesas indiretas aos diversos produtos e serviços da empresa, substituindo o rateio tradicional dos custos e despesas fixas e indiretas.

---

[2] Para detalhamento do estudo do Custeamento ABC, ver o trabalho de PADOVEZE, Clóvis Luis. *Contabilidade de custos*. São Paulo: Cengage Learning, 2013.

A Tabela 3.1 mostra o orçamento resumido do departamento de compras dentro da abordagem ortodoxa.

Tabela 3.1 – Orçamento ortodoxo

Departamento de Compras	
Gastos	Valor – $
Despesas com pessoal	100.000
Materiais indiretos	10.000
Despesas gerais	50.000
Depreciação	15.000
Total	175.000

Para o orçamento por atividades, além do trabalho de orçamento tradicional (ortodoxo) mostrado na Tabela 3.1, a empresa deve estruturar outro orçamento complementar, exigindo por isso um sistema de informação adicional, identificando as atividades de cada departamento indireto ou de apoio, como mostra a Tabela 3.2 para o mesmo departamento de compras.

Tabela 3.2 – Orçamento por atividades

Atividades do Departamento de Compras	Valor – $	Direcionador		Custo da Atividade
		Tipo	Qtde.	
Desenvolver fornecedores	63.000	Fornecedores a desenvolver	40	1.575,00
Fazer cotações	24.500	Cotações a efetuar	50.000	0,49
Colocar pedidos	52.500	Pedidos a colocar	20.000	2,63
Importações	35.000	Declarações de importação	1.200	29,17
	175.000			

Nessa proposta, a ideia é apurar o custo de cada atividade de cada departamento indireto, para depois, após a obtenção da quantidade de direcionadores de custos, alocar o valor de cada atividade para os diversos produtos e serviços da empresa, caracterizando finalmente o Custeamento ABC.

Portanto, o orçamento por atividades é o passo inicial para a empresa implantar, se entender necessário, o custeamento dos produtos e serviços pela metodologia ABC.

3.4 Tipos de orçamento

Basicamente, há dois tipos clássicos de orçamento: o orçamento estático e o orçamento flexível.

Orçamento estático

É o orçamento mais comum. Elaboram-se todas as peças orçamentárias a partir da fixação de determinados volumes de produção ou vendas. Esses volumes, por sua vez, também determinarão o volume das demais atividades e setores da empresa. O orçamento é considerado estático quando a administração do sistema não permite nenhuma alteração nas peças orçamentárias.

Caso a empresa, durante o período, considere que tais volumes não serão atingidos, parcela significativa das peças orçamentárias tende a perder valor para o processo de acompanhamento, controle e análise das variações, e também como base para projeções e simulações com os dados orçamentários. Apesar de conter um elemento crítico, que é o seu estatismo e, portanto, sua inflexibilidade, esse tipo de orçamento é muito utilizado, principalmente por grandes corporações, notadamente as que operam em vários países, em razão da grande necessidade de *consolidação* dos orçamentos de todas as suas unidades, dispersas geograficamente, em um orçamento mestre e único.

Esse orçamento consolidado é vital para que a empresa tenha uma visão geral de seus negócios e dos resultados econômicos esperados para o próximo ano, para aprovação de sua diretoria máxima. Nesse sentido, o orçamento estático é importante, já que eventuais alterações de volume em algumas de suas divisões não necessariamente impactarão de forma significativa no total dos orçamentos.

Obviamente, quando os impactos de alterações de volumes em todas as unidades da corporação forem significativos, não há motivo para manter um orçamento estático, que não tenha validade para o processo decisório.

A adoção do conceito de *forecast* (revisões periódicas) *é* o caminho mais utilizado pelas empresas para contornar a questão da fixidez ou estatismo desse modelo de orçamento. O *forecast* permite incorporar novos números possíveis que alterem o orçamento original, sem alterá-lo, fazendo que se tenham duas informações para o período orçado.

Orçamento flexível

Para solucionar o problema do orçamento estático, surgiu o conceito de orçamento flexível. Nesse caso, em vez de um único número determinado de volume de produção ou vendas, ou volume de atividade setorial, a empresa admite uma faixa de nível de atividades, em que tendencialmente se situarão tais volumes de produção ou vendas.

Basicamente, conforme Horngren (1985, p. 137), o "orçamento flexível é um conjunto de orçamentos que pode ser ajustado a qualquer nível de atividades".

A base para a elaboração do orçamento flexível é a perfeita distinção entre custos fixos e variáveis. Os custos variáveis seguirão o volume de atividade, enquanto os custos fixos terão o tratamento tradicional.

Apresentamos a seguir um modelo de orçamento flexível, de forma sintética, com base em Horngren, Sundem e Straton (1996, p. 296).

Tabela 3.3 – Orçamento flexível para vários níveis de atividade de produção ou vendas

Orçamento por Unidade	Dados Unitários			
Níveis de Atividades – Em Unidades		7.000	8.000	9.000
Vendas	$ 31,00	217.000	248.000	279.000
Materiais e Componentes	$ 21,00	147.000	168.000	189.000
Outros Custos e Despesas Variáveis	$ 0,80	5.600	6.400	7.200
Soma – Custos e Despesas Variáveis	$ 21,80	152.600	174.400	196.200
Margem de Contribuição	$ 9,20	64.400	73.600	82.800
Orçamento – Gastos Mensais				
Custos Fixos de Manufatura		37.000	37.000	37.000
Despesas Comerciais e Administrativas		33.000	33.000	33.000
Total – Custos e Despesas Fixas		70.000	70.000	70.000
RESULTADO OPERACIONAL		**(5.600)**	**3.600**	**12.800**

O enfoque do orçamento flexível é possível, então, com os eventos que têm a possibilidade de uma mensuração unitária, que correspondem aos dados variáveis, como apresentado na primeira parte da Tabela 3.3. Associando-se aos volumes possíveis, podem-se fazer quantos orçamentos flexíveis forem necessários ou desejados. Os gastos fixos continuam sendo apresentados dentro do enfoque tradicional do orçamento, que é o orçamento estático, que corresponde à segunda parte da tabela.

Outro enfoque do orçamento flexível é *não assumir nenhuma faixa de quantidade* ou nível de atividade esperado. Faz-se apenas o orçamento dos dados unitários, e as quantidades a serem assumidas serão as realmente acontecidas, à medida que ocorrerem. Entendemos que, apesar de ser um conceito com alguma aplicação, foge ao fundamento do orçamento, que é prever o que vai acontecer. Esse conceito dificulta, em muito, a continuidade do processo orçamentário, que são as projeções dos demonstrativos contábeis.

Orçamento flexível e gestão por atividades

Os defensores dos conceitos de Gestão Estratégica de Custos, que tem como ferramentas básicas o Custeamento ABC – *Activity Based Costing* e o ABM – *Activity Based Management*, podem elaborar seus orçamentos flexíveis considerando como quantidades ou nível de atividade os dados quantitativos gerados pelos direcionadores de custos. Os direcionadores de custos seriam considerados, para fins de orçamento, como os dados variáveis, podendo-se, então, elaborar orçamentos para cada atividade, mesmo que tradicionalmente de gastos indiretos, com o conceito de orçamento flexível por atividade.

Orçamento ajustado

O conceito de orçamento ajustado é derivado do orçamento flexível. O orçamento ajustado é um segundo orçamento, que passa a vigorar quando se modifica o volume ou nível de atividade inicialmente planejado para um outro nível de volume ou de atividade, decorrente de um ajuste de plano.

Em outras palavras, o orçamento ajustado é o ajuste efetuado nos volumes planejados dentro do conceito de orçamento estático ou inicial.

É óbvio que se poderão fazer quantos orçamentos ajustados sejam necessários. Em suma, toda vez que houver necessidade de ajustar os volumes planejados para outro nível de volume, refaz-se o orçamento com as novas quantidades, e esse novo orçamento é chamado de orçamento ajustado, contrapondo-se ao primeiro orçamento, que seria denominado orçamento original.

> *Orçamento Original (+/–) Ajustes de Volumes* = *Orçamento Ajustado*
> *(Volumes Planejados)* *(Volumes Ajustados)*

Nosso entendimento é que ajustes no orçamento devem ser feitos apenas se houver algum evento realmente significativo, como um acontecimento sistêmico no ambiente econômico que envolva praticamente todas as empresas, tal como uma alteração completamente fora do esperado da taxa de câmbio, um evento climático totalmente inesperado, uma recessão no país fora do esperado etc.

Exceto nessas situações, não se recomendam ajustes no orçamento. Para fazer face às variações normais entre o real e orçado é que existem o controle orçamentário, a análise das variações e as justificativas dos gestores.

Orçamento corrigido

O conceito de orçamento corrigido é o ajuste do orçamento original, de forma automática, sempre que houver alteração de preços em razão de inflação. É importante ressaltar que nem todas as empresas aceitam pacificamente esse conceito, já que, para muitas delas, as alterações de preços são de responsabilidade dos gestores setoriais e devem fazer parte das variações orçamentárias e justificadas, mesmo que ocasionadas por fenômeno inflacionário.

Nosso entendimento é o de que, se as alterações de preços forem decorrentes de inflação e, principalmente, de eventos pactuados contratualmente (cláusulas de reajustes com base em índices de inflação futura), ou impostas pelo governo mediante suas taxas e preços administrados, é aceitável a adoção desse conceito de orçamento, já que não há uma possibilidade clara de controlabilidade pelo gestor do orçamento.

Outrossim, a correção automática de orçamentos por outras variações de preços que não sejam decorrentes de cláusulas de reajustes ou preços impostos, quando cabe atuação e, portanto, controlabilidade do gestor, não deve ser incorporada automaticamente ao orçamento.

> *Orçamento Original (+/–)   Variação de Preços   =   Orçamento Corrigido*
> *(Preços Originais)   por Inflação   (Preços Corrigidos)*

Budget e forecast

A terminologia inglesa *budget* é utilizada pelas empresas transnacionais para denominar o conceito de orçamento estático ou original. A terminologia *forecast*, utilizada também por essas empresas, é para denominar as revisões periódicas que exigem dos gestores, quando verificam que poderá haver alguma diferença significativa para acontecer, em relação ao *budget*. A periodicidade do *forecast* depende de cada empresa. Há empresas que exigem *forecast* mensal, outras trimestrais, outras em periodicidade apenas semestral. Quando a empresa exige o *forecast*, na prática trabalha com dois orçamentos: o orçamento estático ou *budget* e o orçamento revisado periodicamente ou *forecast*. O *forecast* é também denominado *estimated* ou *whole* por algumas empresas.

É muito comum, nas empresas transnacionais, chamar também de *forecast* à soma dos dados reais mensais já acontecidos no período, mais os dados restantes do orçamento a cumprir. Não deixa de ser também um conceito de projeção para os dados de todo o período. Nesse conceito, as variações entre o orçamento e o real, dos meses já acontecidos, são desprezadas, prevalecendo os dados reais, que são, então, somados aos meses restantes para cumprir o período orçamentário, funcionando esses dados como a melhor projeção para todo o período em questão.

Esse tipo de visão de *forecast* está representado na Tabela 3.4.

Tabela 3.4 – Exemplo de informação do tipo *forecast*

Orçamento de Receitas – $	Budget		Realizado		Variação		Forecast	
	Do mês	Acumulado	Do mês	Acumulado	Do mês	Acumulado	Do mês	Acumulado
Janeiro	14.000	14.000	14.500	14.500	500	500	14.500	240.500
Fevereiro	17.000	31.000	15.700	30.200	(1.300)	(800)	15.700	239.200
Março	20.000	51.000	21.200	51.400	1.200	400	21.200	240.400
Abril	20.000	71.000	17.840	69.240	(2.160)	(1.760)	17.840	238.240
Maio	20.000	91.000	21.130	90.370	1.130	(630)	21.130	239.370
Junho	20.000	111.000	0	90.370	0	(630)	20.000	239.370
Julho	20.000	131.000	0	90.370	0	(630)	20.000	239.370
Agosto	21.000	152.000	0	90.370	0	(630)	21.000	239.370
Setembro	21.000	173.000	0	90.370	0	(630)	21.000	239.370
Outubro	21.000	194.000	0	90.370	0	(630)	21.000	239.370
Novembro	21.000	215.000	0	90.370	0	(630)	21.000	239.370
Dezembro	25.000	240.000	0	90.370	0	(630)	25.000	239.370
Total	240.000		90.370		(630)		239.370	

Esse relatório apresenta mensalmente o somatório dos valores já realizados até o mês do orçamento mais os valores por realizar orçados. Como exemplo, vejamos o mês de fevereiro. Os meses de janeiro e fevereiro realizados apresentam uma variação acumulada negativa de $ 800. Esse valor, somado aos dez meses orçados ainda por realizar, mostra que as receitas totais resultariam em $ 239.200, em vez dos $ 240.000,00 inicialmente planejados.

Challenge

Esse conceito é uma extensão do *forecast* e tem sido utilizado por algumas empresas para provocar melhoria nos resultados e, eventualmente, como referência para remuneração variável dos gestores. Nesse conceito, todas as variações orçamentárias que provoquem a melhoria de resultados são bem-vindas e endereçam avaliação de desempenho positiva dos gestores.

Se considerarmos o conceito de *budget* como estático e apenas como meta a ser alcançada, eventualmente pode-se instalar uma cultura orçamentária de que o resultado máximo a ser alcançado está no orçamento.

Essa visão é contrária ao melhor conceito de controladoria que tem como referência a permanente busca pela *otimização* do resultado. De fato, o plano orçamentário tem como referência planejar o resultado a ser alcançado, mas pode e deve ser utilizado como a referência para a otimização dos resultados. A adoção do conceito de *challenge*, acoplada ao *budget* e *forecast*, complementa o conjunto de conceitos adequados para a condução do plano orçamentário.

Rolling budgeting e rolling forecasting

Esses termos podem ser traduzidos como *orçamento contínuo* e *projeção contínua*. São conceitos recentes sobre o orçamento, sempre com o objetivo de tornar flexível esse instrumento de planejamento e controle e retirar dele o caráter estático. Fundamentalmente, sob esses conceitos, a cada período em que o orçamento ou projeção é realizado, orça-se ou projeta-se mais um período futuro, sempre mantendo em orçamento ou projeção uma quantidade igual de períodos.

Por exemplo, vamos supor que o orçamento seja feito para 12 meses, para os meses de janeiro de X1 até dezembro de X1. Após a realização do orçamento de janeiro do ano, orça-se já o orçamento de janeiro de X2. Assim, o novo período orçamentário vai de fevereiro de X1 a janeiro de X2. Quando se realizar o orçamento de fevereiro de X1, orça-se o período de fevereiro de X2, ficando o período dos próximos 12 meses, de março de X1 a fevereiro de X2, coberto por um orçamento.

Tabela 3.5 – Exemplo de *rolling budget*

Orçamento de Receitas	Rolling budget 1 Período de 12 meses Janeiro/X1 a Dezembro/X1			Rolling budget 2 Período de 12 meses Fevereiro/X1 a Janeiro/X2			Rolling budget 3 Período de 12 meses Março/X1 a Fevereiro/X2		
	Orçado	Real	Variação	Orçado	Real	Variação	Orçado	Real	Variação
Janeiro/X1	20.000	21.000	1.000						
Fevereiro	20.000			20.000	19.800	(200)			
Março	20.000			20.000			20.000	20.400	400
Abril	20.000			20.000			20.000		
Maio	20.000			20.000			20.000		
Junho	20.000			20.000			20.000		
Julho	20.000			20.000			20.000		
Agosto	20.000			20.000			20.000		
Setembro	20.000			20.000			20.000		
Outubro	20.000			20.000			20.000		
Novembro	20.000			20.000			20.000		
Dezembro/X1	20.000			20.000			20.000		
Soma – últimos 12 meses	240.000								
Janeiro/X2				22.000			22.000		
Soma – últimos 12 meses				242.000					
Fevereiro/X2							22.000		
Soma – últimos 12 meses							244.000		

Na Tabela 3.5 verificamos que, depois de realizado o mês de janeiro/X1, já se faz o orçamento do mês de janeiro/X2; depois de realizado o mês de fevereiro/X1, já se faz o orçamento de fevereiro/X2, mantendo sempre um orçamento para 12 meses, sem considerar o ano contábil da empresa.

É muito interessante esse conceito, uma vez que permite à empresa sempre descortinar um horizonte de 12 meses (ou mais, se for do plano orçamentário da empresa) de operações futuras. As desvantagens são de ordem operacional, pois fazer orçamentos mensais sempre exige o ativamento de quase todo o processo orçamentário, o que toma tempo de toda a empresa.

Entendemos que a utilização do conceito de *rolling forecasting* é mais interessante, aplicável apenas às demonstrações financeiras projetadas, da empresa ou das unidades de negócios. Tais demonstrações, por conterem apenas números sintetizados, podem ser trabalhadas em contínuo pela Controladoria, não afetando significativamente os demais gestores da empresa.

O termo *rolling forecasting* também tem sido utilizado para provocar ajustes contínuos no *budget*, procedimento que não recomendamos no geral.

3.5 Orçamento, inflação e moedas

Uma questão sempre discutida é a validade ou não do sistema orçamentário em ambientes econômicos sob condições de inflação crônica, com índices significativos e variados de alteração geral de preços.

Entendemos que o sistema orçamentário é válido para qualquer entidade em qualquer situação conjuntural. Para tanto, é necessário entender os efeitos diversos da inflação nos vários segmentos do sistema orçamentário e tratar adequadamente cada peça orçamentária, à luz dos efeitos específicos que a inflação, e a possível correção monetária, causa a cada segmento do orçamento.

Orçamento e inflação

Quando há inflação persistente, com índices variados ou crescentes, e, conjuntamente, um processo de indexação ou correção monetária generalizado ou semigeneralizado, o orçamento deverá ser elaborado *também* em uma moeda forte. Essa moeda forte deverá ser aquela em que a empresa mais transacione ou a mais comum como linguagem de seus negócios.

É muito possível que, nesses casos, seja muito dificultoso, até antieconômico, elaborar o orçamento em um grau de detalhe muito grande de suas contas contábeis. Provavelmente, as peças orçamentárias deverão ser elaboradas em contas mais sintéticas, dependendo, obviamente, de cada peça orçamentária.

Quando há ocorrência de inflação, a gestão do custo dos recursos e das receitas tende a ficar mais complexa e, com isso, há uma tendência de gerir a entidade com números mais agregados, visto que os dados detalhados, transacionados na moeda fraca do país, tendem a perder significância nos períodos seguintes.

Contudo, convém reafirmar que, mesmo em caso de ambiente inflacionário, o ferramental do orçamento continua válido e tão imprescindível quanto em ambiente de estabilidade monetária.

Orçamento corrigido

A técnica tradicional de ajustar o orçamento em decorrência do fenômeno inflacionário é o orçamento corrigido, que explicamos anteriormente. Nesse caso, admite-se naturalmente a correção das peças orçamentárias pelo índice de inflação específico de cada gasto ou receita, mantendo-se, em um orçamento original, os valores inicialmente orçados.

Orçamento em moeda estrangeira

Independentemente do fenômeno inflacionário, o orçamento em moeda estrangeira pode vir a ser necessário caso a empresa faça parte de um grupo transnacional, que deve consolidar seus demonstrativos projetados.

Para empresas que não têm essa obrigatoriedade organizacional, o orçamento em moeda estrangeira pode vir a ser necessário para fins de comparabilidade com concorrência externa, avaliação de investimento etc.

A estruturação do orçamento em moeda estrangeira está baseada nos seguintes critérios:

- mensuração anterior dos dados históricos em moeda estrangeira, visando parametrizar os dados a serem incorporados no orçamento;
- dados previstos passíveis de serem mensurados em moeda estrangeira;
- previsão das taxas de câmbio para transformação dos dados em moeda corrente previstos para moeda estrangeira;
- adoção de um critério de transformação (taxa mensal, taxa média, taxa diária etc.);
- introdução dos critérios de transformação dos demonstrativos contábeis em outras moedas.

Orçamento em moeda corrente

Independentemente de qualquer situação de utilização de orçamento em outro padrão monetário, há a necessidade da elaboração do orçamento em moeda corrente, necessidade que se impõe porque, efetivamente, todas as transações são efetivas na moeda corrente do país, mesmo que tenham algum indexador (correção monetária, taxa de câmbio).

Adicionalmente, as projeções dos demonstrativos contábeis devem ser feitas necessariamente em moeda corrente, tendo em vista que todos os aspectos tributários do país são medidos em moeda corrente, e eles envolvem todo o sistema orçamentário, e as receitas e despesas financeiras, que sofrem também os efeitos inflacionários, só podem ser obtidas na moeda corrente.

3.6 Empresa e processo de elaboração

O sistema orçamentário compreende o conjunto de pessoas, tecnologia administrativa, sistemas de informação, recursos materiais disponibilizados e a administração do sistema para execução dos planos orçamentários.

Cabe ao *controller* a administração do sistema orçamentário, e ele recebe essa delegação da cúpula da empresa, seja dos proprietários, seja da diretoria administrativa e financeira. Ele também deve liderar a empresa do processo orçamentário, tanto na sua estrutura informacional como nos cronogramas de execução.

Empresa do orçamento

A empresa do orçamento compreende um conjunto de medidas e estruturas. A seguir apresentamos um painel para a empresa do processo orçamentário e de sua implantação anual e execução, sem o objetivo de esgotar o assunto.

1. *Comitê Orçamentário*: deve ser instalado um comitê que decidirá pela visão maior do orçamento anual, composto normalmente das diretorias, o *controller* e o responsável direto pelo processo orçamentário.
2. *Premissas Orçamentárias*: cabe ao Comitê Orçamentário a definição das regras maiores e gerais a vigorarem para o próximo orçamento, que são as premissas orçamentárias.
3. *Modelo do Processo Orçamentário*: cabe também ao Comitê Orçamentário a definição do modelo de condução do processo orçamentário, modelo que deverá ser totalmente coerente com o subsistema institucional do sistema empresa, decorrente de suas crenças e valores.
4. *Estrutura Contábil*: cabe ao *controller*, considerando a missão e os objetivos da empresa, estruturar e monitorar o sistema de informação contábil, que atenda a todos os princípios orçamentários definidos pela empresa. Dentro desse tópico, constam as seguintes necessidades:
   - definição dos critérios de contabilização das receitas e despesas;
   - definição dos critérios de distribuição de gastos, se houver necessidade;
   - registros em manuais dos procedimentos citados;
   - estruturação da conta contábil;
   - definição das áreas de responsabilidade para incorporação à conta contábil;
   - definição e criação das tabelas de unidades de negócios, centros de lucros e centros de custos e suas respectivas ligações hierárquicas;
   - estruturação do plano de contas contábil.

5. *Sistemas de Apoio*: cabe ao *controller* a definição das tecnologias de informação e dos sistemas de apoio para execução dos cálculos e lançamentos orçamentários no sistema de informação contábil.
6. *Relatórios*: cabe ao *controller* a definição dos relatórios orçamentários de preparação dos orçamentos, bem como dos relatórios para acompanhamento e controle.
7. *Cronograma*: cabe ao *controller* a liderança da execução do cronograma orçamentário, em todas as suas etapas (previsão, reprojeção e controle).

Comitê orçamentário

Entendemos que a instalação do Comitê Orçamentário é fundamental para dar credibilidade e respaldo para a Controladoria junto aos demais gestores. O Comitê Orçamentário deve ter a seguinte formação básica:

- Presidente (CEO – *Chief Executive Officer*);
- Diretor de Produção ou Operações
- Diretor Comercial ou de Vendas
- Diretor Administrativo Financeiro
- *Controller*.

Esse comitê é de funcionamento temporário, para abrir e encerrar os trabalhos do planejamento orçamentário de cada ano. Fundamentalmente, seriam três reuniões:
Na primeira reunião, são decididos e definidos:

a) inserir os objetivos estratégicos decorrentes da análise do ambiente e do planejamento estratégico;
b) assumir as premissas ambientais (cenários);
c) definir o modelo do processo orçamentário;
d) definir as premissas orçamentárias gerais.

Com essas definições a Controladoria, junto com os demais gestores, tem condições de elaborar todas as peças orçamentárias.

A segunda reunião seria para a aprovação inicial do orçamento, que, na maioria das vezes, é um pré-orçamento. Nessa reunião são revistos os cálculos iniciais e o comitê indica os acertos finais a serem feitos. A última reunião é para validar o plano orçamentário final.

Em empresas de grande porte, esse tipo de procedimento é formalizado; em empresas de menor porte, tende a ser mais informal. De qualquer forma, entendemos que a utilização do Comitê Orçamentário é de grande importância para o desenvolvimento da cultura orçamentária empresarial.

Passos da preparação do plano orçamentário

Em linhas gerais, podemos generalizar os seguintes passos da execução do plano orçamentário (adaptado de Kennedy e Dugdale, 1999):

1. Estabelecer a missão e os objetivos corporativos.
2. Estruturar as assunções ambientais; a partir destas, determinar o fator limitante, normalmente vendas (é possível que em determinados empreendimentos o fator limitante seja a produção, tipo exploração de jazidas minerais etc.).
3. Elaborar o orçamento a partir da função restritiva do fator limitante.
4. Elaborar os outros orçamentos, coordenando-os com o fator limitante e os objetivos corporativos.
5. Sintetizar todos os orçamentos para produzir o orçamento-mestre.
6. Rever o orçamento-mestre à luz dos objetivos corporativos.
7. Aceitar o orçamento-mestre ou, se ele não estiver de acordo com os objetivos corporativos, voltar ao passo 2 e repetir o processo até o orçamento ficar aceitável.
8. Monitorar os resultados reais contra os resultados orçados e reportar variações.
9. Como resultado das variações, (a) tomar ações corretivas para eliminar as variações ou (b) revisar os orçamentos-mestre ou subsidiários para acomodar as variações.

Processo de elaboração

Em linhas gerais, o processo de elaboração consta de três grandes fases:

- previsão;
- reprojeção;
- controle.

A fase de previsão comporta todo o trabalho de cálculo propriamente dito, em que se coloca no papel aquilo que a empresa espera e prevê que vá acontecer para o próximo exercício. É a etapa de elaboração dos quadros orçamentários.

Essa primeira fase deve ser iniciada ao redor de seis meses antes do exercício a ser orçado, e é quando se verificam as condições atuais da conjuntura econômica, das políticas de controle de preços, estimativas de inflação etc. Normalmente, nessa etapa é que são desenhados os cenários econômicos imagináveis ou possíveis, considerados sempre dentro de condições probabilísticas. Informações como tamanho e variação do PIB, tamanho do mercado, participação da empresa no mercado, forças concorrentes, consumo efetivo *versus* consumo teórico etc. devem ser consideradas para o processo de previsão.

Na segunda etapa, os dados orçados são submetidos aos setores responsáveis, e após o retorno das peças orçamentárias e respectivas críticas, far-se-á o acerto das previsões iniciais. Esses dados deverão estar prontos entre um e dois meses antes do início do exercício, de forma que os responsáveis por todas as áreas da empresa já se programem para o ano que se iniciará.

A etapa de controle é a última, quando se verifica se os objetivos previstos foram atingidos, por meio da análise das variações, em que se avaliarão o desempenho das áreas de responsabilidade e eventuais correções necessárias a serem feitas.

Modelos do processo orçamentário

O processo de elaboração apresentado anteriormente pode ser considerado como genérico. Contudo, a empresa deve definir com precisão todas as etapas do processo, bem como, e o mais importante, a ordem dessas etapas, principalmente para as fases de previsão e reprojeção.

Apresentamos a seguir dois modelos: o primeiro, seguindo a linha geral já apresentada, e um modelo alternativo, de caráter mais participativo.

Tabela 3.6 – Modelo genérico de processo orçamentário

Etapas	Área Responsável
Etapa 1 – Preparação das peças orçamentárias	Controladoria
Etapa 2 – Aprovação inicial	Comitê Orçamentário
Etapa 3 – Remessa aos responsáveis	Controladoria
Etapa 4 – Retorno das peças orçamentárias com as sugestões dos responsáveis	Todas as áreas com responsáveis por peças orçamentárias
Etapa 5 – Revisão dos orçamentos recebidos	Controladoria e Comitê Orçamentário
Etapa 6 – Ajuste das sugestões em cima das reorientações do Comitê	Controladoria e áreas responsáveis
Etapa 7 – Conclusão das peças orçamentárias	Controladoria
Etapa 8 – Elaboração do orçamento geral e projeção dos demonstrativos contábeis	Controladoria
Etapa 9 * – Controle orçamentário	Controladoria
Etapa 10 *– Reporte das variações	Áreas responsáveis

* Etapas mensais rotineiras do controle entre o real e o orçado, já em execução no período analisado.

Esse modelo de processo orçamentário parte do pressuposto de que a Controladoria é o setor ideal para elaborar a primeira versão dos orçamentos, porque detém todas as informações e os objetivos da corporação e, portanto, tem mais condições de elaborar a primeira versão das peças orçamentárias. Essas informações e esses objetivos constam das premissas orçamentárias, definidas pelo Comitê Orçamentário.

Na mesma linha, o segundo pressuposto é que os gestores setoriais, por não terem todo o conjunto de informações e objetivos da corporação, elaborarão suas propostas de orçamento com base apenas nos objetivos setoriais, que, posteriormente, poderão não ser validados pela corporação.

A crítica que surge nesse instante é de uma falta de participação, trazendo conotação ditatorial ao processo. Não temos esse entendimento, porque na Etapa 4 os gestores setoriais terão todas as condições de fazer suas sugestões, agora já de posse de informações sobre as premissas gerais para a empresa, e, após a Etapa 6, haverá o consenso e o comprometimento dos gestores setoriais, fortalecendo todo o processo e dando-lhe a transparência necessária.

Alguns estudiosos sugerem um modelo totalmente participativo. Nesse sentido, o primeiro *input* deve ser dado pelos gestores setoriais, e só posteriormente a direção da empresa se manifestará. Apresentamos a seguir um modelo alternativo, claramente participativo.

Tabela 3.7 – Modelo genérico de processo orçamentário

Etapas	Área Responsável
Etapa 1 – Preparação das peças orçamentárias	Todas as áreas responsáveis por peças orçamentárias
Etapa 2 – Revisão das peças recebidas	Controladoria
Etapa 3 – Discussão com os responsáveis	Controladoria e áreas responsáveis
Etapa 4 – Análise para aprovação	Controladoria e Comitê Orçamentário
Etapa 5 – Retorno das peças orçamentárias com as sugestões e determinações do Comitê	Controladoria
Etapa 6 – Ajuste das sugestões e determinações do Comitê	Controladoria e áreas responsáveis
Etapa 7 – Análise final para aprovação	Controladoria e Comitê Orçamentário
Etapa 8 – Conclusão das peças orçamentárias	Controladoria
Etapa 9 – Elaboração do orçamento geral e projeção dos demonstrativos contábeis	Controladoria
Etapa 10 – Controle orçamentário	Controladoria
Etapa 11 – Reporte das variações	Áreas responsáveis

Esse segundo modelo evidencia claramente maior participação. Em linhas gerais, o primeiro modelo tende a demandar menos tempo para todo o processo, pois o dado inicial geralmente está mais bem estruturado e coordenado com os objetivos da corporação, já que é elaborado primeiro pela Controladoria. O segundo modelo tende a demorar mais tempo, pois é possível que os gestores setoriais tenham desejos ou metas que possam estar em desacordo com as premissas gerais da empresa. Com isso, é possível que haja maiores divergências por ocasião das sessões de ajustes, concorrendo mais uma vez para tempo maior.

De qualquer modo, qualquer dos dois modelos será eficaz dentro da cultura da empresa, e esses modelos é que formaram a base da cultura orçamentária. O que é imprescindível é que o sistema orçamentário seja vivo, motivador, útil para a empresa e tenha o comprometimento contínuo de todos.

Início e fim do processo orçamentário

O momento ideal de início do processo depende de cada empresa, do seu tamanho, da sua estrutura organizacional, se é empresa única, grupo corporativo nacional, grupo corporativo multinacional etc.

As evidências sugerem que boa parte dos grupos corporativos multinacionais inicia o processo em todo o mundo entre os meses de julho e agosto do ano anterior ao exercício a ser orçado. Alguns grupos multinacionais começam o processo ainda mais cedo, nos meses de fevereiro ou março do exercício anterior.

Dois motivos básicos exigem que o processo seja iniciado o mais cedo possível:

- a necessidade de trabalhar com duas moedas, a do país de origem e a do país da empresa mãe, exigindo trabalho adicional da Controladoria e utilização mais intensa de sistemas de informações gerenciais;
- a necessidade de consolidação dos orçamentos de todas as plantas e empresas de todo o mundo para se ter o orçamento consolidado da companhia e ser apresentado para a administração central do grupo multinacional.

Empresas que não têm a estrutura de um grupo corporativo podem iniciar mais tarde o processo orçamentário. Quanto mais próximo se estiver do início do exercício objeto do orçamento, melhor deverá ser a informação constante dos orçamentos. Isso é natural porque, quanto mais tempo se passa, mais se reduz a incerteza dos dados. Em outras palavras, quanto mais tarde for feito o orçamento, melhor será a qualidade das informações nele constantes.

De qualquer forma, todo o processo orçamentário deverá estar concluído antes do início do período objeto do orçamento, pelo menos no mês anterior, para que os gestores tenham todos os dados orçados antes do início do período de realização das atividades orçamentadas.

Cronograma

As etapas sugeridas nos modelos de processo orçamentário podem e devem ser traduzidas em datas e, se for o caso, com algum detalhamento maior ainda. Dessa maneira, o *controller* e sua equipe deverão elaborar um cronograma que compreenda todo o processo de elaboração do orçamento, desde o início das atividades da primeira etapa até a data de execução dos lançamentos orçamentários no sistema de informação contábil.

Damos, na Tabela 3.8, um exemplo de cronograma.

Tabela 3.8 – Cronograma do processo orçamentário

Etapas do Processo Orçamentário	Responsável	Julho	Agosto	Setembro	Outubro	Novembro	Dezembro	Plano em Ação
1. Estabelecimento da missão e objetivos corporativos	Presidência	■						
2. Análise do ambiente	Diretoria / Controladoria	■						
3. Construção dos cenários	Diretoria / Controladoria	■						
4. Estabelecimento do fator limitante (volume de vendas/produção)	Diretoria		■					
5. Definição das premissas orçamentárias gerais	Controladoria / Diretoria		■					
6. Definição das premissas específicas (despesas etc.)	Controladoria			■				
7. Elaboração das peças orçamentárias	Controladoria			■				
8. Aprovação inicial	Comitê Orçamentário				■			
9. Primeira revisão	Gestores Responsáveis				■			
10. Segunda revisão	Controladoria					■		
11. Revisão final	Gestores / Controladoria					■		
12. Aprovação do plano orçamentário	Comitê Orçamentário					■		
13. Conclusão das peças orçamentárias	Controladoria						■	
14. Projeção dos demonstrativos contábeis	Controladoria						■	
15. Validação final	Presidência / Diretoria						■	
16. Remessa das peças aos responsáveis	Controladoria						■	
17. Controle orçamentário	Controladoria / Gestores							■
18. Reporte das variações	Gestores / Controladoria							■

Utilização da tecnologia de informação

A existência, hoje, de Sistemas de Suporte à Decisão e dos conceitos de bancos de dados tipo *data warehousing* permite facilitar sobremaneira o trabalho de orçamentação, de qualquer peça orçamentária. O acesso a esse tipo de aplicativo, e que este seja de fácil manuseio, facilitará todo o processo orçamentário.

Esses aplicativos permitem a extração de dados do sistema contábil tradicional, para os cálculos e pré-orçamentos, com possibilidade de introdução de diversos modelos matemáticos e estatísticos para tratamento dos dados e possibilitam também o posterior retorno ao sistema contábil para introdução das informações orçadas nos períodos orçamentários.

Contudo, ainda tem sido muito comum a utilização de planilhas eletrônicas tipo Excel, com a migração, por meio de mídia eletrônica especializada, para o sistema de informação contábil após o término de todas as peças orçamentárias, sob a forma de lançamentos orçamentários.

3.7 Construção de cenários e elaboração de premissas

Duas tarefas são reservadas ao Comitê Orçamentário, em conjunto com a Controladoria: a construção dos cenários e a definição das premissas para o próximo exercício que será objeto do plano orçamentário.

Construção de cenários

A construção de cenários é uma etapa posterior à leitura do ambiente, conforme explanamos no Capítulo 2. Enquanto a leitura do ambiente tem um caráter de maior permanência, já que não existe necessidade de a leitura ser feita periodicamente, deve-se fazer a construção de cenários para o exercício em questão, se for necessário, e para o próximo exercício, necessariamente, ou, no máximo, para os dois próximos exercícios. O objetivo da construção de cenários é fundamentar as premissas orçamentárias.

Tanto a leitura do ambiente quanto a construção de cenários são instrumentos para o planejamento estratégico, já que lidam com informações sobre o macroambiente econômico, político e social. Enquanto a leitura do ambiente deve abranger todas as variáveis e entidades que afetam o sistema empresa, sejam internas ou externas, a construção de cenários é fundamentalmente ligada com o ambiente macroeconômico, e suas implicações, visíveis à empresa e ao seu setor.

Tem sido comum as empresas contratarem especialistas ou consultorias na área macroeconômica para essa tarefa. A maior parte das instituições financeiras e de investimentos tem um setor específico para a construção de cenários, bem como também fornecem seus cenários elaborados para seus clientes, cabendo a eles aceitarem ou não. Mesmo que a empresa contrate esse serviço, é fundamental que o *controller* e os integrantes do Comitê Orçamentário participem da leitura e do processo de discussão das variáveis encenadas.

Os dados para a construção de cenários são os existentes na mídia, nas publicações especializadas das associações de classe e de entidades governamentais etc., devendo ser analisados e transformados em informações que permitam indicar os caminhos mais prováveis a se seguir.

A técnica mais utilizada é traduzir as variáveis macroeconômicas em dois ou três cenários mais prováveis, decorrentes da leitura das perspectivas com base no atual ambiente econômico. As informações geradas constantes no cenário tido como o mais provável deverão ser assumidas para direcionar as premissas do plano orçamentário para o próximo período.

Apresentamos a seguir um modelo exemplificativo de cenários construídos. Em princípio, os dados do cenário moderado deverão ser os que a empresa adota como mais prováveis.

Tabela 3.9 – Cenário provável ou moderado

Variáveis Macroeconômicas	Dado
PIB – Mundial – Variação	3,30%
PIB – EUA – Variação	2,50%
PIB – Zona do Euro – Variação	2,20%
PIB – China – Variação	8,00%
PIB – Emergentes – Variação	4,50%
PIB – Brasil – Variação	3,00%
Dívida Externa – Variação	-2,00%
Reservas Internacionais – US$ bilhões	US$ 250
Déficit Público – % do PIB	4,00%
Balanço de pagamentos – US$ bilhões	US$ -25
Juros Nominais – Selic – Fim do ano	7,50%
Taxa de Câmbio – Variação	3,50%
Taxas de Câmbio – Fim do Ano	R$ 2,00
Inflação anual – IPCA %	4,50%
Inflação anual – IGPM %	5,60%
População Brasileira – pessoas	201 milhões
População Brasileira – Crescimento esperado	1,10%
Renda *per capita* anual – R$	R$ 23.000
Crescimento geral do crédito	15,00%
Crescimento do setor – nominal	12,00%
Crescimento da empresa – nominal	14,00%
Crescimento da Unidade de Negócio 1	16,00%
Crescimento da Unidade de Negócio 2	13,00%

Premissas orçamentárias

Após a escolha do cenário mais provável, a Controladoria preparará o quadro de premissas para o plano orçamentário, as quais deverão, posteriormente, ser aprovadas pelo Comitê Orçamentário e tomadas como os fundamentos para o processo de elaboração das peças do orçamento.

As premissas decorrem do cenário escolhido. Mediante informações e dados de que já dispõe no seu Sistema de Informação de Acompanhamento do Negócio, a cúpula diretiva tem conhecimento e percepção geral do que deve acontecer com os negócios da empresa, caso ocorra o cenário mais provável. Nesse sentido, as informações básicas para delinear o plano orçamentário, como comportamento das vendas, produção, novos negócios e oportunidades, necessidades de investimentos e financiamentos, logística etc., são passíveis de serem assumidas em termos quantitativos. Além disso, a direção da empresa já tem condições de estabelecer outras premissas, fruto das decisões de vendas e investimentos, bem como decorrentes de políticas administrativas e financeiras, ou mesmo de caráter discricionário, ou seja, impostas. Todo o conjunto de premissas que possam ser quantificáveis e sejam elementos que devem ser trabalhados nas peças orçamentárias tem de ser explicitado.

Consideramos como premissas orçamentárias os dados de ordem geral e que tendem a afetar, direta ou indiretamente, toda a empresa, e as quais, depois de assumidas, devem ser rigorosamente respeitadas sem discussão.

Apresentamos a seguir um quadro exemplificativo de premissas gerais para o processo de elaboração das peças orçamentárias.

Tabela 3.10 – Premissas orçamentárias gerais

Programa de produção – unidades/ano	200.000
Número de funcionários	4.500
Encargos sociais previstos	92%
Encargos sociais espontâneos a serem alterados	
Horas extras máximas	2,0%
Aumentos salariais – data base	5,0%
Aumentos de mérito – % mensal	0,5%
Taxa de câmbio – %	7,1%
Taxa de US$ – inicial	R$ 2,10
Taxa de US$ – final	R$ 2,25
Inflação anual do país – %	5,0%
Aumentos previstos nos preços de venda – %	4,0%
Inflação interna da empresa – %	4,5%

(continua)

Tabela 3.10 – Premissas orçamentárias gerais (continuação)

TJLP – Empréstimos BNDES	5,5%
Taxa de juros média – financiamentos estrangeiros	3,5% + câmbio
Taxa de juros média – financiamentos nacionais	12,0%
Taxa de juros média – aplicações financeiras	6,5%
Investimentos necessários – teto	$ 1.600.000,00
Política de contas a receber	50 dias
Política de contas a pagar	25 dias
Política de estoque de materiais	60 dias
Política de estoque de produtos acabados	20 dias
Política de dividendos/juros sobre o capital próprio	60% do lucro líquido

Estratégia e orçamento

As premissas orçamentárias fazem parte do conjunto de informações do planejamento operacional. Os cenários fazem parte do conjunto de informações do planejamento estratégico. As premissas fundamentarão a construção do orçamento. Concluídas todas as peças orçamentárias, estas deverão ser incorporadas ao sistema de informação contábil para que, no próximo período, tenhamos os relatórios de controle pela comparação com os dados reais.

Dessa maneira, podemos evidenciar esse processo, unindo o planejamento estratégico e o planejamento operacional, considerando os principais instrumentos informacionais que suportam tais processos dentro da empresa.

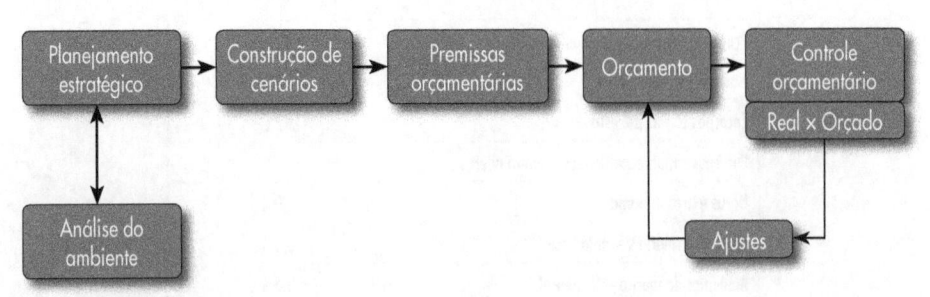

Figura 3.2 – Orçamento: da estratégia à execução.

3.8 Estrutura do plano orçamentário

O plano orçamentário contempla três grandes segmentos:

1. O orçamento operacional.
2. O orçamento de investimentos e financiamentos.

3. A projeção dos demonstrativos contábeis (também chamada orçamento de caixa).

Orçamento operacional

É o que contém a maior parte das peças orçamentárias, pois abarca todos os orçamentos específicos que atingem a estrutura hierárquica da empresa, englobando as áreas administrativa, comercial e de produção. O orçamento operacional equivale, na demonstração de resultados da empresa, às informações que evidenciam o lucro operacional, ou seja, vendas, custo dos produtos, despesas administrativas e comerciais.

O orçamento operacional compreende as seguintes peças orçamentárias:

- orçamento de vendas;
- orçamento de produção;
- orçamento de compras de materiais e estoques;
- orçamento de despesas departamentais.

O orçamento de *despesas departamentais* ou por centro de custos engloba as despesas de cada setor com um responsável dentro da empresa por gastos controláveis e inclui:

- consumo de materiais indiretos pelo centro de custos;
- despesas com mão de obra direta;
- despesas com mão de obra indireta;
- gastos gerais do centro de custos;
- depreciações do centro de custos.

Orçamento de investimentos e financiamentos

Esse segmento do plano orçamentário contém as seguintes peças orçamentárias:

- orçamento de investimentos (aquisições de investimentos, imobilizados e intangíveis);
- orçamento de financiamentos e amortizações;
- orçamento de despesas financeiras.

Geralmente, esse segmento do plano orçamentário fica restrito a algumas pessoas, normalmente da direção, o responsável pela tesouraria e o *controller*.

Projeção dos demonstrativos contábeis

É o segmento do plano orçamentário que consolida todos os orçamentos. Parte do balanço patrimonial inicial incorpora o orçamento operacional e o orçamento de investimentos e financiamentos, projeta as demais contas e conclui com um balanço patrimonial final. Compreende as seguintes peças orçamentárias:

- projeção de outras receitas operacionais e não operacionais e despesas não operacionais;
- projeção das receitas financeiras;
- projeção da Demonstração de Resultados do período orçamentário;
- projeção do Balanço Patrimonial ao fim do período orçamentário;
- projeção do Fluxo de Caixa;
- projeção da Demonstração das Origens e Aplicações dos Recursos;
- análise financeira dos demonstrativos projetados.

Identicamente ao orçamento de investimentos e financiamentos, esse segmento do plano orçamentário fica restrito à cúpula diretiva e ao *controller*.

Nos próximos cinco capítulos, trataremos de todos esses orçamentos com mais detalhes.

Apresentamos na Figura 3.3 um resumo do esquema geral de um plano orçamentário e suas peças principais.

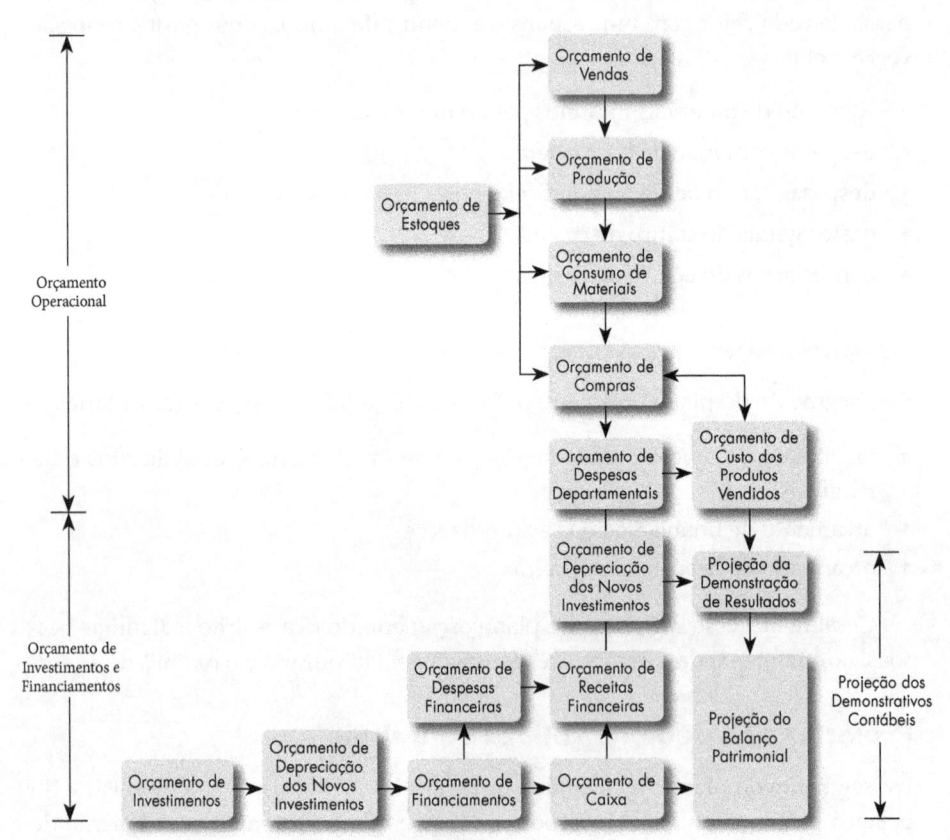

Figura 3.3 – Esquema geral do plano orçamentário.

O primeiro orçamento a ser feito é o orçamento das receitas, que parte da previsão de vendas e da previsão dos preços dos produtos e serviços a serem vendidos. O orçamento de produção decorre diretamente do orçamento de vendas. É um orçamento apenas quantitativo e difere da quantidade da previsão de vendas pelos estoques iniciais existentes e previstos dos produtos acabados.

Partindo do orçamento de produção em quantidade, elabora-se o orçamento de consumo de materiais diretos, com o apoio do sistema de custo unitário dos produtos. Junto com o orçamento de consumo de materiais diretos, pode-se fazer também o orçamento de consumo de materiais indiretos, que farão parte do orçamento de despesas departamentais.

O orçamento de compras de materiais, com e sem impostos, é decorrente do orçamento de consumo de materiais e dos estoques de materiais iniciais existentes e a serem previstos.

A etapa seguinte é a elaboração do orçamento de despesas departamentais. Esse é o orçamento que dá mais trabalho físico, uma vez que é necessário elaborar uma peça orçamentária para cada departamento, centro de custos ou atividade, dependendo da estrutura informacional adotada pela empresa. Esse orçamento contempla os gastos com mão de obra direta e indireta, os gastos com materiais indiretos já preliminarmente elaborados no orçamento de consumo de materiais, as despesas gerais departamentais e as depreciações e amortizações também departamentais.

O orçamento de investimentos pode adicionar novos gastos com depreciações, que devem ser incluídos no orçamento de despesas departamentais. Esse conjunto de peças orçamentárias é denominado orçamento operacional.

O orçamento de financiamentos compreende os novos financiamentos a serem obtidos, a amortização dos antigos financiamentos e os encargos financeiros dos novos e antigos financiamentos, que podem ser resumidos no orçamento de despesas financeiras.

O orçamento de receitas financeiras, decorrente das aplicações financeiras, é o último orçamento a ser elaborado e depende do fluxo de caixa mensal gerado pelos demais orçamentos.

Após isso, todas as demais informações e dados a serem orçados constarão das rubricas restantes da Demonstração de Resultados e do Balanço Patrimonial, e o plano orçamentário estará sendo encerrado com as projeções das demonstrações financeiras básicas.

3.9 Sistema de informação de orçamento

Podemos dizer que o sistema de informações de orçamento é um prolongamento do sistema de Contabilidade Geral (Fiscal e Societária). Em princípio, todas as informações constantes do sistema contábil devem compor o orçamento. Dentro desse conceito, à Contabilidade Geral soma-se o orçamento, e esse conjunto de subsistemas trabalha as informações contábeis de forma integrada, em três módulos, em relação à temporaneidade da informação contábil: informações contábeis do passado, informações contábeis do presente e informações contábeis do futuro, em que estão as informações do orçamento.

Em termos de concepção, o sistema orçamentário é bastante simples, já que reproduz as estruturas do sistema de Contabilidade Geral. O motivo básico para isso é a necessidade do aspecto de controle do sistema orçamentário, que é a análise das variações. Para executá-la, é necessário o confronto dos dados orçados com os dados reais, e estes estão na Contabilidade Geral.

Nada impediria a construção de um sistema orçamentário separado modularmente do sistema de Contabilidade Geral. Dada, contudo, a necessidade de interfaces de grande abrangência que exigem os dois segmentos do sistema de informação contábil, parece-nos que essa opção não é a mais indicada.

Sistema de cálculo

O maior desafio no processo de planejamento orçamentário está na otimização do processo de cálculo. Até o momento, a maior parte dos sistemas ERP (*Enterprise Resource Planning*) não tem apresentado uma boa solução para essa questão, razão pela qual a maioria das empresas ainda utiliza planilhas eletrônicas para o cálculo das peças orçamentárias. Outrossim, em âmbito internacional, *softwares* como Hyperion, Cognos e Prophix-Extend Software, entre outros, apresentam estrutura suficiente para o processo de cálculo e contabilização. Em âmbito nacional, Execplan, Gesplan, Kassai, Adaptative Systems, Shysphera, All Strategy, entre outros, também apresentam soluções adequadas para substituir os cálculos feitos por planilhas eletrônicas.

Operacionalidades do sistema

O principal fundamento operacional desse sistema está em fazer o processo de cálculo e contabilização dos valores orçados ser efetuado da forma mais automática possível, evitando ao máximo a entrada de dados de modo manual. Para tanto, os recursos de geração de relatórios, cálculos e lançamentos automáticos entre os diversos sistemas abastecedores, formas de controlar a avaliação, são elementos fundamentais, desejados e buscados para esse sistema.

Lembramos que a base do sistema orçamentário é a contabilização das receitas e despesas por produtos e, principalmente, por setores e departamentos (centros de custos). Damos, a seguir, as principais operacionalidades desejadas para esse sistema.

Cálculos automáticos

Partindo de informações já existentes em outros subsistemas, essa operacionalidade consiste em ativar procedimentos de cálculos, a partir da inclusão de parâmetros de cálculos, com base nas informações já existentes, seja das contas contábeis dos valores reais, seja das contas contábeis com valores orçados de períodos anteriores. Esses procedimentos podem ser abastecidos por tabelas de indicadores, para indexações, variações desejadas ou de produtividade esperada.

Apropriação de cálculos de planilhas eletrônicas

É muito comum a preparação de orçamentos com planilhas eletrônicas, pela facilidade de cálculo e simulação. Após o fechamento dos números para o próximo orçamento, esse sistema deve ter grande operacionalidade de apropriação dos dados das planilhas e carregá-los automaticamente para as peças orçamentárias.

Lançamentos orçamentários automáticos

Como exemplo, podemos citar lançamentos de orçamento feitos automaticamente com base em dados já existentes, incorporando ou não elementos de cálculo.

Lançamentos em contas sintéticas

No sistema de Contabilidade Geral, os lançamentos contábeis são efetuados nas contas analíticas. Contudo, em um trabalho orçamentário, alguns grupos de contas podem não ter tanta relevância. Assim, o sistema deve conter essa operacionalidade. Ou seja, para fins de orçamento, os lançamentos podem ou não ser feitos diretamente nas contas sintéticas, independentemente do nível de hierarquia das contas.

Essa operacionalidade pode economizar diversos lançamentos e simplificar o controle orçamentário.

Procedimento de corte

É uma operacionalidade cada vez mais exigida. Normalmente, um sistema tradicional reporta as variações orçamentárias com o real. O real pode ser maior ou menor do que o orçado. No caso de ser menor, não há problema.

Contudo, se os valores realmente forem superiores aos valores orçados, e o responsável pelo orçamento não conseguir recuperar o "estouro" da verba, o orçamento geral da empresa poderá ficar comprometido.

Considerando a tecnologia de informação e a possibilidade de controle *real-time*, toda vez que um evento de despesa for suplantar a verba destinada para determinado mês, o sistema orçamentário deverá impedir que a despesa seja efetuada. Chamamos a isso de procedimento de corte. O sistema orçamentário tem de sustar a realização da despesa quando esta for suplantar a verba destinada para o responsável, dentro daquele período de tempo, normalmente dentro do mês.

A despesa só poderá ser efetuada se, posteriormente, o responsável pelo orçamento liberar verba adicional para o responsável do centro de custos. Nesse sentido, aplicativos como *workflow* e *alertador* devem ser incorporados ao sistema orçamentário.

Essa operacionalidade deve ser aplicada principalmente para as compras, despesas gerais e requisições internas de materiais.

Empenho e realização

É outra operacionalidade muito interessante, que deverá ser buscada dentro do possível.

Muitas despesas, antes de ser efetuadas, têm um procedimento anterior de solicitação de compra ou requisição. Assim, o sistema deverá informar, além dos valores orçados, qual a parte do orçamento daquele mês que já está empenhada com solicitações anteriores.

Depois de realizadas as despesas, cai o *status* de verba empenhada para verba realizada. Em resumo, os valores orçados para um período podem ter os seguintes tipos de verba:

- verba orçada;
- verba orçada já empenhada;
- verba empenhada já realizada;
- verba orçada já empenhada e a realizar.

Integrações com outros subsistemas

Apresentamos para cada uma das principais peças orçamentárias todos os subsistemas que devem conectar-se com o sistema de orçamento. Na Figura 3.3 há uma síntese dessas integrações.

Informações e relatórios gerados

O sistema orçamentário fornece os seguintes relatórios principais:

- relatório de pré-orçamento;
- orçamento por centros de custos ou departamentos;
- orçamento por divisões ou unidades de negócio;
- orçamento geral da empresa;
- orçamento original e orçamentos ajustados;
- orçamento em várias moedas;
- orçamento consolidado;
- relatórios de controle orçamentário (real *versus* orçado e análise das variações).

Além disso, deve fornecer informações para:

- formação de custo-padrão;
- formação e/ou análise de preços de venda;
- planejamento e simulação de resultados;
- avaliação de projetos e investimentos.

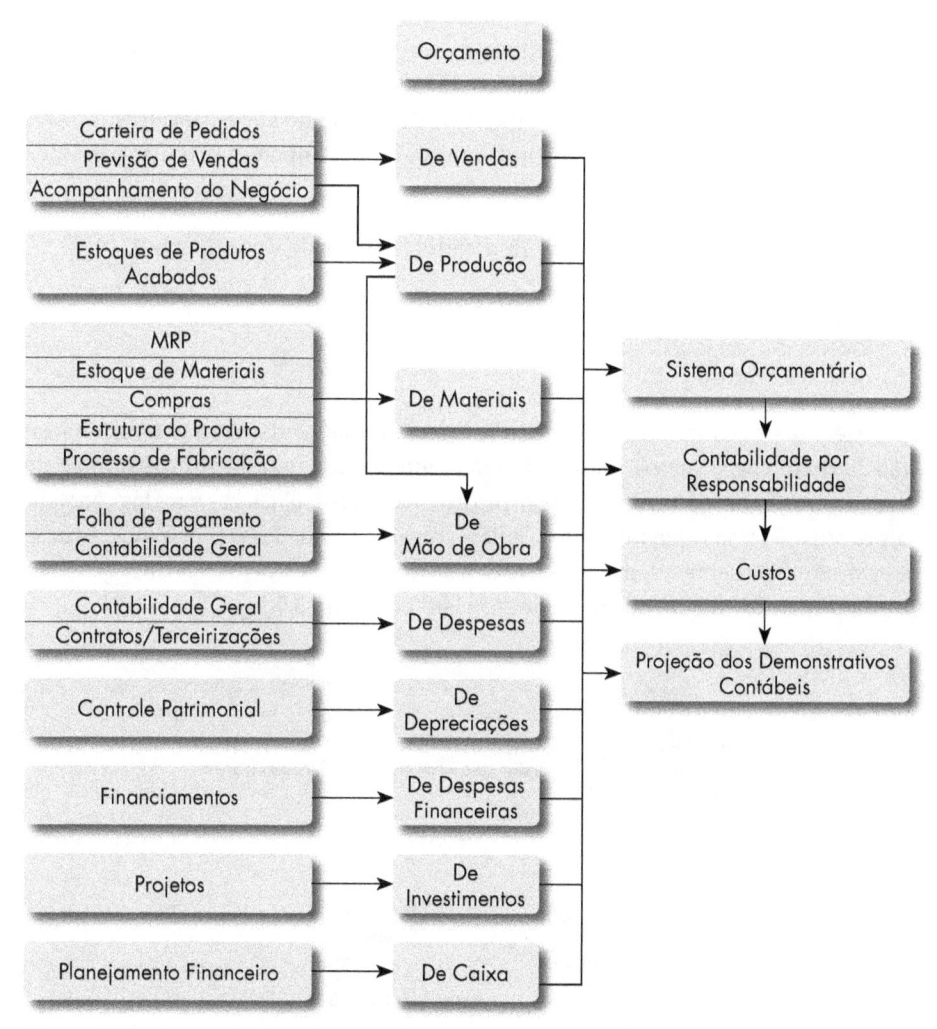

Figura 3.4 – Integração do subsistema de orçamento e outros subsistemas.

3.10 Orçamento, sistemas de indicadores de desempenho e gestão de riscos

O plano orçamentário deve estar compatibilizado com os demais sistemas de informação de apoio à gestão e a estratégia. Assim, não há sentido que metas e objetivos constantes de outros sistemas de informação estejam desvinculados ou não compatibilizados com os objetivos e metas constantes do sistema orçamentário.

As empresas têm buscado estruturar e implementar sistemas de indicadores de desempenho para avaliar seus objetivos estratégicos, disseminar a estratégia e monitorar os gestores responsáveis pelas operações e resultados, integrando medidas de desempenho financeiras com medidas de desempenho não financeiras.

Vários modelos de sistemas de indicadores de desempenho têm sido adotados pelas empresas, tais como:

- KPI – *Key Performance Indicators* (Indicadores-chave de Desempenho)
- Gerenciamento por Diretrizes
- ISO 9000
- *Balanced Scorecard* etc.

Além disso, é fundamental que as empresas implementem um sistema de gestão de riscos corporativos, que é o complemento natural para a leitura do ambiente e controle do planejamento estratégico. Todos os dados, objetivos e metas constantes desses sistemas, que impactam o plano orçamentário, devem ter a mesma base e estarem totalmente integrados.

Um exemplo de integração pode ser visto na Figura 3.5.

Exemplo 1

BSC → Objetivo Meta = Participação de 20% do *Market Share*

Orçamento

Tamanho do Mercado
$ 1.000.000
x   20%
Orçamento de Vendas: $ 200.000

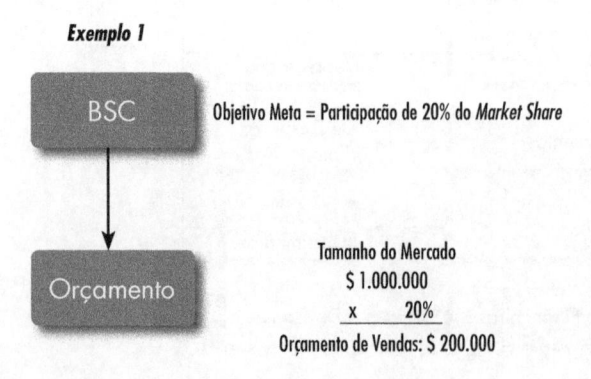

Figura 3.5 – *Balanced Scorecard* e orçamento.

Supondo que no sistema de indicadores de desempenho *Balanced Scorecard* adotado a empresa tenha como um objetivo estratégico que, no ano em questão, a meta é de alcançar 20% de participação no mercado (*market share*), esse objetivo estratégico deverá estar refletido no plano orçamentário do mesmo ano no Orçamento de Vendas. Assim, se o tamanho do mercado avaliado pela empresa é de $ 1.000.000,00, o orçamento de vendas deverá ter como meta receitas de $ 200.000,00, o que representa 20% de participação no mercado.

Assim, como exemplificado, todos os valores e metas do plano orçamentário que têm ligação com objetivos e metas do sistema de indicadores de desempenho devem ser compatibilizados, para que não haja incoerência ou ruído no processo de comunicação empresarial.

Questões e exercícios

1. O que é orçamento e quais os principais objetivos de um plano orçamentário?

2. Quais são os segmentos do plano orçamentário? Discorra sobre cada um deles.

3. Existem questionamentos sobre a validade de se elaborar um plano orçamentário em economias com inflação crônica. Apresente alguns argumentos contra e outros a favor de se fazer orçamento em ambiente inflacionário. Dê sua opinião pessoal sobre o assunto.

4. Caso uma empresa, tendo em vista um ambiente inflacionário no país, deseje fazer o plano orçamentário em moeda forte, isso torna desnecessária a feitura do orçamento na moeda corrente do país? Justifique.

5. Coloque nos espaços em branco as letras que correspondem a cada conceito de orçamento.
    a) Orçamento feito a partir da rediscussão da necessidade ou não de cada gasto   _____Orçamento Flexível
    b) Orçamento feito a partir de determinado volume de produção/vendas   _____Orçamento de Tendências
    c) Orçamento feito considerando diversos níveis de volume de produção   _____Orçamento Base Zero
    d) Orçamento feito a partir de observação de dados passados   _____Orçamento Estático

6. Analise o atual ambiente empresarial e elabore três cenários possíveis (otimista, moderado e pessimista).
    Faça suas ponderações sobre os dados e as variáveis considerados.

7. Tome como referência a empresa em que trabalha ou qualquer outra empresa conhecida e, partindo da adoção de um dos cenários construídos no exercício anterior, elabore um quadro de premissas gerais para conduzir um processo orçamentário para o ano seguinte. Apresente o máximo possível de dados e variáveis, justificando cada uma das premissas.

PARTE II – ORÇAMENTO

Capítulo 4

Orçamento de vendas, produção e capacidade

O ponto-chave do orçamento operacional é o orçamento de vendas. Na realidade, o orçamento de vendas é o ponto de partida de todo o processo de elaboração das peças orçamentárias. Essa colocação se deve ao fato de que, para a maioria das empresas, todo o processo de planejamento operacional decorre da percepção da demanda de seus produtos para o período a ser orçado. Com isso, o volume de vendas torna-se o fator limitante para todo o processo orçamentário.

Convém relembrar que, em alguns casos, o orçamento de vendas é decorrente do orçamento de produção. Ou seja, o fator limitante da empresa não é a demanda, pois o mercado estaria disposto a comprar todo o volume que a empresa produzisse de seus produtos. Nessa hipótese, o orçamento limitante seria o de produção. Exemplos desse tipo de empreendimento são alguns produtos naturais, como minérios, alimentos *in natura* etc.

Desenvolveremos primeiro o orçamento de vendas e, em seguida, o orçamento de produção em quantidades, que é totalmente decorrente do orçamento de vendas em quantidades.

4.1 Aspectos gerais do orçamento de vendas

Fundamentalmente, o orçamento de vendas compreende as seguintes partes:

- a previsão de vendas em quantidades para cada produto;
- a previsão dos preços para os produtos e seus mercados;
- a identificação dos impostos sobre as vendas;
- o orçamento de vendas em moeda corrente do país.

Junto com o orçamento de vendas já deverá também ser feito o orçamento dos itens do balanço patrimonial que se relacionam com o orçamento de vendas, que são, basicamente:

- Orçamento de contas a receber de clientes
- Orçamento de provisão para créditos incobráveis

O objetivo é sempre preparar a integração para a finalização do orçamento na projeção das demonstrações contábeis, a demonstração de resultados e o balanço patrimonial.

Dificuldades na previsão de vendas

A etapa inicial do orçamento de vendas é a determinação das quantidades a serem vendidas dos produtos da empresa. Cada empresa tem o seu grau de dificuldade de estimar as quantidades a serem vendidas para os próximos períodos.

Essas dificuldades são consideradas naturais pela intrínseca imprevisibilidade das situações conjunturais da economia e sazonalidades existentes. Contudo, a leitura do ambiente e a construção dos cenários, e as outras informações constantes do Sistema de Acompanhamento do Negócio, devem permitir à empresa um mínimo de condições de estabelecer probabilidades de acontecimentos de vendas futuras.

Além disso, é normal que a empresa já tenha um conjunto de conhecimentos sobre o comportamento de seus produtos nos mercados em que ela atua (excetuando-se, eventualmente, produtos totalmente inéditos que serão lançados no mercado no período orçamentado).

Assim, há possibilidades de um acerto razoável das quantidades que podem ser vendidas e, consequentemente, de iniciar-se o processo de orçamento das vendas, e, em seguida, a conclusão do processo orçamentário. Em resumo, a melhor competência empresarial deverá ser alocada na previsão de vendas.

Principais pontos a serem observados

Apresentamos a seguir uma relação de aspectos a serem observados na elaboração do orçamento de vendas. Esses aspectos influenciam diferentemente as empresas e, portanto, cada empresa deve dar ênfase maior ou menor para cada um deles, segundo as características de seu negócio.

1. Identificação dos produtos a serem vendidos.
2. Determinação do critério de entendimento do que é produto para fins do orçamento de vendas (por versão especificada, por modelo, por linha de produto etc.).
3. Identificação dos mercados dos produtos (mercado interno, regiões, filiais, mercado externo, clientes-chave etc.).
4. Determinação das quantidades a serem orçadas.
5. Determinação dos preços para cada produto e para cada mercado.
6. Determinação dos preços à vista e os preços a prazo.
7. Incorporação da eventual mudança da política de crédito.
8. Determinação das quantidades de vendas à vista e a prazo.
9. Determinação dos aumentos previstos nas listas de preços, segundo as premissas orçamentárias.

10. Determinação das projeções das taxas das moedas estrangeiras para vendas ao mercado externo.
11. Incorporação das sazonalidades mensais conhecidas e/ou estimadas.
12. Inclusão das expectativas de vendas de acessórios, opcionais, produtos complementares, por produto.
13. Identificação dos impostos sobre vendas para cada produto e mercado.
14. Identificação dos créditos fiscais para cada produto e mercado.
15. Projeção de outras receitas acessórias, como variações cambiais após a venda, recuperações de despesas etc.
16. Projeção de inadimplências etc.

Tabela de produtos e serviços

A construção de uma tabela de produtos e serviços é um procedimento útil para a determinação do critério a ser adotado do que é entendimento de produtos e serviços para fins do orçamento de vendas.

Para empresas que têm uma quantidade pequena de produtos e serviços (ao redor de uma centena deles), o ideal é que seja feito o orçamento de vendas para cada um desses produtos e serviços.

Já para empresas em que a quantidade de produtos e serviços especificados é muito grande (veja, por exemplo, as automobilísticas, que têm milhares de modelos oferecidos, e as empresas supermercadistas, que chegam a ter mais de 50.000 produtos em comercialização), é necessário um processo de ordenamento e classificação, obtendo um conjunto de produtos e serviços que faça sentido operacional para o orçamento de vendas.

O fundamento do orçamento de vendas é a união de preços unitários com quantidades a serem vendidas. A questão do preço unitário pode ser traduzida em preço médio de um determinado conjunto de produtos ou serviços que sejam homogêneos e cujo preço médio seja representativo. Teria sentido fazer um preço médio num supermercado para todos os tipos de macarrão; não teria sentido, outrossim, fazer um preço médio de macarrão com arroz e feijão. Da mesma forma, teria sentido numa empresa automobilística fazer um preço médio para carros de 1.000 cilindradas; não teria sentido fazer um preço médio de carros de 1.000 cilindradas com veículos do tipo caminhonete.

As seguintes observações são importantes para esse procedimento:

a) Primeiro, fazer o orçamento por unidades de negócios;
b) Em seguida, fazer um processo de departamentalização de cada unidade de negócios para abrigar conjuntos homogêneos de produtos e serviços (num super-

mercado, separar por departamento de eletroeletrônicos, vestuário, açougue, padaria, frios, bebidas, alimentação básica, alimentação industrializada etc.);
c) Dentro do departamento, fazer classificação por linhas de produtos;
d) Dentro das linhas de produtos, identificar os principais produtos que representem ao redor de 80% ou mais das vendas;
e) Itens de pequena representatividade: tratar apenas por valor.

Tecnologia de informação utilizada e sistemática dos cálculos

Já vimos que existem sistemas especializados para o tratamento dos orçamentos, denominados Sistemas de Suporte à Decisão. Para o nosso exemplo, estaremos utilizando a tecnologia de planilhas eletrônicas, que farão o papel de sistemas especialistas de orçamento.

4.2 Previsão de vendas

A primeira parte, e a mais difícil, do orçamento de vendas é a determinação das quantidades orçadas. Para isso existem pelo menos três grandes métodos de previsão, que apresentamos a seguir.

Não consideraremos como método de previsão de vendas a quantidade a ser produzida quando o fator limitante for a produção porque, nesse caso, as vendas seriam exatamente as quantidades produzidas. Nessa condição, o orçamento de produção, que será o mais importante, será feito pela capacidade de produção, seja medida em termos de equipamentos e instalações, seja em termos de mão de obra direta disponível.

Métodos estatísticos

É a utilização de modelos estatísticos de correlação e análise setorial, via recursos computacionais, ou mesmo métodos estatísticos diretos de análise de tendências. Isso será possível quando o passado permitir imaginar um comportamento futuro das vendas. É o método utilizado quando há muita dificuldade em saber o que vai vender.

Dentro dos métodos estatísticos, podemos elencar os seguintes critérios:

- correlação com o crescimento do setor ou do PIB;
- análise de tendência (regressão linear, mínimos quadrados);
- combinação dos dois métodos anteriores;
- pesquisa de mercado;
- correlação ou participação no tamanho do mercado etc.

Coleta de dados das fontes de origens das vendas

Nesse caso, o orçamento de quantidades de vendas terá como base as informações vindas diretamente dos centros vendedores, as quais serão compiladas no setor de Controladoria. É uma metodologia aparentemente interessante, porém a diversidade das fontes de origens e as possibilidades de inadequação de entendimento das premissas orçamentárias poderão conduzir a resultados finais inconsistentes e até frágeis.

Atualmente, os meios computacionais e as informações contidas no Sistema de Acompanhamento do Negócio podem, seguramente, minimizar o impacto da possível fragilidade desse método. Tem sido comum que os pontos de venda sejam conectados computacionalmente com o sistema central pelos sistemas de colocação de pedidos (*order entry system*). Dessa maneira, já existe um banco de dados com as informações dos pontos de venda, que servirão de parâmetro para avaliar as estimativas de vendas recebidas das fontes de origens.

Como exemplos desse método, podemos citar a previsão de quantidades vendidas obtidas de:

- cada vendedor;
- cada gerente de filial;
- cada ponto de venda de varejo;
- franqueada, concessionária etc.

Uso final do produto

É um método que deve ser utilizado quando, por meio do conhecimento do uso final do produto por seus clientes, a empresa pode orçar suas próprias vendas. Saber o que seu cliente vai vender, pelo conhecimento dos programas de produção desses clientes, será um meio seguro de orçamentar as quantidades de vendas da empresa como fornecedora certa para esses clientes.

Essa metodologia tende a ser cada vez mais utilizada pelos atuais conceitos praticados de cadeia de fornecimento (*supply chain*) e terceirização (*outsourcing*). Esses conceitos são decorrentes de outro conceito maior de modo de negócios, que é o conceito de parceria. Nesse sentido, quanto mais parceiras forem as empresas, mais elas podem e devem trocar as informações de expectativas de vendas e lançamento dos programas de produção.

Além disso, as possibilidades abertas pela tecnologia de informação, por meio do conceito de comércio eletrônico (*e.commerce, eRM–electronic relationship management* etc.), tendem a estreitar cada vez mais os laços entre clientes e seus fornecedores.

Como exemplos da aplicação dessa metodologia, podemos citar:

- fornecedores de autopeças para a indústria automobilística;
- fornecedores de serviços ou componentes para empresas que trabalham com programa de produção periódico ou anual;
- cotas obrigatórias de vendas de produtos franqueados ou concessionados;
- empresas prestadoras de serviços com contratos periódicos ou anuais;
- atividade de locação de bens móveis e imóveis etc.

4.3 Orçamento de vendas

Apresentaremos a seguir um exemplo numérico de orçamento de vendas com as suas principais partes. A empresa em questão é uma indústria que fabrica dois produtos principais diferentes, Produto X e Produto Y. No nosso exemplo, estamos imaginando que a fabricação de todos os produtos é similar na maior parte dos processos. A empresa também vende partes e peças dos produtos principais, que estamos denominando produtos complementares. Os produtos são vendidos para dois mercados, sendo o Mercado 1 o mercado interno, e o Mercado 2 o mercado externo de exportação.

Orçamento de quantidades

O primeiro orçamento é o de quantidades vendidas. No nosso exemplo da Tabela 4.1, fizemos uma estimativa de quantidades mensais por produto e por mercado. Quanto aos produtos complementares, dada a variedade possível de quantidade de itens, utilizaremos o critério de mensuração da receita orçada por um porcentual estimado sobre os produtos principais, e não faremos o orçamento de quantidade.

Esse critério só é aceitável quando houver dados firmes do passado de correlação entre os produtos principais e os produtos complementares e quando a participação das vendas desses produtos não tiver tanta relevância no total das receitas de vendas.

Orçamento de preços de venda

A segunda etapa do orçamento de vendas é o orçamento dos preços. Identicamente ao orçamento de quantidades, ele deve apresentar os preços por produtos e seus respectivos mercados.

Na Tabela 4.2, apresentamos na segunda coluna a informação do preço de venda-base, nas moedas de cada mercado. Assim, os preços do Mercado 1 estão na moeda corrente do país ($) e os preços do Mercado 2 estão em moeda estrangeira (US$). Para incorporar as políticas de preços das premissas orçamentárias, introduzimos no início da planilha os reajustes esperados nas listas de preços. Para o

Tabela 4.1 – Previsão de vendas – quantidades

	Janeiro	Fevereiro	Março	Abril	Maio	Junho	Julho	Agosto	Setembro	Outubro	Novembro	Dezembro	Total
Produto X – Mercado 1	2.000	2.000	2.000	2.200	2.200	2.200	2.200	2.200	2.500	2.500	2.500	2.500	27.000
Produto Y – Mercado 2	1.000	1.000	1.000	1.000	1.100	1.100	1.100	1.100	1.400	1.400	1.400	1.500	14.100
Produtos Complementares	0	0	0	0	0	0	0	0	0	0	0	0	0
Total	3.000	3.000	3.000	3.200	3.300	3.300	3.300	3.300	3.900	3.900	3.900	4.000	41.100

Tabela 4.2 – Preços de venda mensais*

	Preço-Base	Janeiro	Fevereiro	Março	Abril	Maio	Junho	Julho	Agosto	Setembro	Outubro	Novembro	Dezembro
Aumento de Preços – Mercado 1		1,00	1,00	1,02	1,02	1,02	1,02	1,02	1,02	1,02	1,06	1,06	1,06
Aumento de Preços – Mercado 2		1,00	1,00	1,00	1,00	1,00	1,04	1,04	1,04	1,04	1,04	1,04	1,04
Produto X – Mercado 1 – R$	500	500	500	510	510	510	510	510	510	530	530	530	530
Produto Y – Mercado 2 – US$	125	125	125	125	125	125	130	130	130	130	130	130	130
Produtos Complementares	0	0	0	0	0	0	0	0	0	0	0	0	0

* Os preços de venda já contêm custos financeiros para 28 dias de prazo, em média, e são para consumidor final.

Mercado 1 estamos estimando um aumento de preços de 2% no mês de abril e um aumento de 4% no mês de setembro, sempre acumulados sobre os preços dos meses anteriores. No Mercado 2 estamos adotando um aumento de preços de 4% apenas no mês de junho.

É importante ressaltar que os preços estão colocados conforme as listas de preços, ou seja, os preços que são identificados pelo cliente. Portanto, estão com impostos, e assim é necessário para se obter o orçamento da receita *bruta* de vendas, antes dos impostos, bem como para possibilitar a obtenção do valor da carteira de duplicatas a receber e a provisão de créditos incobráveis, que farão parte depois da projeção do balanço patrimonial, ao final do processo orçamentário. Nosso exemplo não contempla vendas à vista e a prazo, para fins de simplificação.

Identificação dos impostos sobre vendas

Essa etapa do orçamento de vendas compreende a identificação dos impostos incidentes sobre as vendas de cada um de todos os produtos, pois é possível que tenham tributações diferenciadas. É necessário, ainda, que a identificação seja efetuada também considerando os mercados, pois determinados produtos são tributados em um mercado, por exemplo, mercado interno, e podem não ser tributados em outro mercado, por exemplo, as exportações.

A tributação de produtos e seus mercados também é necessária quando as vendas são para diversas regiões e sobre estas também incidam tributação diferenciada. Como exemplo, temos os impostos estaduais e municipais, bem como zonas de incentivos regionais.

Existe, ainda, a possibilidade de tributação diferenciada para clientes ou setores, como vendas para hidrelétricas, para setores com projetos governamentais setoriais etc. Caso isso seja relevante para a empresa em questão, também deve ser identificado.

No nosso exemplo identificamos, na Tabela 4.3, apenas os principais impostos, separando Mercado 1 e Mercado 2. Deixamos de incluir o atual Imposto sobre Produtos Industrializados – IPI e o ISS, para simplificação.

Tabela 4.3 – Impostos sobre vendas

Impostos	Mercado 1 Em %	Mercado 2 Em %
ICMS	18,00	0
PIS	1,65	0
Cofins	7,60	0
Total	27,25	0

Orçamento da receita das vendas

Como conclusão do orçamento das vendas, far-se-á o orçamento mensal por produtos e mercados, considerando a receita bruta e a receita líquida dos impostos sobre vendas.

Juntamente com o orçamento de vendas, estamos sugerindo já calcular os dados para a projeção de dois itens do balanço patrimonial relacionados com as vendas, que são:

1. Projeção do saldo de contas a receber (clientes), mês a mês.
2. Projeção da provisão para créditos incobráveis, a antiga provisão para devedores duvidosos, também mês a mês.

Lembramos também que não é necessário ser feito o orçamento de recebimento das vendas, uma vez que é decorrente do orçamento da receita bruta mais a variação do saldo de contas a receber.

Na coluna Dados-Base apresentamos alguns dados que facilitam o trabalho de cálculo da planilha. Para projetar os produtos complementares, utilizamos uma relação percentual média (que pode ser obtida pela análise dos dados históricos) para cada produto. Assim, no nosso exemplo, em média se vendem 10% de produtos complementares ao produto X. Como exemplos de produtos complementares, citamos venda de peças de reposição, venda de opcionais, venda de serviços de instalação, venda de serviços de assistência técnica, venda de sucatas de produtos, venda de produtos reprovados em qualidade etc.

Também colocamos na coluna Dados-Base o total dos impostos identificados, que serão aplicados nos seus respectivos mercados. Para fins de simplificação, não nos preocupamos em saber se os impostos são *por dentro* (embutidos) ou *por fora*. Cada empresa deverá aplicar o formato de cálculo para seus produtos e seus impostos.

Na mesma coluna colocamos os dados médios previstos para a projeção dos dados do balanço. No exemplo estimamos um saldo de perdas com créditos incobráveis em 2% e um prazo médio de recebimento de vendas de 28 dias, ambos calculados sobre a Receita Operacional Bruta.

Para o cálculo das vendas ao mercado externo, dependentes da taxa de câmbio, inserimos na primeira linha da planilha as taxas de dólar estimadas para o fim de cada mês. Apresentamos na Tabela 4.4 o orçamento de vendas em moeda corrente.

Tabela 4.4 – Orçamento de vendas – em moeda corrente

	Dados-Base	Janeiro	Fevereiro	Março	Abril	Maio	Junho	Julho	Agosto	Setembro	Outubro	Novembro	Dezembro	Total
Taxa do US$	3,20	3,23	3,25	3,25	3,28	3,28	3,30	3,35	3,40	3,40	3,45	3,50	3,50	
Produto X – Mercado 1		1.000.000	1.000.000	1.020.000	1.122.000	1.122.000	1.122.000	1.122.000	1.122.000	1.325.000	1.325.000	1.325.000	1.325.000	13.930.000
Produto Y – Mercado 2		403.750	406.250	406.250	410.000	451.000	471.900	479.050	486.200	618.800	627.900	637.000	682.500	6.080.600
Subtotal		1.403.750	1.406.250	1.426.250	1.532.000	1.573.000	1.593.900	1.601.050	1.608.200	1.943.800	1.952.900	1.962.000	2.007.500	20.010.600
Produtos Complementares	0,10	140.375	140.625	142.625	153.200	157.300	159.390	160.105	160.820	194.380	195.290	196.200	200.750	2.001.060
Receita Operacional Bruta		1.544.125	1.546.875	1.568.875	1.685.200	1.730.300	1.753.290	1.761.155	1.769.020	2.138.180	2.148.190	2.158.200	2.208.250	22.011.660
Impostos sobre Vendas*	27,25%	(310.752)	(310.820)	(316.815)	(347.492)	(348.609)	(349.179)	(349.374)	(349.568)	(414.031)	(414.279)	(414.527)	(415.767)	(4.341.214)
Receita Operacional Líquida		1.233.373	1.236.055	1.252.060	1.337.708	1.381.691	1.404.111	1.411.781	1.419.452	1.724.149	1.733.911	1.743.673	1.792.483	17.670.446
Saldo de Clientes – Final do Mês	28 dias	1.441.183	1.443.750	1.464.283	1.572.853	1.614.947	1.636.404	1.643.745	1.651.085	1.995.635	2.004.977	2.014.320	2.061.033	
Provisão para Créditos Incobráveis	2,00%	30.883	30.938	31.378	33.704	34.606	35.066	35.223	35.380	42.764	42.964	43.164	44.165	

* Sobre vendas no mercado interno.

Exemplo dos cálculos

Utilizando os dados para o mês de junho, damos a seguir os cálculos efetuados para o orçamento de vendas.

MÊS DE JUNHO	
PRODUTO X – Mercado 1	
2.200 (quantidade) x $ 500,00 (preço de venda) x 1,02 (fator de ajuste – aumento de preços)	= $ 1.122.000
PRODUTO Y – Mercado 2	
1.100 (quantidade) x US$ 125,00 (preço de venda em moeda estrangeira) x $ 3,30 (taxa de dólar do mês) x 1,04 (fator de ajuste – aumento de preços)	= $ 471.900
Subtotal	= $ 1.593.900
PRODUTOS COMPLEMENTARES – Mercado 1	
10% de $ 1.593.900	= $ 159.390
Receita Operacional Bruta ($ 1.593.900 + $ 159.390)	= $ 1.753.290
Impostos sobre Vendas – 27,25% [0,2725 x 1.281.390 ($ 1.122.000 + 159.390)]	= $ 349.179
Receita Operacional Líquida ($ 1.753.290 – 349.179)	= $ 1.404.111
SALDO DE CONTAS A RECEBER DE CLIENTES – 28 DIAS ($ 1.753.290 : 30 dias x 28 dias)	= $ 1.636.404
Provisão para Créditos Incobráveis – 2% (0,02 x $ 1.753.290)	= $ 35.066

Modelo alternativo

Outro modo de elaboração do orçamento de vendas, mais simplificado, mas também com boa eficácia, é elaborar os cálculos das vendas por produtos e mercados considerando os dados anuais e preços e taxas de câmbio médios do ano. Após esses cálculos, faz-se a sazonalização mensal, considerando alguma tendência verificada no passado que tenha consistência, ou mesmo a sazonalidade mensal esperada.

A Tabela 4.6 mostra um exemplo de modelo genérico de orçamento de vendas. É importante verificar que as principais necessidades do orçamento de vendas devem estar contempladas, quais sejam:

a) A separação dos principais mercados das vendas, que deve incluir clientes-chave;
b) A classificação dos produtos e serviços por linhas;
c) A obtenção da quantidade e preço médio unitário de venda para cada produto ou serviço;
d) Inserir outros produtos complementares, de tal forma que a receita operacional bruta orçamentada esteja compatibilizada com todas as contas contábeis da receita operacional bruta do sistema de informação contábil;
e) Os impostos sobre as receitas;

f) A separação das vendas à vista e a prazo, se essa segregação for relevante;
g) A distribuição mensal pelas sazonalidades conhecidas ou estimadas.

Tabela 4.5 – Orçamento de vendas – modelo genérico

	Mercado 1			Mercado 2			Total		
	Qtde.	Pr. Unit.	Total	Qtde.	Pr. Unit.	Total	Qtde.	Pr. Unit.	Total
Linha de Produto A Produto A1 Produto AN **Linha de Produto B** Produto B1 Produto BN **Linha de Produto C** Produto C1 Produto CN									
Subtotal									
Outros Produtos/Receitas Produtos Complementares Recuperações etc.									
Total Geral									
Impostos **À vista** **A prazo**									
Distribuição mensal Janeiro Fevereiro Março Abril Maio Junho Total Geral				Julho Agosto Setembro Outubro Novembro Dezembro					

Orçamento de vendas para contabilidade divisional

O exemplo contemplou o caso de uma empresa com orçamento único de vendas. No caso de corporações estruturadas por unidades de negócios, deverá ser feito um orçamento de vendas para cada uma delas, considerando as mesmas características apresentadas dentro do exemplo.

Igual procedimento deverá ser adotado se a empresa tiver sua contabilidade por responsabilidade segmentada sob o conceito de centros de lucros, ou seja, para cada centro de lucro deverá ser elaborado um orçamento de vendas. Nesse caso, o item que deverá ser incorporado ao orçamento de vendas será *a receita decorrente da transferência de produtos* para outros centros de lucros, por meio da utilização do conceito de *preço de transferência*, ou seja, as vendas "internas" do centro de lucro.

4.4 Orçamento de produção

É um orçamento totalmente decorrente do orçamento de vendas. Conforme já foi salientado, no caso de o fator limitante ser a quantidade produzida, entende-se que o orçamento de vendas é que decorre da quantidade produzida. Porém, para a maior parte das empresas, o fator limitante é vendas, portanto o orçamento de produção decorre do orçamento de vendas.

Saliente-se também que o orçamento de produção é quantitativo. Não há, em princípio, necessidade de valorizar o valor da produção para fins de orçamento. O orçamento de produção em quantidade dos produtos a serem fabricados é fundamental para a programação operacional da empresa, e dele decorre o orçamento de consumo e compra de materiais diretos e indiretos, bem como ele é base de trabalho para os orçamentos de capacidade e logística.

São dois dados necessários para o orçamento de produção:

- orçamento de vendas em quantidades por produto;
- política de estocagem de produtos acabados.

Com esses dados, mais os dados das atuais quantidades em estoque de produtos acabados, conclui-se o orçamento de produção. Portanto, a diferença entre a quantidade vendida e a quantidade a ser produzida decorre da variação da quantidade do estoque de produtos acabados. Em uma empresa em que há possibilidade de venda imediata de toda a produção e, portanto, a empresa consegue evitar ou não há necessidade de ter uma estocagem de produtos acabados, o orçamento de produção é igual ao orçamento de vendas em quantidades. Esse fato pode acontecer em empresas que produzem por encomenda ou naquelas que conseguem uma perfeita aplicação do conceito de *just-in-time* para o produto final.

Política de estocagem

Para muitas empresas, o estoque de produtos acabados é estratégico. O negócio da empresa é ter produtos acabados sempre à mão, para pronto atendimento ao cliente. Um exemplo disso é o comércio. Esse tipo de estratégia não colide com o conceito financeiro de menor investimento em capital de giro. Deve-se sempre buscar o mínimo investimento em capital de giro e, desse modo, também em estoques, sejam eles de produtos acabados, intermediários ou de materiais. Em outras palavras, se para algumas empresas é estratégico ter sempre estoque de produtos acabados, esse volume estratégico disponível deverá ser sempre o menor possível.

Normalmente, a política de estocagem de produtos acabados é traduzida em dias de vendas, por tipo de produto. A empresa tem informações e experiência que permitem fixar qual deve ser o estoque mínimo a se manter para o atendimento às vendas. Além disso, deve ser incorporada a eventual mudança de política de estocagem, seja para maior ou para menor. Há a possibilidade de a empresa desejar um reabastecimento maior ou, o oposto, uma redução da quantidade estocada.

Orçamento de produção em quantidades

A Tabela 4.6 apresenta um exemplo de orçamento de produção em quantidades por produto. Na primeira coluna, incorporamos o conceito de política de estocagem em dias de venda. Assim, para o Produto X, a empresa tem como política manter em estoque de produtos acabados o equivalente à média de 15 dias de vendas. Como a previsão de vendas em quantidade do Produto X é de 2.000 unidades para o mês de janeiro, o estoque final de produtos acabados previsto é de 1.000 unidades.

Exemplo dos cálculos

Tomaremos como exemplo o mês de setembro para o Produto X.

O *estoque inicial* em quantidades é um dado real, oriundo do mês anterior e, portanto, não há cálculo, mas um ponto de partida. O estoque inicial do mês de janeiro é o constante do balanço final encerrado no exercício anterior. Ressalte-se que, como o orçamento deve ser feito antes do encerramento do exercício corrente, o estoque inicial de janeiro também poderá ser estimado e arbitrado, ou ser fruto do orçamento anterior.

O estoque inicial de setembro é o estoque final de agosto; no caso, 1.100 unidades. A *previsão de vendas* é o total de vendas orçadas na previsão de vendas em quantidades, Tabela 4.1. Para o mês de setembro, a previsão de vendas era de 2.500 unidades. O *estoque final* decorre do cálculo sobre a política de estocagem em dias de venda.

No caso do Produto X para o mês de setembro, o estoque final corresponde a 15 dias de vendas de junho. Assim: 2.500 unidades ÷ 30 dias × 15 dias = 1.250 unidades.

O *orçamento de produção* em quantidades para o Produto X para o mês de setembro decorre dos três dados anteriores:

Previsão de Vendas para o mês de setembro	= 2.500 unidades
(+) Estoque final desejado para 30.09	= 1.250 unidades
(−) Estoque inicial existente em 31.08	= 1.100 unidades
= Orçamento de Produção para setembro	= 2.650 unidades

Produção contínua

As empresas ou unidades de negócios cujo processo de produção é contínuo (indústria química, petróleo, açúcar e álcool, bebidas, processos de fundição etc.) devem incorporar, se necessário, ao orçamento de produção, por meio do estoque final, as unidades de produção inacabadas ao final do mês.

Nesse caso, o procedimento a ser adotado é o de unidades equivalentes de produção. Convém salientar que a inclusão das unidades em processamento inacabadas deve ser feita quando há um volume significativo da variação entre os estoques finais e iniciais.

Tabela 4.6 – Orçamento de produção – quantidades

	Dias*	Janeiro	Fevereiro	Março	Abril	Maio	Junho	Julho	Agosto	Setembro	Outubro	Novembro	Dezembro	Total
Produto X														
Estoque Inicial		800	1.000	1.000	1.000	1.100	1.100	1.100	1.100	1.100	1.250	1.250	1.250	
Previsão de Vendas – Tabela 4.1		2.000	2.000	2.000	2.200	2.200	2.200	2.200	2.200	2.500	2.500	2.500	2.500	27.000
Estoque Final	15	1.000	1.000	1.000	1.100	1.100	1.100	1.100	1.100	1.250	1.250	1.250	1.250	
Orçamento de Produção		2.200	2.000	2.000	2.300	2.200	2.200	2.200	2.200	2.650	2.500	2.500	2.500	27.450
Produto Y														
Estoque Inicial		1.600	667	667	667	667	733	733	733	733	933	933	933	
Previsão de Vendas – Tabela 4.1		1.000	1.000	1.000	1.000	1.100	1.100	1.100	1.100	1.400	1.400	1.400	1.500	14.100
Estoque Final	20	667	667	667	667	733	733	733	733	933	933	933	1.000	
Orçamento de Produção		67	1.000	1.000	1.000	1.167	1.100	1.100	1.100	1.600	1.400	1.400	1.567	13.500

* Política de estocagem em dias de venda.

Orçamento de produção e programa de produção

O orçamento de produção, a princípio, é o programa de produção para o próximo exercício, que deverá ser utilizado como programa-mestre de produção, para acionamento do sistema *MRP*, com eventuais adaptações a serem feitas pelo setor de planejamento e controle de produção em termos de programação operacional.

4.5 Orçamento de capacidade e logística

As quantidades de venda e produção é que basicamente determinam o nível de atividade da empresa. O subsistema físico-operacional das empresas e de suas respectivas áreas de responsabilidade é estruturado para determinados níveis de atividades, ou faixas de atividades, com limites de capacidade de produção e vendas.

De um modo geral, nas unidades de negócios já estruturadas e em andamento, as empresas tendem a aumentar sua capacidade de produção de forma gradativa, fazendo os ajustes dos recursos de produção e distribuição pontuais dentro de um *continuum* de investimentos. Um dos aspectos que levam a esse procedimento é que, em linhas gerais, a empresa não trabalha normalmente a plena carga, sempre tendo uma ociosidade de recursos físicos (algo ao redor de 10%), e dispondo de possibilidades de utilização de turnos ou horários extraordinários para fazer face a aumentos significativos no nível de atividade.

Por outro lado, quando o volume esperado de futura atividade indica que existe claramente necessidade de aumento dos recursos disponíveis para as operações, é preciso avaliar a capacidade atual dos recursos diante da capacidade necessária para atender o novo patamar de atividade operacional esperado.

Nessa linha, juntamente com o orçamento de produção e vendas, há a necessidade do orçamento de capacidade operacional, que inclui a capacidade fabril e a de comercialização. Ao mesmo tempo, é o momento de rever toda a cadeia de suprimento e entrega, que denominamos *orçamento de logística*.

Lembramos que, apesar de a visão mais comum do orçamento de capacidade e logística estar relacionada com aumento de recursos, o inverso também é verdadeiro. Situações em que os orçamentos de produção e vendas indicarem uma significativa redução do nível de atividade, em que a capacidade existente se mostre francamente excessiva e, com isso, consumidora de gastos para sua manutenção, exigirão programas para *redução* da capacidade. Essa possibilidade, se configurada com caráter de permanência, obrigaria a redução do quadro de funcionários e desinvestimentos operacionais.

Recursos com restrições

A análise de capacidade e logística fundamenta-se na análise dos recursos disponíveis, dentro dos processos (cadeia, fluxo) existentes para efetivar as operações de produção, comercialização, suprimentos e movimentação de materiais e produtos.

Assim, o conceito básico é o decorrente da teoria das restrições: *o fluxo dos processos não deve ser interrompido*. Portanto, avaliando as necessidades decorrentes dos programas de produção e vendas, devem-se analisar todos os recursos, dentro das cadeias existentes, para verificar aqueles que restringirão os orçamentos programados. Os recursos que restringirão a programação operacional deverão ter sua capacidade ajustada ao novo nível de atividade desejado e, para isso, investimentos e contratações deverão ser feitos e incorporados no programa orçamentário.

Orçamento de capacidade

O orçamento de capacidade trabalha fundamentalmente com três grandes áreas:

- equipamentos e instalações para o processo produtivo e comercial;
- mão de obra direta para as atividades operacionais;
- impacto nos setores de apoio.

O orçamento de capacidade objetiva quantificar a capacidade de cada equipamento e da mão de obra existente, comparando-a com a necessidade gerada pelos programas de produção e venda, dentro do conceito da existência de restrições.

Capacidade das instalações e equipamentos

Cada equipamento ou instalação tem uma capacidade máxima produtiva, que pode ser mensurada segundo seu próprio objetivo e a aplicação a que se destina.

Por exemplo, uma usina de cana-de-açúcar de determinado tamanho tem condições de processar, no máximo, determinada tonelagem diária de cana e, com isso, produzir no máximo determinada quantidade de toneladas de açúcar ou litros de álcool. Caso a empresa esteja utilizando o máximo da capacidade e deseje processar mais 30% de cana no próximo ano, seguramente deverá investir em nova destilaria (ou terceirizar o processamento, que seria outra hipótese, mas não deixa de ser compra de capacidade).

Em linhas gerais, os dois tipos básicos de estruturas produtivas conduzem a equipamentos com suas características intrínsecas, e o estudo de capacidade segue sua lógica. São eles:

- empresas de processamento contínuo;
- empresas com processamento variado.

As empresas de processamento contínuo são montadas fundamentalmente com um único equipamento ou, o que é mais comum, com um conjunto de equipamentos que segue um processo contínuo de produção, começando pela entrada da matéria-prima principal, passando por diversos processos de transformação, nos quais novas matérias-primas ou materiais auxiliares são agregados, obtendo-se o produto final acabado ao término do processo. Como exemplos, citamos: usinas de açúcar e álcool, indústria química, de bebidas, de alimentação, siderúrgica, indústrias de processamento de minério etc.

As empresas com processamento variado têm uma variedade de equipamentos para os seus diversos produtos intermediários e diversos processos parciais. A medição da capacidade das estruturas com processamento contínuo é mais fácil porque, sendo um conjunto único de processamento, a capacidade é conhecida e limitada. Para o segundo tipo de estrutura fabril, *há de verificar-se a capacidade de cada um dos equipamentos*.

Mais uma vez lembramos o conceito de restrições. É possível que determinados equipamentos tenham uma larga faixa de atividade, quanto aos processos e produtos necessários, que não se configure em restrições, em relação aos programas de produção esperados. Por outro lado, é possível que outros equipamentos não tenham condições de atender a demanda produtiva esperada para o programa de produção orçamentado, e a empresa tenha de encontrar a maneira mais adequada de suprimento de capacidade do equipamento, seja utilizando os equipamentos em mais turnos de trabalho, seja adquirindo novo equipamento ou terceirizando a quantidade adicional de processos necessários.

Na Tabela 4.7 apresentamos um exemplo hipotético de modelo de avaliação da capacidade de equipamentos. O critério básico é verificar o que cada produto exige em termos de capacidade de cada equipamento, multiplicando pelo programa de produção (anual, mensal), e confrontar com a capacidade disponível (anual, mensal) de cada equipamento. A diferença positiva será excesso de capacidade, portanto capacidade existente em suficiência. A diferença negativa será a falta de capacidade, e medidas terão de ser tomadas a tempo, antes de se iniciar a execução do programa de produção orçamentado, para se conseguir o suprimento da capacidade.

Tabela 4.7 – Orçamento de capacidade – equipamentos

Programa de produção anual por produto	Quantidade
Produto X	27.450
Produto Y	13.500

Equipamentos	Capacidade Técnica Anual	Unidade de Medida da Capacidade	Necessidade da Capacidade Unitária por Produto			Unidade de Medida da Capacidade	Falta ou Excesso de Capacidade	Percentual
			Produto X	Produto Y	Total			
	A				B		C = A – B	C/A
Equipamento A	48.000	quilos	1,00	1,20	43.650	quilos	4.350	9,1%
Equipamento B	120.000	metros	3,3	3,5	137.835	metros	(17.835)	–14,9%
Equipamento N	7.920	horas	0,2	0,3	9.540	horas	(1.620)	–20,5%

No exemplo da Tabela 4.7, o Equipamento A tem capacidade de produção suficiente para o programa de produção orçamentado, com excesso estimado de 9,1%. Já os equipamentos B e N têm capacidade insuficiente, respectivamente faltando 14,9% e 20,5% da capacidade existente, para fazer face às necessidades programadas.

Capacidade da mão de obra direta

A capacidade da mão de obra direta normalmente é medida em horas necessárias para os processos, ou em relação às quantidades de produtos ou serviços intermediários ou finais. Assim, diz-se que são necessárias tantas horas para tal processo, ou se diz que um trabalhador consegue produzir tantos metros de tecido, remover tantas quantidades de terra, erguer tantos metros de parede, montar tantos televisores etc. Cada processo, produto ou serviço tem a sua medida de produtividade mais comumente utilizada no setor de atuação, e essa medida de produtividade mensura a capacidade produtiva da mão de obra direta.

Convém ressaltar que o conceito de mão de obra direta, para fins de medição de capacidade, deve abranger todos os processos ou atividades caracteristicamente ligados a volumes, e não exclusivamente a trabalhadores nos processos diretos da fábrica. Assim, outras áreas da empresa têm atividades ou processos que reagem com relação ao volume produzido ou vendido, de forma indireta ou direta. Como exemplo, podemos citar, além da tradicional mão de obra direta industrial, a mão de obra ligada:

- ao recebimento e à estocagem de materiais e produtos;
- ao transporte interno de materiais e produtos;
- à expedição e distribuição de materiais e produtos;
- à entrega técnica de produtos;
- à assistência técnica de produtos etc.

A metodologia de medição da capacidade da mão de obra direta é similar à utilizada para medição da capacidade dos equipamentos. Os passos são os seguintes:

1. Verifica-se qual a produtividade média de cada mão de obra direta em relação aos processos ou produtos e serviços, para cada produto final da empresa. Esse dado deverá constar da ficha de custo padrão do processo de fabricação de cada produto.
2. Multiplica-se pela quantidade anual do programa de produção, determinando a necessidade de horas ou de outra medida de produtividade exigida pelo programa.
3. Transformam-se as necessidades dos programas obtidas no passo 2 em quantidade de homens diretos.

4. Confronta-se com o número de empregados existentes e suas horas disponíveis para trabalho nos produtos. A diferença será excesso ou insuficiência de mão de obra.

No passo 4, caso a eficiência das horas produtivas de um setor para outro apresentar-se fora de uma normalidade, deverá ser feito um ajuste, reduzindo-se as horas disponíveis por um fator que evidencie a atual eficiência (na realidade, ineficiência) fora dos parâmetros considerados normais.

Apresentamos na Tabela 4.8 um exemplo numérico de avaliação da capacidade da mão de obra direta fabril, utilizando, como medida de produtividade, horas necessárias de mão de obra direta para uma unidade de produto final.

No exemplo apresentado, apenas a mão de obra direta disponibilizada para o Produto X está com capacidade suficiente para cumprir o orçamento de produção. A mão de obra direta disponibilizada para os demais produtos evidencia-se insuficiente para cumprir o programa orçado. No conjunto, supondo que se pode intercambiar a mão de obra direta para todos os produtos, há uma insuficiência de 8,9%, correspondendo a aproximadamente nove homens diretos.

Capacidade dos setores de apoio

Os setores de apoio ou indiretos, tanto industriais como comerciais, como os administrativos, sofrem em maior ou menor intensidade os reflexos de uma mudança significativa no volume de produção e vendas.

Trabalho similar deve ser feito para esses setores a fim de identificar uma eventual necessidade de suprimento de capacidade para as atividades de apoio, como recrutamento, compras, faturamento, recebimento, controle de produção, engenharia, qualidade, tecnologia de informação etc.

Orçamento de logística

O orçamento de capacidade está ligado basicamente ao processo produtivo. O orçamento de logística, ou análise da capacidade da rede logística, está ligado fundamentalmente às questões, quantitativas e qualitativas, de suprimento de materiais, transporte de materiais e produtos, movimentação interna de materiais, sistemas de armazenamento, tecnologias de embalagens, comercialização e distribuição de produtos e serviços, bem como à integração de todos os componentes da cadeia que compõe a logística, buscando sua maior eficiência. A base para a análise da logística está também no volume dos programas de produção e vendas.

Grande parte dos serviços ligados aos processos logísticos é terceirizada. Portanto, a análise da capacidade logística exige o desenvolvimento do conceito de parceria e, consequentemente, busca verificar se os parceiros logísticos e supridores estarão preparados para operacionalizar os volumes constantes dos programas de produção e vendas.

Orçamento de vendas, produção e capacidade 97

Tabela 4.8 – Orçamento de capacidade – mão de obra fabril

Produtos	Dados-base	Programa anual de produção	Horas necessárias		Qtde. de mão de obra existente	Horas anuais de trabalho	Total de horas disponíveis	Excesso/ Insuficiência de capacidade	Percentual	Qtde. mão de obra adicional necessária
			Para unidade de produto	Para a produção orçada						
			A		B	C*	D = B × C	E = D − A	E/D	E/C
Produto X		27.450	4,00	109.800	65	1.760	114.400	4.600	4,0%	(2,6)
Produto Y		13.500	5,40	72.900	31	1.760	54.560	(18.340)	−33,6%	10,4
Subtotal		40.950		182.700	96	1.760	168.960	(13.740)	−8,1%	7,8
Produtos Complementares	0,06			10.962	5	1.760	8.800	(2.162)	−24,6%	1,2
Total				193.662	101	1.760	177.760	(15.902)	−8,9%	9,0

* Considerando uma eficiência normal.

Damos alguns exemplos de análises que devem ser feitas para o orçamento de logística, verificação da capacidade:

- de entrega dos fornecedores dos insumos-chave;
- de entrega dos fornecedores dos insumos com restrições de *lead-times* (tempos de espera);
- dos transportadores dos materiais e insumos;
- dos transportadores dos produtos finais;
- de comercialização de nossos vendedores;
- de distribuição de nossos *dealers* (distribuidores) etc.

A metodologia de orçamentação de logística, em princípio, é a mesma utilizada para avaliação da capacidade de equipamentos e mão de obra direta.

Responsabilidade de elaboração

A elaboração dos estudos e orçamentos de capacidade de produção e logística deve ser dos setores responsáveis por tais atividades. O setor de Controladoria participa como órgão de apoio e supridor das informações-chave, que são as quantidades e os volumes orçados de produção e vendas, tanto da empresa como um todo quanto de suas divisões ou unidades de negócios.

Contudo, o resultado final desses orçamentos deve ser encaminhado à Controladoria para servir de entrada de dados para as demais peças orçamentárias, como o orçamento de compra e consumo de materiais, oorçamento de estoques e o orçamento de despesas departamentais.

Orçamento de capacidade de longo prazo

O orçamento de capacidade não deve se restringir ao horizonte do plano orçamentário. Há necessidade de verificação da capacidade de produção, vendas e apoio também no horizonte de longo prazo. Esse orçamento de capacidade é uma responsabilidade da presidência e diretoria da empresa, devendo fazer parte do planejamento estratégico.

Apêndice: Exemplo de aplicação de métodos quantitativos

Clóvis Luís Padoveze, Geraldo Biaggi
e Jaime de Campos

Análise de conjuntura e previsão de demanda

As recentes crises econômicas vivenciadas pelo mundo e pelo nosso país trazem à tona a questão do impacto dessas crises e dos ciclos econômicos no desempenho das empresas, que têm como um dos melhores vetores de expressão o comportamento de suas vendas. Tomando como referência as vendas de uma empresa ao longo do tempo, e confrontando-as com a evolução da economia do país nesse mesmo período de tempo, podemos conseguir uma relação de dependência dessas variáveis. Para obter e confirmar essa relação, faz-se necessária a utilização do instrumental de métodos quantitativos, principalmente de análise de tendência, regressão linear e análise de correlação. Esse instrumental deve ser adaptado às necessidades de cada empresa, cabendo à Controladoria a função de criar modelos decisórios específicos que permitam incorporar o estudo dessas variáveis, para auxílio nas etapas do processo de planejamento empresarial.

Dentro do ciclo de planejamento, a informação das vendas futuras destaca-se como um dado básico para todo o processo de planejamento, no âmbito estratégico ou no âmbito operacional. As vendas são sempre consideradas como o fator limitante básico para qualquer planejamento.

Da definição dos dados das vendas futuras é que a empresa inicia seu plano orçamentário para o próximo ano, bem como dá os subsídios para os novos planos operacionais e as necessidades de novos investimentos e para os projetos de desenvolvimento de novos negócios, produtos e mercados e ramos de atuação. Podemos dizer, portanto, que a projeção de demanda não se restringe a uma necessidade de curto prazo, para o próximo período, mas, sim, é necessária para todo o planejamento estratégico da companhia.

Obviamente, a previsão da demanda dos produtos da empresa sempre dependerá da conjuntura econômica atual e futura. Mesmo para empresas que, por alguma característica particular, conseguem vender tudo o que produzem e não têm problemas de estoque (portanto, a produção seria o fator limitante do planejamento), a conjuntura econômica é fator de incerteza, pois, mesmo vendendo tudo o que produz, a demanda poderá estar limitada por um possível desaquecimento da economia.

Dessa maneira, e em linhas gerais, a variável fundamental para a previsão da demanda dos produtos da empresa é o comportamento da economia do país, o comportamento que, por outro lado, dentro do enfoque sistêmico, depende da economia dos demais países. A intensidade da dependência que a economia de um país tem de outros países é variada, porém é inegável que há um inter-relacionamento entre a conjuntura econômica nacional e a internacional. Essa dependência e esse inter-relacionamento entre a empresa, a economia nacional e a economia internacional são variáveis de empresa para empresa, haja vista que a demanda de determinados produtos e serviços, dependendo do tipo de evolução das economias, varia de forma diferente, para mais ou para menos.

Nos últimos anos, o Brasil tem apresentado um desempenho econômico positivo, porém com ciclos de crescimento e desaceleração econômica de curto espaço de tempo. Aparentemente, é grande o potencial de consumo do país em praticamente todos os itens, pela reação rápida e forte que a economia brasileira apresenta após um ciclo de redução de nível de atividade. Contudo, as diversas crises por ele enfrentadas nos últimos anos têm impedido que o potencial de consumo e crescimento desenvolva-se de forma estável. Esses aspectos fazem que os ciclos econômicos de crescimento e desaceleração mais recentes sejam mais curtos do que os ciclos econômicos anteriores, o que traz complexidade maior à previsão da demanda das vendas das empresas.

Ao final de 2001, o mundo foi abalado pelo ataque terrorista ao território norte-americano e, fato imediato, as economias nacional e internacional apresentaram sinais de maior desaquecimento, evolução que ainda se faz presente. Esse foi claramente um evento de grande impacto em todas as áreas de atividades, no aspecto político, social, psicológico etc. e, obrigatoriamente, no aspecto econômico das pessoas e das empresas. Ato seguinte a qualquer evento de proporções significativas, as empresas querem saber qual será provavelmente o comportamento de suas vendas, para ajustar suas operações. Esse é o tema deste estudo.

O exemplo apresenta um estudo de previsão da demanda dos produtos e serviços de uma empresa, considerando como variável principal a análise da conjuntura política e econômica. A ideia é utilizar um estudo matemático-estatístico e verificar as relações entre os fatos conjunturais e a demanda dos produtos e serviços de uma empresa já acontecidos, e se essas relações são suficientes ou de utilidade para projeções.

Tomamos como referência o período de julho de 1994 até dezembro de 2002, ou seja, desde a implantação do Plano Real. O principal motivo para a escolha desse período é que ele representa o país dentro de uma estabilidade monetária, bem como também o mostra inserido no mundo financeiramente globalizado e com abertura de mercado, condições essas pouco encontradas no passado anterior.

Uma das premissas desse exemplo é que as vendas futuras podem incluir produtos novos, mas estes devem substituir os atuais produtos, ou seja, o estudo não está aberto para incorporações, compra de novas empresas etc. Igualmente, não se preveem novos nichos de negócios, apenas a continuidade dos atuais produtos, renováveis, buscando ampliar os mercados existentes.

Evolução da conjuntura econômica do país e os fatos mais relevantes do período

A evolução do produto interno bruto (PIB) do país nos últimos anos, como é conhecida, foi marcada por um comportamento cíclico, alternando crescimentos anuais de 5,9% (1994) e de 0,2% (1998). Como se pode verificar no gráfico a seguir, os últimos nove anos caracterizaram-se por um comportamento oscilante, sem estabilidade de crescimento.

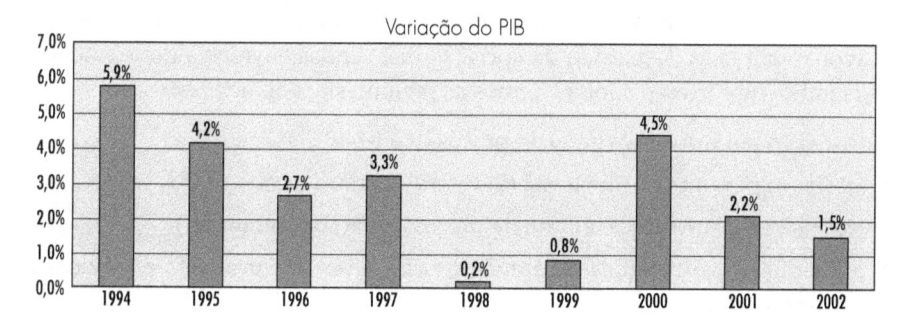

Variação do PIB

Ano	Variação
1994	5,9%
1995	4,2%
1996	2,7%
1997	3,3%
1998	0,2%
1999	0,8%
2000	4,5%
2001	2,2%
2002	1,5%

Fonte: IBGE
Nota: estimativa para o ano de 2002.

A variação do crescimento do PIB brasileiro é atribuída basicamente aos reflexos das crises internacionais, uma vez que nosso país é fortemente dependente de capitais externos e de produtos do exterior. Ao longo desses nove anos, identificamos 11 eventos/crises que, de um modo geral, têm sido considerados pelos analistas econômicos. Os eventos e as crises detectados foram os seguintes:

1. Junho/94 – Implantação do Plano Real.
2. Janeiro/95 – Crise mexicana.
3. Outubro/97 – Crise asiática.
4. Junho/98 – Crise da Rússia.
5. Janeiro/99 – Desvalorização do real – I.
6. Abril/00 – Queda da bolsa da Nasdaq (Estados Unidos).
7. Janeiro/01 – Início da desaceleração da economia dos Estados Unidos.

8. Maio/01 – Desvalorização do real – II.
9. Setembro/01 – Ataque terrorista aos Estados Unidos.
10. Janeiro/02 – Crise argentina.
11. Junho/02 – Elevação do Risco-Brasil – Eleições.[1]

A seguir faremos a associação desses eventos com as vendas da empresa.

Análise da evolução das vendas e vendas corrigidas monetariamente

Para verificar o comportamento das vendas da empresa em relação à conjuntura, levantamos os dados das vendas mensais do período considerado. Todos os dados e cálculos principais estão no Quadro 4.1 apresentado no final do texto.

Mesmo considerando que tecnicamente o país está em um ambiente estável monetariamente, a análise de vendas mensais em um período longo como esse, de nove anos, exige uma correção monetária dos dados, sob pena de inviabilizar a comparabilidade. A questão da correção das vendas envolve alguns cuidados. Qual índice de correção adotar? Vemos as seguintes possibilidades:

- correção por um índice geral de preços (IGPM, IPC, IGP etc.);
- correção por um índice setorial (indústria, comércio, construção civil etc.);
- correção por um índice interno de preços (inflação da empresa);
- correção pelas variações de aumentos de preços dos produtos e serviços da empresa nos períodos.

Cada empresa deve escolher o indicador que mais se adapte à sua análise. Em outras palavras, o índice a ser adotado é aquele que mais representa a evolução de preços da variável analisada (que, no nosso estudo, é a variável vendas), e que permite a melhor equalização ao longo do tempo.

Apresentamos a seguir a evolução das vendas mensais corrigidas ao longo do tempo, em um formato gráfico sequencial, para avaliar a oscilação e a sua provável tendência. Verifica-se, pela evolução gráfica, que as vendas da empresa têm uma oscilação mensal muito forte, alternando grandes quantidades com baixos volumes de venda. Contudo, é possível detectar, mesmo graficamente, que há uma tendência de crescimento ao longo do tempo.

---

[1] A outra grande crise detectada após 2002, a maior desde a depressão de 1929, teve como data referencial agosto de 2007, com a explosão da crise (bolha) imobiliária dos Estados Unidos, decorrente dos créditos subprime, e derivativos e *hedge funds* correlacionados, que contaminou o mundo todo. Ela se confirmou um ano depois, em setembro de 2008, com a falência do quarto maior banco de investimentos dos Estados Unidos, o Lehman Brothers, bem como pelo socorro do governo americano às duas maiores companhias de crédito imobiliário, Freddie Mac e Fannie Mae, e outras quebras financeiras e empresariais subsequentes.

Orçamento de vendas, produção e capacidade   103

VENDAS MENSAIS

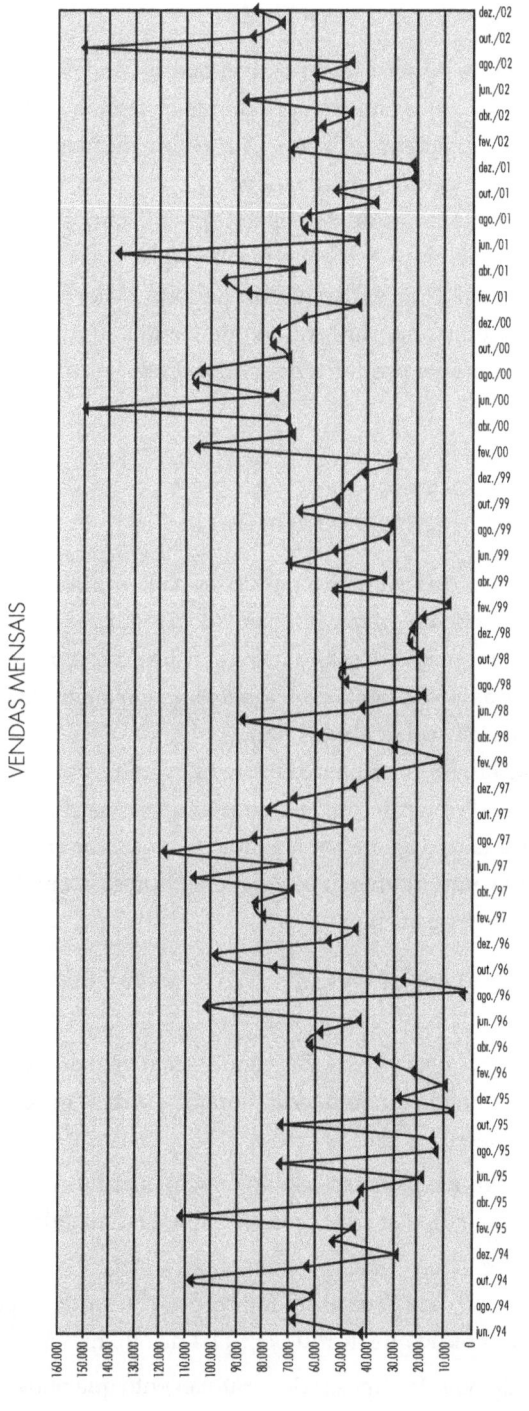

Fonte: IBGE.

Suavização da curva de tendência

Dependendo do produto ou serviço, é possível que as vendas mensais se apresentem com muita variação, mas em um período maior tenham um comportamento mais equalizado. Dessa maneira, um procedimento para melhorar a visualização gráfica é a adoção do conceito de média móvel.

No nosso exemplo, para fins de demonstração, utilizamos o conceito de média móvel dos últimos três meses. A ideia é mostrar que as oscilações a serem consideradas de fato devem levar em conta um período maior do que um mês, por alguma característica do comportamento da demanda, ou mesmo da capacidade da empresa de entregar seus produtos e serviços. Esses cálculos também constam do Quadro 4.1.

Tendência das vendas e os eventos econômicos conjunturais

Para verificar o impacto dos eventos e das crises conjunturais nas vendas da empresa, indicamos, ao longo do gráfico apresentado a seguir, as datas desses eventos e crises. O objetivo da inserção dessas datas é verificar o comportamento das vendas após os eventos e as crises, bem como a extensão, em quantidade de meses, das tendências verificadas na sequência aos fatos.

Faremos a seguir breves comentários sobre os eventos e suas consequências na demanda da empresa. Primeiro, convém lembrar que, pela análise gráfica, basicamente os meses de janeiro e fevereiro de todos os anos apresentam vendas menores, o que indica um comportamento sazonal da empresa e, em linhas gerais, não deve ser atribuído a crises e eventos.

1. Plano Real – foi um fator de crescimento das vendas, interrompido pela crise mexicana.
2. Crise mexicana – provocou queda das vendas até março de 1996, quando se iniciou uma forte retomada da demanda. Portanto, a crise mexicana influenciou praticamente 12 meses.
3. Crise asiática – após mais de um ano de crescimento houve a interrupção por uma crise internacional, que provocou declínio da demanda por aproximadamente cinco meses.
4. Crise da Rússia – mais uma vez outra interrupção de variação positiva. O reflexo foi uma desaceleração que durou por volta de oito meses.
5. Desvalorização do real (I) – apesar de ser um evento que pode ser considerado negativo, para setores industriais ligados à exportação foi um evento positivo,

razão pela qual não necessariamente, naquele momento, tenha sido desestimulante para as vendas.

6. Queda da Nasdaq – um evento importante, porém de reflexo não imediato na economia e para a empresa analisada. Na realidade, foi um evento importante para a próxima crise, a desaceleração da economia norte-americana.

7. Desaceleração da economia dos Estados Unidos – após a desvalorização do real no início de 1999, as vendas da empresa cresceram junto com o crescimento do país, até sentir os reflexos da crise norte-americana.

8. Desvalorização do real (II) – consideramos o mês de maio/01 como representante da nova desvalorização da moeda brasileira. Diferentemente da primeira desvalorização, que era necessária, esta já trouxe elementos nocivos às vendas da empresa, que já vinha sentindo a retração norte-americana.

9. Ataque terrorista – adicionou mais um elemento desacelerador aos dois últimos eventos do ano.

10. Crise argentina – começou a ficar evidente em 2001, cristalizando-se com a renúncia do presidente De La Rua, a substituição da conversibilidade do peso com o dólar em janeiro de 2002 e a posse de Duhalde como novo presidente. A crise argentina deu indícios de novo ciclo de desaceleração, que se configurou muito pequeno.

11. Elevação do Risco-Brasil – com a possibilidade cada vez mais clara da vitória da oposição, a percepção internacional do Risco-Brasil se exacerbou, atingindo níveis alarmantes, e houve a necessidade de retorno do país ao FMI e a disparada da cotação da taxa do dólar. Após a eleição, a percepção negativa não se confirmou e o país voltou à normalidade econômica. A elevação do Risco-Brasil também não foi suficiente para reduzir a demanda, provavelmente porque a economia brasileira já demonstrava melhores fundamentos.

Análise estatística de tendência

Os dados das vendas mensais plotados mensalmente permitem elaborar uma análise de tendência, linearizando os dados que se apresentam de forma dispersa. Apesar dessa dispersão dos dados, é possível visualizar que, mesmo recebendo os diversos choques da conjuntura, *o comportamento das vendas da empresa tem uma tendência crescente.*

Podemos utilizar o instrumental estatístico de linearização, pela análise de tendência, objetivando determinar os pontos máximos e mínimos (linearizados) das vendas do período, bem como o acréscimo mensal das vendas, oriundo da inclinação obtida pela reta de linearização. A informação pode ser útil na análise da projeção das vendas esperadas, bem como do tamanho do mercado que a empresa ocupa.

A análise estatística de tendência ajusta os pontos dispersos para uma única reta que representa a tendência obtida, simplificando a análise gráfica e dando números para projeções. A análise de tendência de crescimento ou decréscimo de longo prazo pode ser utilizada quando essas evoluções parecem seguir uma tendência linear. Com a variável X representando o mês e a variável Y representando as vendas do mês, a equação é:

$$Y = a + bX$$

As fórmulas para obter as incógnitas a e b são as seguintes:

$$b = \frac{\sum XY - n\overline{X}\overline{Y}}{\sum X^2 - n\overline{X}^2}$$

Efetuando os cálculos, temos:

$$a = \overline{Y} - b\overline{X}$$

$a = \$\ 48.127$ e $b = \$\ 207$.

O valor de $ 48.127 representa o menor valor médio de vendas da reta, que encontra o eixo Y. Aplicando-se as 103 observações de vendas (103 meses), teremos o valor médio máximo obtido pela linearização dos dados, que é de $ 69.448. Em outras palavras, durante o período, o valor menor de vendas médio foi de $ 48.127, e o maior valor de vendas foi de $ 69.448, com um crescimento de $ 207 por mês.

A seguir apresentamos o quadro das vendas mensais, já incluindo a linearização dos dados pela análise de tendência.

O que se seguirá à última crise? Qual a demanda possível a ser esperada?

Se utilizarmos os dados obtidos da análise de tendência e projetarmos os próximos 12 meses de vendas da empresa, devemos acrescentar $ 207 por mês à última observação da reta, que é de $ 69.448. Damos a seguir um quadro projetando os próximos 12 meses.

Próximo Mês	Número Observado	Valor do Mês Anterior	Acréscimo Mensal	Vendas Esperadas
1	104	69.448	207	69.655
2	105	69.655	207	69.862
3	106	69.862	207	70.069
4	107	70.069	207	70.276
5	108	70.276	207	70.483
6	109	70.483	207	70.690
7	110	70.690	207	70.897
8	111	70.897	207	71.104
9	112	71.104	207	71.311
10	113	71.311	207	71.518
11	114	71.518	207	71.725
12	115	71.725	207	71.932
				849.522

O realizado nos últimos 12 meses foi de $ 871.430; portanto, o valor esperado, obtido pela análise de tendência para os próximos 12 meses, é de $ 849.522, indicando uma redução, para o próximo período, de 2,5%, relativamente consistente com o futuro, ou seja, uma crise tende a provocar uma demanda menor no futuro.

Outrossim, pode-se pensar que o último evento tenha características semelhantes a algum outro evento ocorrido anteriormente e que há possibilidade de a demanda seguir uma curva já desenvolvida antes. Esse vem a ser um ponto muito importante. Nesse momento, há de desvincular-se do formato matemático-estatístico e utilizar o bom senso e a experiência empresarial, aliada ao máximo possível de intuição e leitura do ambiente e cenários.

Por exemplo, se imaginarmos que os próximos 12 meses apresentarão uma tendência declinante similar à apresentada após a crise da Nasdaq, poderemos tomar como referencial das vendas futuras os 12 meses que se seguiram a esse evento. No caso, o valor das vendas esperadas seria de $ 1.021.145. Tomando como outro referencial, por exemplo, os 12 meses que se seguiram à crise argentina, repetiríamos um faturamento esperado, nos próximos 12 meses, de $ 871.430, que foi o valor obtido em 2002.

108 Planejamento orçamentário

VENDAS – Média dos três últimos meses

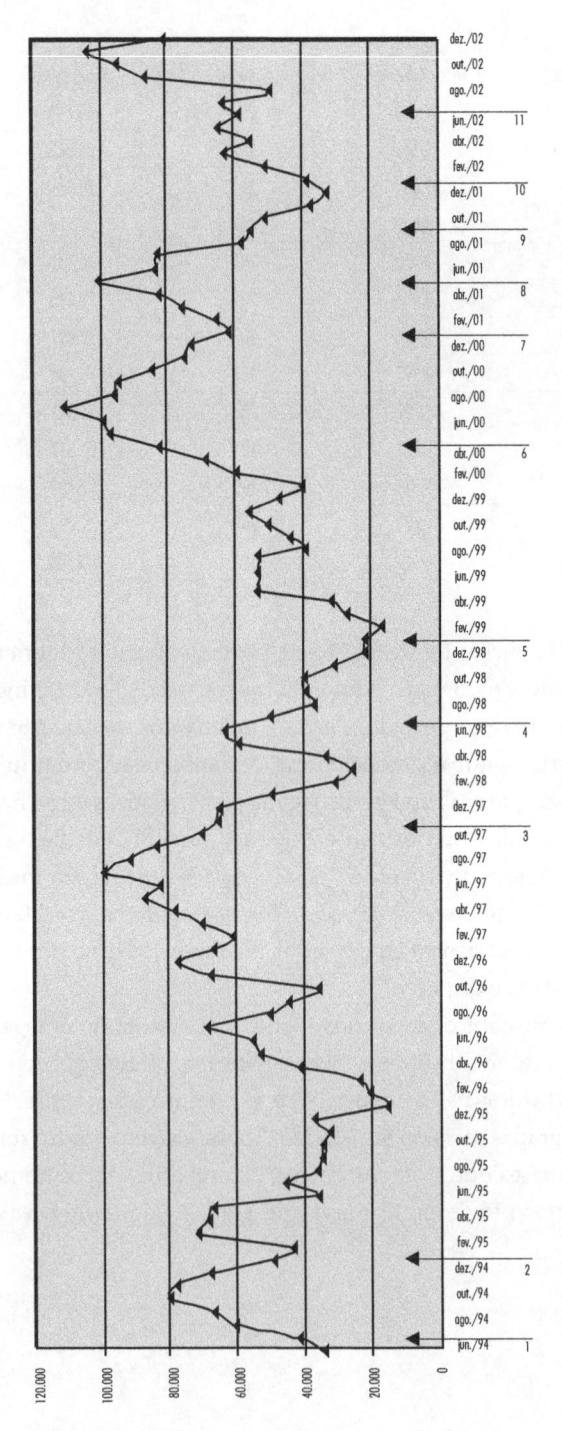

Legenda:
1 06/94 – Plano Real
2 01/95 – Crise mexicana
3 10/97 – Crise Asiática
4 06/98 – Crise da Rússia
5 01/99 – Desvalorização do Real – I
6 04/00 – Queda da Nasdaq
7 01/01 – Desaceleração nos Estados Unidos – Início
8 05/01 – Desvalorização do Real – II
9 09/01 – Ataque terrorista aos Estados Unidos
10 01/02 – Crise argentina
11 06/02 – Risco – eleição

Orçamento de vendas, produção e capacidade 109

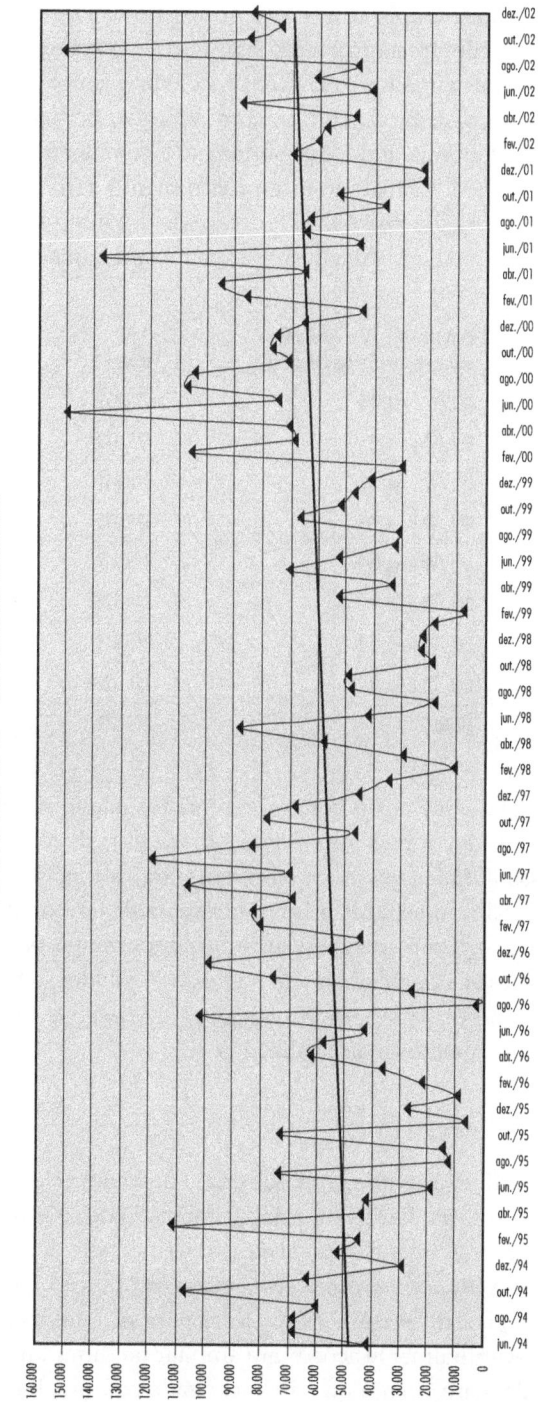

VENDAS MENSAIS – Com linha de tendência

Outra possibilidade é apurarmos o valor das vendas de todos os períodos de 12 meses que se sucederam a um evento significativo que julgamos o cenário mais provável, que comportam anos com e sem crise. Por exemplo, quando na iminência de uma guerra dos Estados Unidos com o Iraque, podíamos imaginar que o desempenho da economia teria comportamento semelhante ao que aconteceu após setembro de 2001. Utilizando esse procedimento, teríamos as seguintes observações, com uma média de $ 697.571, dentro de um intervalo de um mínimo de $ 438.237 a um máximo de $ 940.641, conforme mostra o quadro a seguir.

Períodos de 12 meses que se seguem ao mês de setembro	Valor – $
Out./94 a set./95	625.359
Out./95 a set./96	479.013
Out./96 a set./97	940.641
Out./97 a set./98	579.095
Out./98 a set./99	438.237
Out./99 a set./00	930.524
Out./00 a set./01	860.875
Out./01 a set./02	726.827
Média	697.571

Não há dúvida de que os números apresentados não fornecem convicção para uma decisão. Contudo, o mais importante é o processo de raciocínio sobre os números, e as possibilidades que estes oferecem para os tomadores de decisão. Em outras palavras, todo o arsenal estatístico apresentado, em conjunto com uma análise de conjuntura, seguramente dará subsídios importantes para os tomadores de decisões estratégicas e operacionais. De posse desses dados, o tomador de decisão (ou tomadores das decisões) terá um conjunto de dados e informações que lhe permitirá fazer julgamentos mais abalizados.

Potencial de mercado

Uma importante conclusão que pode ser tirada da análise de tendência é a possibilidade de a empresa avaliar o potencial de mercado de seus produtos e serviços. Se a tendência é de crescimento, provavelmente o mercado dos produtos e serviços em que a empresa atua vai crescer em alguma proporção. Portanto, à empresa caberão as estratégias, diretrizes e os objetivos para se manter em um mercado em crescimento ou eventualmente ações para ampliar ou diminuir sua participação.

O potencial de mercado na equação linearizada pela análise de tendência parte do valor máximo obtido no último dado linearizado, que no nosso exemplo seria

$ 69.448 mensais, representando a participação de mercado mínima da empresa, por ano, de $ 833.376.

Taxa de crescimento das vendas

Utilizando os dados máximos e mínimos obtidos pela reta de linearização, temos $ 69.448 como o valor máximo (o último mês de 2002) e $ 48.127 como o valor mínimo (o primeiro mês de 1994).

A variação acumulada das vendas nesses nove anos foi de 44,3% ($ 69.448 divididos por $ 48.127), o que significa um crescimento médio anual de 4,16%.

Correlação da demanda da empresa com o PIB

Outra análise complementar para projeção da demanda tendo como pano de fundo a conjuntura econômica é buscar verificar qual a relação da variação das vendas da empresa com as variações do PIB.

A variação do PIB é medida pelo IBGE trimestralmente. Portanto, temos de adaptar as vendas da empresa a esse período de tempo. Assim, construímos um novo quadro de valores, partindo dos valores das vendas corrigidas, mensurando as vendas por trimestre.

Com os dados do índice de variação do PIB, obtivemos as variações percentuais trimestrais de crescimento ou decréscimo do PIB. Com os dados das vendas trimestrais, obtivemos as variações percentuais de crescimento ou decréscimo das vendas. Os dados e cálculos que utilizaremos subsequentemente são apresentados no Quadro 4.2 (p. 118).

Elaboramos dois gráficos para evidenciar a tendência e a relação entre as duas variáveis. O primeiro relaciona a variação percentual do PIB por trimestre com a variação percentual das vendas por trimestre. Para melhor visualização gráfica, fizemos a utilização de dois eixos com convergência, à esquerda para o PIB e à direita para as vendas.

O segundo gráfico mostra o valor das vendas trimestrais com o índice de medição do PIB.

Os dois gráficos são similares, já que são duas maneiras de apresentar a mesma questão. É possível verificar que há uma certa relação entre as variáveis, com tendências parecidas. Em alguns trimestres, contudo, há variação positiva do PIB, mesmo não sendo expressiva, mas há variação negativa das vendas da empresa, mostrando relação negativa.

Calculamos as correlações dos dois gráficos para as duas variáveis com a utilização do Excel. Os dois conjuntos evidenciaram correlação positiva ao redor de 50%. Em linhas gerais, podemos interpretar como uma correlação média. Uma boa correlação é aquela que se aproxima de 100%, enquanto uma correlação fraca é aquela que se aproxima de zero. No caso trazido, situa-se na média.

112 Planejamento orçamentário

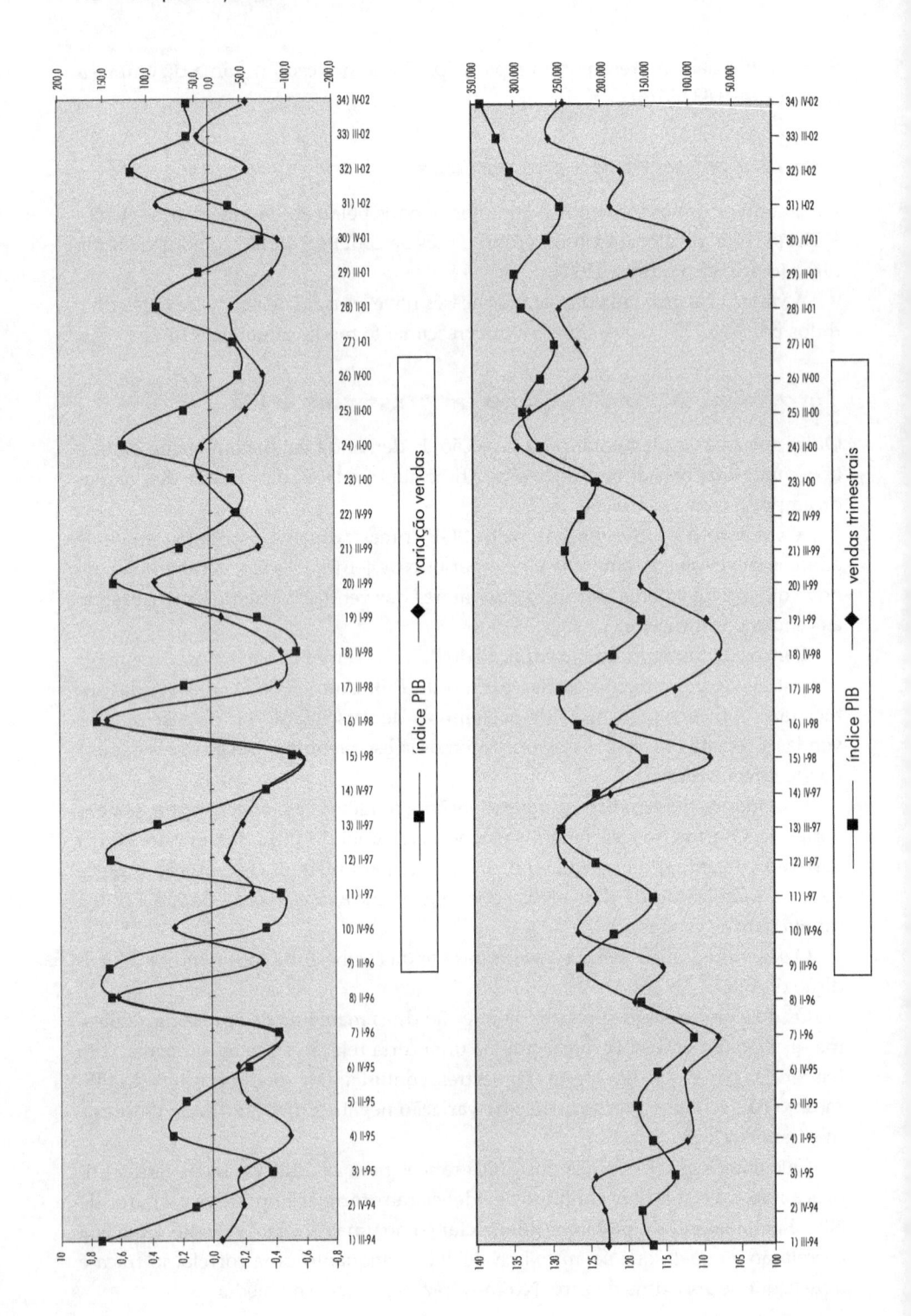

Correlação com ajuste

A empresa tem conhecimento de eventos, no andamento de suas operações, que podem ser considerados atípicos. Dessa maneira, podem-se fazer alguns ajustes arbitrários para buscar uma melhor correlação entre as variáveis observadas.

A título de exemplo, observando os principais pontos não correlacionados, fizemos dois ajustes dos períodos trimestrais de vendas. No segundo trimestre de 1995, quando o PIB tem variação positiva de 2,62% e as vendas da empresa têm uma variação negativa de 49,49%, ajustamos a variação das vendas da empresa para um valor de $ 235.000, conseguindo uma variação positiva de 10,77%. No terceiro trimestre de 1996, ajustamos as vendas para $ 170.000, dando uma variação positiva de 2,73%, substituindo uma variação negativa de 19,53% que confrontava com uma variação positiva do PIB de 6,62%.

Com apenas esses dois ajustes obtivemos uma correlação de 57% para as variáveis de variação percentual do PIB e das vendas, deixando claro que é possível entender que há uma boa variação entre esses dois conjuntos de dados.

É importante ressaltar que isso só é possível quando a empresa tem consciência e certeza de que houve eventos atípicos, bem como os dados reais não evidenciarem, por algum motivo, características de sazonalidade da empresa.

Elasticidade da demanda

Utilizando a mesma metodologia para avaliar a análise de tendência apresentada no início deste trabalho, fizemos a aplicação das fórmulas para evidenciar os elementos a e b da reta regredida e linearizada nas seguintes variáveis:

- a variação percentual trimestral do PIB, que consideramos a variável independente X;
- a variação percentual trimestral das vendas, que consideramos a variável dependente Y.

O resultado mostra a seguinte equação montada:

$$Y = a + bX$$

Sendo $a = 6,31$ e $b = 5,50$,

$$Y = 6,31 + 5,50X$$

A interpretação da equação pode ser a elasticidade da demanda dos produtos e serviços da empresa, dada uma variação do PIB. Já vimos que a correlação está ao redor de 50%, que é uma correlação considerada apenas média, e implica, necessariamente, a mesma consideração para as variáveis a e b, e os dados devem ser utilizados com a devida reserva e avaliação.

Utilizando a equação, teríamos as seguintes observações, a título de exemplo:

- se a variação do PIB no trimestre for zero, a variação das vendas da empresa no trimestre será de 6,31%;
- se a variação do PIB for de 1%, a variação das vendas da empresa será de 11,81%;
- se a variação do PIB for de –1%, portanto negativa, a variação das vendas será positiva em 0,81%;
- se a variação do PIB for de 4%, a variação das vendas pode ser 28,31%. Esse caso mostra a grande elasticidade desses produtos, já que a variação das vendas é muito superior à variação do PIB;
- se a variação do PIB for de – 4% (negativa), a variação das vendas poderá também ser negativa de 15,69%, mostrando mais uma vez a grande elasticidade das vendas da empresa em relação ao PIB.

O exemplo mostra um modelo geral de informação, mensuração e decisão associado no médio e longo prazos. Possibilita ao *controller* a participação na elaboração do planejamento estratégico, mesmo sabendo que a estratégia e a palavra final sobre esse processo são da alta administração da companhia.

Quadros utilizados

Quadro 4.1 – Vendas mensais – Valores históricos e corrigidos

Período	Vendas			Cálculos		
	Valores Históricos	Valores Corrigidos (Y)	Média Últimos Três Meses	Vendas – Valores Corrigidos		
				X	X2	XY
jun./94	20.907	42.861	34.206	1	1	42.861
jul./94	33.321	69.112	41.490	2	4	138.224
ago./94	33.303	69.075	60.349	3	9	207.224
set./94	30.387	61.149	66.445	4	16	244.597
out./94	53.874	108.413	79.546	5	25	542.067
nov./94	37.701	64.300	77.954	6	36	385.800
dez./94	17.469	29.794	67.502	7	49	208.557
jan./95	31.458	53.652	49.249	8	64	429.220
fev./95	27.123	46.157	43.201	9	81	415.417
mar./95	67.752	112.334	70.714	10	100	1.123.336
abr./95	27.237	44.944	67.812	11	121	494.379
maio/95	25.836	42.632	66.636	12	144	511.581
jun./95	12.096	19.582	35.719	13	169	254.560
jul./95	45.960	74.402	45.539	14	196	1.041.631
ago./95	8.607	13.933	35.972	15	225	209.001
set./95	9.399	15.216	34.517	16	256	243.449
out./95	43.878	73.891	34.347	17	289	1.256.153
nov./95	4.131	7.695	32.267	18	324	138.503
dez./95	15.186	28.286	36.624	19	361	537.437
jan./96	5.118	10.313	15.431	20	400	206.253
fev./96	11.397	22.965	20.521	21	441	482.259
mar./96	18.474	37.225	23.501	22	484	818.944
abr./96	31.563	62.807	40.999	23	529	1.444.570
maio/96	28.596	58.597	52.876	24	576	1.406.323
jun./96	21.507	44.071	55.158	25	625	1.101.764
jul./96	50.034	102.526	68.398	26	676	2.665.674
ago./96	1.950	3.908	50.168	27	729	105.512
set./96	13.338	26.730	44.388	28	784	748.435
out./96	36.765	76.676	35.771	29	841	2.223.615
nov./96	47.478	99.019	67.475	30	900	2.970.576
dez./96	26.751	55.708	77.134	31	961	1.726.942
jan./97	21.735	45.262	66.663	32	1.024	1.448.991
fev./97	40.338	81.177	60.716	33	1.089	2.678.847
mar./97	41.586	83.689	70.043	34	1.156	2.845.416

(continua)

Quadro 4.1 – Vendas mensais – Valores históricos e corrigidos (continuação)

Período	Vendas			Cálculos		
	Valores Históricos	Valores Corrigidos (Y)	Média Últimos Três Meses	Vendas – Valores Corrigidos		
				X	X2	XY
abr./97	34.887	69.733	78.200	35	1.225	2.440,665
maio/97	54.330	107.150	86.857	36	1.296	3.857,402
jun./97	36.024	71.047	82.643	37	1.369	2.628,732
jul./97	62.271	119.583	99.260	38	1.444	4.544,140
ago./97	43.887	84.279	91.636	39	1.521	3.286,872
set./97	24.672	47.318	83.726	40	1.600	1.892,703
out./97	41.175	78.968	70.188	41	1.681	3.237,692
nov./97	36.801	68.905	65.064	42	1.764	2.894,008
dez./97	24.519	45.909	64.594	43	1.849	1.974.068
jan./98	18.777	35.157	49.990	44	1.936	1.546.927
fev./98	6.288	11.773	30.946	45	2.025	529,805
mar./98	16.413	30.289	25.740	46	2.116	1.393,291
abr./98	31.923	58.911	33.658	47	2.209	2.768,838
maio/98	45.762	88.652	59.284	48	2.304	4.255,315
jun./98	22.056	42.728	63.431	49	2.401	2.093,670
jul./98	9.519	18.931	50.104	50	2.500	946.549
ago./98	24.687	49.096	36.918	51	2.601	2.503,920
set./98	22.863	49.774	39.267	52	2.704	2.588,272
out./98	9.147	19.914	39.595	53	2.809	1.055,426
nov./98	10.911	23.754	31.147	54	2.916	1.282,719
dez./98	10.956	23.097	22.255	55	3.025	1.270,322
jan./99	10.005	19.117	21.989	56	3.136	1.070,559
fev./99	4.995	8.807	17.007	57	3.249	502.004
mar./99	31.968	53.311	27.078	58	3.364	3.092,016
abr./99	20.520	34.220	32.112	59	3.481	2.018,959
maio/99	40.947	70.812	52.781	60	3.600	4.248,733
jun./99	30.759	53.193	52.742	61	3.721	3.244,801
jul./99	20.007	33.387	52.464	62	3.844	2.070,019
ago./99	18.996	31.700	39.427	63	3.969	1.997,116
set./99	40.104	66.925	44.004	64	4.096	4.283,199
out./99	32.415	52.878	50.501	65	4.225	3.437,038
nov./99	29.184	47.607	55.803	66	4.356	3.142,054
dez./99	25.827	42.131	47.538	67	4.489	2.822,758
jan./00	18.810	30.684	40.141	68	4.624	2.086,520
fev./00	65.145	106.269	59.695	69	4.761	7.332,551
mar./00	42.072	69.521	68.824	70	4.900	4.866,436

continua

Orçamento de vendas, produção e capacidade   117

Quadro 4.1 – Vendas mensais – Valores históricos e corrigidos (continuação)

Período	Vendas			Cálculos		
	Valores Históricos	Valores Corrigidos (Y)	Média Últimos Três Meses	Vendas – Valores Corrigidos		
				X	X2	XY
abr./00	43.290	71.533	82.441	71	5.041	5.078,854
maio/00	90.801	150.462	97.172	72	5.184	10.833,297
jun./00	47.322	75.501	99.166	73	5.329	5.511,568
jul./00	67.338	107.436	111.133	74	5.476	7.950,256
ago./00	65.706	104.832	95.923	75	5.625	7.862,407
set./00	45.582	71.671	94.646	76	5.776	5.447,014
out./00	49.128	77.247	84.583	77	5.929	5.948,005
nov./00	49.578	75.924	74.947	78	6.084	5.922,072
dez./00	44.667	65.364	72.845	79	6.241	5.163,744
jan./01	30.516	44.656	61.981	80	6.400	3.572,469
fev./01	59.355	86.858	65.626	81	6.561	7.035,471
mar./01	65.379	95.673	75.729	82	6.724	7.845,181
abr./01	46.422	65.521	82.684	83	6.889	5.438,233
maio/01	101.589	137.645	99.613	84	7.056	11.562,165
jun./01	33.819	45.822	82.996	85	7.225	3.894,869
jul./01	48.177	65.276	82.914	86	7.396	5.613,728
ago./01	48.834	63.898	58.332	87	7.569	5.559,102
set./01	28.272	36.993	55.389	88	7.744	3.255,385
out./01	43.956	53.225	51.372	89	7.921	4.737,032
nov./01	19.317	23.390	37.869	90	8.100	2.105,137
dez./01	19.308	23.380	33.332	91	8.281	2.127,535
jan./02	57.624	69.775	38.848	92	8.464	6.419,325
fev./02	50.316	60.926	51.360	93	8.649	5.666,138
mar./02	48.177	58.336	63.013	94	8.836	5.483,600
abr./02	39.483	47.809	55.690	95	9.025	4.541,840
maio/02	71.073	87.969	64.705	96	9.216	8.445,045
jun./02	33.597	41.584	59.121	97	9.409	4.033,651
jul./02	50.280	61.434	63.663	98	9.604	6.020,575
ago./02	39.633	47.244	50.088	99	9.801	4.677,189
set./02	132.117	151.753	86.811	100	10.000	15.175,318
out./02	77.232	85.678	94.892	101	10.201	8.653,456
nov./02	72.033	74.266	103.899	102	10.404	7.575,134
dez./02	84.654	84.654	81.533	103	10.609	8.719,362
Soma	3.766.452	6.067.366		5.356	369.564	334.377,774
Média		58.906,46		52,00		

Quadro 4.2 – Vendas trimestrais corrigidas – Crescimento trimestral do PIB

Trimestre	Crescimento do PIB Base média de 90 = 100		Vendas		Cálculos	
	Índice	Variação % do Trimestre X	Valor – $	Variação % do Trimestre Y	XY	X2
II-94	108,85					
1) III-94	116,77	7,28	199.336	25,00	181,90	52,94
2) IV-94	118,14	1,17	202.507	1,59	1,87	1,38
3) I-95	113,71	-3,75	212.143	4,76	-17,84	14,06
4) II-95	116,69	2,62	107.157	-49,49	-129,69	6,87
5) III-95	118,77	1,78	103.551	-3,36	-6,00	3,18
6) IV-95	116,09	-2,26	109.872	6,10	-13,77	5,09
7) I-96	111,19	-4,22	70.502	-35,83	151,24	17,82
8) II-96	118,37	6,46	165.475	134,71	869,87	41,70
9) III-96	126,21	6,62	133.164	-19,53	-129,33	43,87
10) IV-96	121,86	-3,45	231.403	73,77	-254,27	11,88
11) I-97	116,5	-4,40	210.128	-9,19	40,44	19,35
12) II-97	124,14	6,56	247.930	17,99	117,98	43,01
13) III-97	128,56	3,56	251.179	1,31	4,67	12,68
14) IV-97	124,06	-3,50	193.782	-22,85	79,99	12,25
15) I-98	117,66	-5,16	77.220	-60,15	310,31	26,61
16) II-98	126,37	7,40	190.292	146,43	1.083,97	54,80
17) III-98	128,67	1,82	117.802	-38,09	-69,33	3,31
18) IV-98	121,65	-5,46	66.765	-43,32	236,37	29,77
19) I-99	117,97	-3,03	81.235	21,67	-65,56	9,15
20) II-99	125,47	6,36	158.225	94,78	602,54	40,42
21) III-99	127,92	1,95	132.013	-16,57	-32,35	3,81
22) IV-99	125,67	-1,76	142.615	8,03	-14,13	3,09
23) I-00	124,02	-1,31	206.473	44,78	-58,79	1,72
24) II-00	131,02	5,64	297.497	44,08	248,82	31,86
25) III-00	133,40	1,82	283.939	-4,56	-8,28	3,30
26) IV-00	130,95	-1,84	218.535	-23,03	42,31	3,37
27) I-01	129,06	-1,44	227.186	3,96	-5,71	2,08
28) II-01	133,46	3,41	248.988	9,60	32,72	11,62
29) III-01	134,40	0,70	166.167	-33,26	-23,43	0,50
30) IV-01	129,92	-3,33	99.995	-39,82	132,74	11,11
31) I-02	128,27	-1,27	189.038	89,05	-113,09	1,61
32) II-02	134,80	5,09	177.362	-6,18	-31,44	25,92
33) III-02	136,70	1,41	260.432	46,84	66,02	1,99
34) IV-02	138,75	1,50	244.598	-6,08	-9,12	2,25
Soma		26,992	6.024.505	363,118	3.221,60	554,36
Média		0,793870487		10,67993517		

Questões e exercícios

1. Discorra sobre os principais métodos de previsão de vendas. Apresente também algumas situações ou empresas que podem se adaptar melhor para cada um deles.

2. A seguir são apresentadas a evolução das vendas anuais de uma empresa e a variação do PIB de nosso país nesses respectivos anos.

	Vendas em US$	Variação do PIB
1990	190.000	-4,3
1991	170.000	1,0
1992	120.000	-0,5
1993	145.000	4,9
1994	200.000	5,9
1995	230.000	4,2
1996	240.000	2,7
1997	300.000	3,3
1998	270.000	0,2
1999	260.000	0,8
2000	340.000	4,5
2001	360.000	1,5

   Calcule:

   a) as variações percentuais de um ano para o outro, subsequentemente, das vendas e da variação do PIB;

   b) encontre a variação média de todos os anos para as duas variáveis;

   c) mesmo não havendo uma correlação estatística perfeita ou positiva, é possível inferir alguma tendência entre as duas variáveis. Partindo da premissa de que a variação do PIB para o próximo ano seja positiva em 2,3%, que faixa de valor anual de vendas você estimaria para essa empresa para o ano seguinte?

   d) faça a mesma estimativa, considerando uma previsão de crescimento negativo do PIB em –1,5%.

3. Uma empresa vende dois produtos principais, **A** e **B**, e peças para reposição do produto **A**. Com os dados a seguir, obtidos junto ao setor de comercialização e já criticados e aceitos pelas áreas correlatas, elabore um orçamento de vendas para o próximo ano, apurando o total da receita bruta e da receita líquida.

	Produto A	Produto B
Vendas totais previstas	1.600 unidades	500 unidades
• Mercado Interno	65%	90%
• Mercado Externo	35%	10%
Preço de Venda – sem impostos	$ 22.500	$ 65.000
• Mercado Interno	$ 18.000	$ 55.250
Impostos sobre vendas		
• Mercado Interno	30%	30%
• Mercado Externo	–	–

4. Os dados apresentados a seguir referem-se ao último exercício encerrado de uma empresa industrial:

Quantidades	Vendas	Estoque Final – Produtos Acabados
Produto A	10.000	2.000
Produto B	12.000	3.000
Produto C	7.000	200
Produto D	5.000	900

A empresa estima vender no próximo exercício 10% a mais do produto A, 5% a menos do produto B, 8% a mais do produto C, e a mesma quantidade do produto D. Como política de estocagem, a empresa deseja manter no máximo 20 dias de vendas para os produtos A e B, e 10 dias para os demais produtos.

Elabore:

a) um orçamento de quantidade de vendas;

b) um orçamento de estoque final;

c) o orçamento de produção.

5. Depois de obtido o orçamento de produção no exercício anterior, considere que o produto A exige 2,1 horas de mão de obra direta para produção de cada unidade; o produto B exige 2,4 horas; o produto C exige 4,1 horas; e o produto D exige 5,0 horas. Qual capacidade, em termos de horas de mão de obra direta, será necessária para executar o programa de produção orçado?

6. Com os dados obtidos na questão anterior, e considerando que a empresa tem um efetivo atual de 60 funcionários diretos, verifique se haverá a necessidade de contratação ou liberação de mão de obra direta. Considere, para tanto, que um funcionário trabalha, em média, 160 horas por mês, nos 12 meses do ano.

Capítulo 5

Orçamento de materiais e estoques

A segunda etapa do processo orçamentário, após a definição das informações-chave, que são as quantidades a serem vendidas e produzidas, é a orçamentação dos gastos determinados pelos volumes pretendidos e os gastos necessários para operacionalizar os programas de produção e vendas.

O orçamento dos gastos compreende os materiais necessários para o programa de produção e vendas, constantes das estruturas dos produtos, e as despesas em que os departamentos vão incorrer para produzir e vender as quantidades planejadas.

Neste capítulo trataremos dos materiais e, no capítulo seguinte, das despesas. Juntamente com o orçamento de materiais, trataremos também dos orçamentos dos estoques de materiais e produtos acabados, pois são inter-relacionados.

5.1 Aspectos gerais do orçamento de materiais[1]

O orçamento de materiais compreende quatro peças:

1. Orçamento de *consumo* de materiais.
2. Orçamento de *estoque* de materiais.
3. Orçamento de *compras* de materiais.
4. Orçamento do saldo final mensal de *contas a pagar a fornecedores*.

O orçamento de consumo de materiais é o primeiro a ser elaborado e indica o custo dos materiais que serão consumidos pelo programa de produção. Não há, tecnicamente, o consumo de materiais para produtos vendidos, pois o que se vende são produtos acabados, que saem do estoque de produtos acabados. Portanto, o consumo de materiais é relacionado apenas com o programa de produção. O orçamento de consumo de materiais é que fará parte da demonstração de resultados do período, dentro do item custo da produção acabada.

O orçamento de estoque de materiais é decorrente da política de estocagem, que tanto pode ser uma opção da empresa como ser determinada por fatores exógenos, alheios à vontade da organização. Determinados os dois orçamentos, o orçamento de compras é consequência deles. As compras de materiais serão feitas

---

[1] No caso de empresas comerciais, o equivalente ao orçamento de materiais é denominado orçamento de mercadorias. Todos os procedimentos para executar o orçamento de consumo, compras e estoques de materiais são os mesmos a serem utilizados para mercadorias.

para atender as necessidades de consumo mais as necessidades de estocagem. Portanto, o orçamento de compras, em tese, nunca é igual ao orçamento de consumo de materiais.

O orçamento de compras determina o orçamento do saldo final a pagar aos fornecedores, pois sabe-se o prazo de pagamento de cada compra. O mais comum é construir um indicador médio, que é o prazo médio de pagamento de fornecedores. Não há necessidade de elaborar o orçamento de pagamentos a fornecedores, pois esse é consequência do orçamento de compras mais a variação do saldo de contas a pagar a fornecedores.

Para a execução dos orçamentos citados, três estruturas ou tipos de informações são necessários:

1. O conhecimento da estrutura dos produtos.
2. O conhecimento dos *lead times* dos processos de produção, vendas e compras.
3. O conhecimento do tipo de demanda dos materiais.

Outros aspectos a serem observados são:

- programa de produção por produtos ou linhas de produtos;
- preços atuais dos materiais (compras ou cotações);
- separação das principais famílias de materiais por produto;
- separação dos materiais nacionais e importados;
- preços à vista e a prazo;
- aumentos previstos dos fornecedores (listas e cotações);
- projeções de taxas de câmbio;
- inclusão de acessórios, opcionais, subprodutos (por produtos);
- impostos sobre compras específicos;
- projeção de consumo de materiais indiretos;
- sazonalidades de compras mensais etc.

Tipos de materiais

De um modo geral, as empresas classificam os materiais em diretos e indiretos.

Materiais diretos são aqueles intrinsecamente ligados à estrutura do produto. Compreendem:

- matérias-primas básicas dos produtos finais e complementares;
- componentes agregados às matérias-primas transformadas;
- materiais de embalagem.

Materiais indiretos são aqueles necessários para o processo fabril e o processo comercial, bem como para atender os departamentos de apoio, incluindo os da área administrativa. Compreendem:

- materiais auxiliares, necessários aos processos produtivos e comerciais, mas que não se incorporam aos produtos finais e são consumidos durante os processos;
- materiais para manutenção dos equipamentos e instalações;
- materiais de expediente, necessários aos processos administrativos.

Como exemplos de materiais auxiliares, podemos citar insumos para acomodação de temperaturas dos componentes em fabricação, ferramentas, dispositivos, moldes e modelos de consumo rápido (não ativados), insumos para proteção dos estoques de componentes e produtos, combustíveis, lubrificantes etc.

Os materiais para manutenção compreendem todos os materiais consumidos regularmente, não ativados, para manutenção das máquinas, equipamentos e instalações industriais, comerciais e administrativas, bem como das obras de construção civil. Citamos, como exemplos de materiais de expediente, os materiais de escritório, informática e outros consumidos e necessários aos processos administrativos, como os impressos etc.

Estrutura dos produtos

O sistema de *estrutura dos produtos* é a base de informações para o orçamento de materiais. A estrutura de cada produto é elaborada pela engenharia de desenvolvimento ou engenharia de produtos. Compreende todos os materiais que formam o produto final, normalmente arrumados dentro do conceito de estruturação hierárquica de *produto final, conjunto, subconjunto* e *partes*.

Em outras palavras, a estrutura do produto evidencia o detalhamento da sua composição e dos itens dessa, até as suas menores e primeiras partes. Esse detalhamento é normalmente denominado *breakdown*.

A estrutura do produto incorpora também as informações de especificação das matérias-primas e componentes, a descrição e a quantidade utilizada de cada material no conjunto ou produto final. Os sistemas informatizados mais completos atualmente existentes permitem também a incorporação de uma série enorme de outros atributos para cada item da estrutura do produto, transformando esse sistema em um dos mais complexos utilizados em organizações industriais.

É muito comum que em *empreendimentos menores* e de produtos menos complexos, a estrutura dos produtos não fique documentada e estruturada informacionalmente em sistemas especializados, sendo apontada de formas mais simplificadas ou mesmo apenas como conhecimento do responsável. Contudo, é uma informação que tem de ser explicitada para fins do orçamento de materiais.

A Figura 5.1 é um exemplo teórico de estrutura do produto, o Produto A.

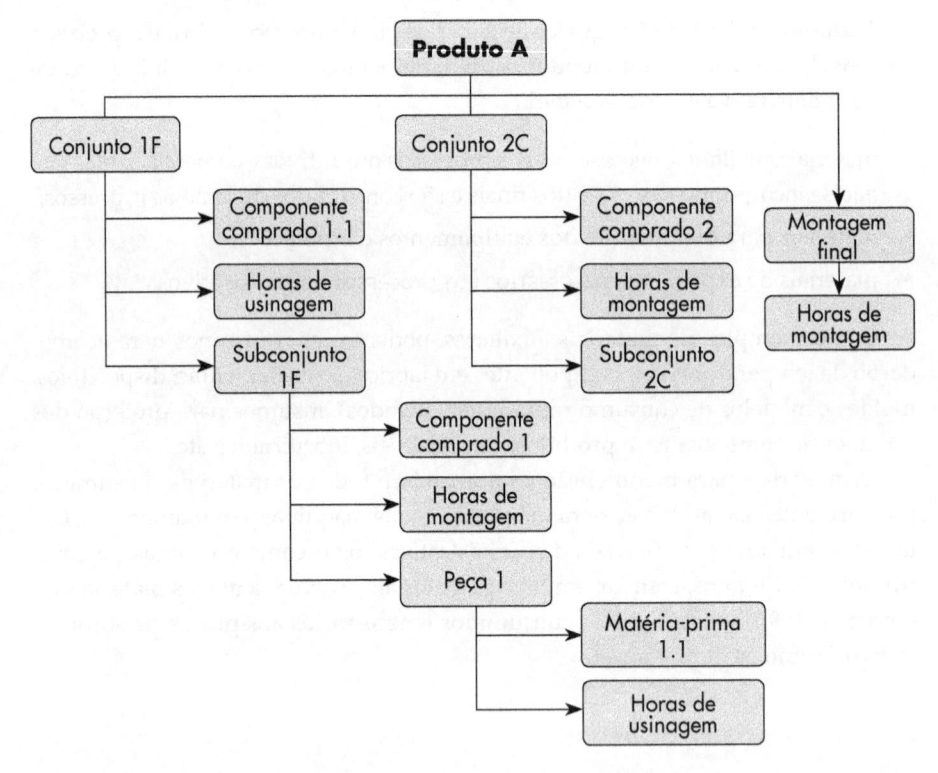

Figura 5.1 – Estrutura do Produto A.

Nesse pequeno exemplo, o Produto A é formado por dois grandes conjuntos, 1F e 2C.

O Conjunto 1F é formado do Componente 1.1 e o Subconjunto 1F. O Subconjunto 1F é formado do Componente 1 e a Peça 1.

A Peça 1 é produzida a partir da Matéria-prima 1.1.

O Conjunto 2C é formado pelo Componente 2 e pelo Subconjunto 2C e não tem mais detalhamento (*breakdown*).

Lead times

Lead times são tempos de espera. Os processos, sejam eles fabris, sejam comerciais ou administrativos, são desenvolvidos dentro de uma sequência lógica que consome recurso de tempo. Os materiais manipulados nesses processos necessitam estar a tempo para o início de cada fase do processo. Dessa maneira, as empresas desenvolvem todo um sistema para identificar todos os tempos de processamento, sejam eles especificamente para o momento produtivo, sejam para os demais momentos (espera, inspeção, movimentação, estoque etc.).

Para o orçamento de materiais, os *lead times* de cada processo devem ser conhecidos para que se possa fazer o orçamento de compras e estoque de materiais. Esses *lead times* é que permitem identificar o *descolamento* de tempo entre o processo de compras e o processo de consumo de materiais.

Os materiais serão consumidos no tempo de processamento. Contudo, eles devem estar estocados e disponíveis com antecedência, para que os processos produtivos e comerciais não sejam interrompidos.

Para serem estocados a tempo, os responsáveis pela compra de materiais devem identificar os *lead times* de entrega do fornecedor. Assim, há todo um conjunto de *lead times* a ser conhecido para que as compras sejam efetuadas a tempo de estar em estoque para os processos operacionais.

Lead times, MRP,[2] política de estoques e prazo médio de estocagem

O sistema MRP de planejamento da produção incorpora os *lead times* dos processos produtivos, indicando, para os responsáveis pela fábrica, quando os componentes, subconjuntos, conjuntos e produtos finais devem ser fabricados, emitindo as ordens de produção com as respectivas quantidades e o prazo de execução.

Adicionalmente, o MRP também emite as ordens de compra, dentro das mesmas condições, para o abastecimento de materiais e componentes comprados. Com essas informações, o setor de suprimentos da empresa adiciona os *lead times* de compra, ou seja, os prazos de espera constantes do processo de aquisição, junto aos fornecedores, mais os prazos necessários para estocagem. Tem-se com isso o conjunto de informações de tempo necessário para o orçamento de compra de materiais.

Podemos dizer, então, que as informações para o orçamento de compras são geradas basicamente pelo MRP, item a item. Assim, o setor de Controladoria deve fazer o orçamento de compras e consumo de materiais com base nessa estrutura de informações. Em resumo, o descolamento entre o orçamento de compras e o orçamento de consumo de materiais decorre dos *lead times*, que são administrados pelo MRP e pelo sistema de suprimentos.

Uma alternativa muito utilizada para trabalhar os orçamentos de compras de forma mais sintética é a adoção do critério de *prazo médio de estocagem de materiais*, normalmente expresso em dias de consumo ou compras. O prazo médio de estocagem é o giro do estoque em relação ao consumo de materiais, transformado em dias de consumo. Da mesma forma, a política de estoques dos diversos materiais pode ser trabalhada em termos mais sintéticos sob o mesmo conceito, ou seja, expressa em dias.

A adoção desse expediente é possível quando a empresa tem um acompanhamento consistente desses indicadores, dentro de uma série temporal relevante e com evidências claras de comportamento reprodutivo. Caso as necessidades do plano orçamentário indiquem alterações significativas, estas devem ser observadas na adoção das políticas de estocagem e prazos médios.

---

[2] MRP (Manufacturing Resource Planning – Planejamento dos Recursos de Manufatura).

Comportamento da demanda dos materiais

O MRP trabalha com dois conceitos básicos de demanda:

- demanda dependente e
- demanda independente.

Demanda dependente é a necessidade de materiais relacionada com a estrutura dos produtos. A quantidade de materiais a ser comprada *depende* exclusivamente da estrutura do produto e da quantidade do produto final orçada no programa de produção. Multiplicando a quantidade constante de materiais na estrutura do produto pela quantidade do produto final do programa de produção, temos a demanda de materiais necessários para o programa de produção.

Demanda independente é a necessidade de materiais que não é atrelada diretamente às estruturas de produtos. A necessidade dos materiais é independente do programa de produção, e o orçamento de compras desses materiais deverá ser feito por meio de outras metodologias.

A metodologia mais utilizada para calcular as necessidades de materiais com demanda independente é a do *ponto do pedido*, em que, com informações do consumo médio já acontecido dos materiais, e da política de estocagem arbitrada para cada um deles, determina-se em que momento os materiais devem ser novamente comprados e em qual quantidade. A somatória das quantidades anuais constante do ponto de pedido de cada material dará o orçamento de quantidade desse tipo de material.

Tipos de materiais e comportamento da demanda

Os materiais diretos têm comportamento de demanda dependente. A maior parte dos materiais indiretos tende a ter comportamento independente de demanda. Contudo, há uma série de materiais indiretos, principalmente materiais auxiliares, que tem uma correlação de consumo direta com o processo de fabricação dos produtos e que pode ter demanda dependente.

TIPO DE MATERIAL	COMPORTAMENTO DA DEMANDA
Materiais Diretos	Demanda Dependente
Materiais Indiretos	Demanda Independente Demanda Dependente

Figura 5.2 – Tipos de materiais e comportamento da demanda.

Sistema de custos e custo dos materiais dos produtos

O grande usuário das informações de estrutura dos produtos na área da Controladoria é o sistema de custos. A apuração do custo unitário dos produtos parte da estrutura do produto para obter o custo unitário dos materiais de cada produto.

Uma integração natural é, então, a utilização desse custo unitário de materiais por produtos no sistema orçamentário para os orçamentos de consumo e de compras de materiais. O custo dos materiais compreende as matérias-primas e os componentes adquiridos de terceiros.

Orçamento de consumo de materiais

São as seguintes as estruturas informacionais básicas necessárias para o orçamento de consumo de materiais:

- orçamento do programa de produção;
- estrutura dos produtos constantes do programa de produção;
- informações de demanda média dos materiais indiretos;
- preço de compra dos materiais, constantes do sistema de suprimentos;
- política de estocagem.

Como já introduzimos, o segundo e o quarto itens são utilizados também para a apuração do custo unitário dos materiais por produtos. Dessa maneira, uma metodologia muito utilizada para o orçamento de consumo de materiais consiste em, primeiro, obter esses custos unitários para, depois, continuar o processo de elaboração do orçamento de consumo.

Apuração do custo unitário de materiais por produto

De posse da estrutura de cada produto do programa de produção, mais as informações dos preços de aquisição de materiais obtidas no sistema de compras, podemos construir o custo unitário de materiais de cada produto.

Uma metodologia de cálculo a ser utilizada é manter o custo unitário com preços fixos em uma data-base para, depois, na elaboração do orçamento de consumo, fazer uma indexação média, se for o caso, em virtude das eventuais variações de preços previstas.

Informação fundamental é a separação entre os custos de materiais por produtos em relação à sua origem ou outra característica que deva ser identificada para fins de orçamento. No nosso exemplo, separamos em materiais importados e materiais nacionais, pois sabemos que as variações pelas taxas de câmbio têm comportamento diferente das variações de preços no mercado interno.

É possível que outras características igualmente importantes existam e mereçam destaque para fins orçamentários. Eventuais classificações por tipo de serviço de terceiros, por fornecedores-chave ou mesmo por tipo de matéria-prima podem necessitar de evidenciação em separado no custo unitário de materiais por produto.

A Tabela 5.1 apresenta um exemplo de custo unitário de materiais por produtos, contendo as informações mínimas para preparar o orçamento de consumo de materiais.

Tabela 5.1 – Custo unitário de materiais por produto

Materiais	Origem	Quantidade	Custo Unitário	Total
PRODUTO X				
Matéria-Prima 1	Nacional	30	1,50	45,00
Componente 1	Nacional	3	4,00	12,00
Componente 11	Nacional	2	12,00	24,00
Componente 2	Nacional	2	20,00	40,00
Subtotal				121,00
Subconjunto 21	Importado	1	25,00	25,00
Total				146,00
PRODUTO Y				
Matéria-Prima 1	Nacional	25	1,50	37,50
Componente 2	Nacional	4	3,00	12,00
Componente 3	Nacional	2	12,00	24,00
Componente 4	Nacional	2	55,00	110,00
Subtotal				183,50
Subconjunto 41	Importado	1	35,00	35,00
Total				218,50

O custo unitário é o custo de aquisição mais despesas estocáveis menos impostos recuperáveis.

Depois de obtidas as informações unitárias de custo de materiais por produtos, o próximo passo é associar tais custos unitários ao programa de produção do orçamento. Em nosso exemplo, a quantidade do orçamento de produção por produtos foi apresentada na Tabela 4.6 do capítulo anterior.

Transcrevemos as informações de quantidades a produzir no início da Tabela 5.3. Logo em seguida, transcrevemos na primeira coluna os custos unitários de materiais por produto, comprados no mercado nacional, obtidos na Tabela 5.1. O mesmo foi feito para os materiais importados. Adicionamos uma linha para os produtos complementares, que trabalhamos com percentuais médios sobre o total dos produtos principais.

Para a parte do orçamento de materiais nacionais incorporamos uma linha de fator de ajuste para as variações médias de preços previstas. Para o orçamento de materiais importados, além do fator de ajuste de preços, adicionamos o fator de ajuste por alterações de câmbio.

Na parte final, apresentamos o orçamento de consumo de materiais indiretos, que decorre dos orçamentos de consumo de materiais indiretos de todos os departamentos da empresa. É orçamento de materiais com demanda independente. O quadro sugere materiais indiretos com comportamento variável e materiais indiretos com comportamento misto, que será feito por estimativa ou análise de tendência. A necessidade de incorporar os materiais indiretos no orçamento de consumo se deve à necessidade posterior do orçamento de compras, estoques finais e contas a pagar a fornecedores.

A Tabela 5.3 apresenta todos os cálculos efetuados.

Exemplo de cálculo

Tomemos como base o mês de julho.

Consumo de Materiais Comprados	
Produto X = 2.200 unidades (Programa de Produção) x $ 121,00 (Custo Unitário)	
x 1,03 (Variações de Preços)	= $ 274.186
Produto Y = 1.100 unidades (Programa de Produção) x $ 183,50 (Custo Unitário)	
x 1,03 (Variações de Preços)	= $ 207.906
Subtotal	= $ 482.092
Produtos Complementares (10% x $ 482.092)	= $ 48.209
Subtotal	= $ 530.301
Consumo de Materiais Importados	
Produto X = 2.200 unidades (Programa de Produção) x $ 25,00 (Custo Unitário)	
x 1,01 (Variações de Preços) x 1,0469 (Variação da taxa US$ acumulada)	= $ 58.154
Produto Y = 1.100 unidades (Programa de Produção) x $ 35,00 (Custo Unitário)	
x 1,01 (Variações de Preços) x 1,0469 (Variação da taxa US$ acumulada)	= $ 40.708
Subtotal	= $ 98.862
Produtos Complementares (10% x $ 98.862)	= $ 9.886
Subtotal	= $ 108.748
Consumo de Materiais para o Programa de Produção ($ 530.301 + $ 108.748)	**= $ 639.049**
	(arredondando)

Consumo de Materiais Indiretos (*)

Área Fabril	
Variáveis (5% x $ 639.049)	= $ 31.952
Semivariáveis/Semifixos – Demanda Independente (por estimativa)	= $ 39.337
Subtotal	= $ 71.289
Área Comercial (por estimativa)	= $ 6.077
Área Administrativa (por estimativa)	= $ 5.356
Subtotal	= $ 82.722
(*) Constantes do orçamento de despesas de cada área.	
Total de Consumo de Materiais	**= $ 721.771**

Impostos sobre compras

Para o início do orçamento de compras, é necessário identificar os impostos sobre as entradas de materiais e serviços. Cada empresa tem sua especificidade, e os impostos são variáveis, por força de produtos, isenções, regiões etc. Portanto, um caminho alternativo ao de identificar cada imposto de cada matéria-prima, componente ou material é utilizar o conceito de alíquotas médias.

As alíquotas médias podem ser obtidas na escrituração fiscal, pelo movimento das compras dos últimos períodos. No nosso exemplo, estamos tratando todos os materiais como se fossem com uma tributação única, e também não estamos nos atendo a se os impostos seriam faturados "por dentro" ou "por fora" na documentação fiscal.

Tabela 5.2 – Impostos sobre compras

Impostos	Mercado 1 em %	Mercado 2 em %
ICMS	18,00	18,00
PIS	1,65	1,65
Cofins	7,60	7,60
Total	27,25	27,25

Orçamento de materiais e estoques 131

Tabela 5.3 – Orçamento de consumo de materiais – líquido de impostos

Discriminação	Dados-base	Janeiro	Fevereiro	Março	Abril	Maio	Junho	Julho	Agosto	Setembro	Outubro	Novembro	Dezembro	Total
Programa de Produção														
Produto X		2.200	2.000	2.000	2.300	2.200	2.200	2.200	2.200	2.650	2.500	2.500	2.500	27.450
Produto Y		67	1.000	1.000	1.000	1.167	1.100	1.100	1.100	1.600	1.400	1.400	1.567	13.500
Variações de Preços Previstas														
Mercado 1 – Nacionais		1,00	1,00	1,01	1,01	1,01	1,01	1,03	1,03	1,04	1,04	1,04	1,04	
Mercado 2 – Importados		1,00	1,00	1,00	1,01	1,01	1,01	1,01	1,01	1,01	1,02	1,02	1,02	
Taxa do US$ – Previstas	3,20	3,23	3,25	3,25	3,28	3,28	3,30	3,35	3,40	3,40	3,45	3,50	3,50	
Índice de variação da taxa do US$ – acumulado		1,0094	1,0156	1,0156	1,0250	1,0250	1,0313	1,0469	1,0625	1,0625	1,0781	1,0938	1,0938	
Consumo de Materiais Nacionais	**Custo Unitário**													
Produto X	121,00	266.200	242.000	244.420	281.083	268.862	268.862	274.186	274.186	333.476	314.600	314.600	314.600	3.397.075
Produto Y	183,50	12.233	183.500	185.335	185.335	216.224	203.869	207.906	207.906	305.344	267.176	267.176	298.983	2.540.986
Subtotal		278.433	425.500	429.755	466.418	485.086	472.731	482.092	482.092	638.820	581.776	581.776	613.583	5.938.061
Produtos Complementares	0,10	27.843	42.550	42.976	46.642	48.509	47.273	48.209	48.209	63.882	58.178	58.178	61.358	593.806
Total		306.277	468.050	472.731	513.060	533.595	520.004	530.301	530.301	702.702	639.954	639.954	674.941	6.531.867
Consumo de Materiais Importados	**Custo Unitário**													
Produto X	25,00	55.516	50.781	50.781	59.527	56.939	57.286	58.154	59.022	71.095	68.730	69.727	69.727	727.284
Produto Y	35,00	2.355	35.547	35.547	36.234	42.273	40.100	40.708	41.315	60.095	53.885	54.666	61.173	503.897
Subtotal		57.871	86.328	86.328	95.761	99.211	97.386	98.862	100.337	131.190	122.615	124.392	130.900	1.231.181
Produtos Complementares	0,10	5.787	8.633	8.633	9.576	9.921	9.739	9.886	10.034	13.119	12.262	12.439	13.090	123.118
Total		63.658	94.961	94.961	105.337	109.133	107.125	108.748	110.371	144.308	134.877	136.831	143.990	1.354.299
TOTAL DE CONSUMO DE MATERIAIS PARA O PROGRAMA DE PRODUÇÃO		369.935	563.011	567.691	618.396	642.727	627.128	639.048	640.672	847.010	774.830	776.785	818.931	7.886.166
Consumo de Materiais Indiretos														
Área Fabril														
. Variáveis	0,05	18.497	28.151	28.385	30.920	32.136	31.356	31.952	32.034	42.351	38.742	38.839	40.947	394.308
. Demanda Independente		38.400	38.400	38.677	38.784	38.784	38.784	39.337	39.337	39.614	39.721	39.721	39.721	469.279
Subtotal		56.897	66.551	67.061	69.704	70.920	70.140	71.289	71.371	81.964	78.463	78.560	80.668	863.587
Área Comercial		5.900	5.900	5.959	5.959	5.959	5.959	6.077	6.077	6.136	6.136	6.136	6.136	72.334
Área Administrativa		5.200	5.200	5.252	5.252	5.252	5.252	5.356	5.356	5.408	5.408	5.408	5.408	63.752
Total – Materiais Indiretos		67.997	77.651	78.272	80.915	82.131	81.351	82.722	82.804	93.508	90.007	90.104	92.212	999.673
TOTAL DE CONSUMO DE MATERIAIS		437.931	640.661	645.964	699.311	724.859	708.480	721.771	723.475	940.519	864.837	866.889	911.142	8.885.839

Orçamento de compras e estoque de materiais

O orçamento de compras de materiais decorre de:

- política de estoque de materiais;
- orçamento de consumo de materiais líquido dos impostos;
- impostos incidentes sobre compras de materiais.

Na Tabela 5.2 exemplificamos a identificação dos impostos sobre os materiais. O orçamento de consumo de materiais, tanto diretos quanto indiretos, foi apresentado na Tabela 5.3. A política de estoques decorre de opção da empresa por mais ou menos estoques de segurança, ou pode seguir estritamente o planejamento ditado pelo MRP.

A mensuração dos *estoques de materiais* deve ser feita após a adoção do critério de valorização (Peps, Ueps ou preço médio ponderado). O mais usual é a utilização do preço médio ponderado. Convém ressaltar também que estamos tendo como base, para o orçamento e demonstrações contábeis a serem projetadas, o critério tradicional. É lógico que, para fins gerenciais, pode-se e deve-se fazer a valoração dos estoques a preços de reposição, de mercado etc., dependendo da necessidade informacional.

A metodologia ideal para a mensuração dos estoques de materiais é:

1. Identificar pelo MRP as quantidades que o sistema projeta como estoque final de cada item de matéria-prima, componente e material indireto.
2. Fazer a projeção do preço médio sem impostos, de cada material, tomando como base os dados do estoque inicial e os preços médios de compra orçados.
3. Elaborar a mensuração de cada item pelo preço médio obtido no passo 2.

Sabemos, contudo, que a maior parte das empresas trabalha com uma variedade muito grande de tipos de materiais. Assim, essa metodologia ideal nem sempre é utilizada, por uma relação de custo/benefício da informação.

Desse modo, o mais comum tem sido utilizar o conceito de *prazo médio de estocagem em dias* de consumo, a partir do valor total obtido pelo orçamento de consumo. O prazo médio de estocagem decorre da política de estocagem da empresa. Essa metodologia normalmente tem dado bons resultados, mesmo sendo de fácil aplicação, pois a análise tendencial mostra, normalmente, um comportamento consistente do prazo médio de estocagem.

Apresentamos, na Tabela 5.4, o orçamento de compras e do estoque de materiais. Complementarmente, aproveitamos essa peça orçamentária para a projeção do saldo final a pagar a fornecedores, também utilizando o conceito de prazo médio, agora de pagamento.

Tabela 5.4 – Orçamento de compras e estoque de materiais

Discriminação	Prazo médio	Janeiro	Fevereiro	Março	Abril	Maio	Junho	Julho	Agosto	Setembro	Outubro	Novembro	Dezembro	Total
Estoque Inicial (A)		1.000.000	875.863	1.281.323	1.291.927	1.398.623	1.449.718	1.416.959	1.443.542	1.446.950	1.881.037	1.729.674	1.733.779	
Estoque Final (B)	60 dias	875.863	1.281.323	1.291.927	1.398.623	1.449.718	1.416.959	1.443.542	1.446.950	1.881.037	1.729.674	1.733.779	1.822.285	
Consumo de Materiais (C)		437.931	640.661	645.964	699.311	724.859	708.480	721.771	723.475	940.519	864.837	866.889	911.142	8.885.839
Compras – Líquidas de Impostos (B + C − A)		313.794	1.046.122	656.568	806.007	775.954	675.721	748.353	726.884	1.374.605	713.473	870.994	999.649	9.708.124
Impostos sobre Compras	27,25%	117.538	391.846	245.931	301.906	290.649	253.105	280.311	272.269	514.887	267.246	326.249	374.439	3.636.376
Compras Brutas – Com Impostos		431.332	1.437.968	902.498	1.107.913	1.066.603	928.827	1.028.664	999.153	1.889.492	980.719	1.197.243	1.374.088	13.344.500
Saldo Final de Fornecedores	20 dias	287.555	958.645	601.666	738.609	711.069	619.218	685.776	666.102	1.259.661	653.813	798.162	916.059	

Exemplo de cálculo

Tomemos como base ainda o mês de julho.

Estoque Inicial (é o estoque do fim do mês de junho)	$ 1.416.959	
Estoque Final (Consumo de julho — $ 721.771 : 30 dias x 60 dias)	$ 1.443.542	
Consumo (transcrito da última linha da Tabela 5.3)	$ 721.771	
Compras Líquidas de Impostos ($ 1.443,542 + $ 721.771 (—) $ 1.416,959)	$ 748.353	(arredondando)
Impostos sobre Compras — 27,25% [$ 748.353 ÷ (1 — 0,2725) x 0,2725]	$ 280.311	
Compras Brutas ($ 748.353 + $ 280.311)	**$ 1.028.664**	
Saldo Final de Fornecedores ($ 1.028.664 : 30 dias x 20 dias)	$ 685.776	

5.2 Orçamento de estoques de produtos em processo e produtos acabados

Há um aumento da complexidade do cálculo da projeção desses dois estoques industriais, e o motivo é que eles envolvem, além dos materiais necessários para os produtos, também o custo de fabricação, cujos dados provêm do orçamento das despesas departamentais, que explanaremos no próximo capítulo.

Na Figura 5.3 apresentamos um fluxo dos três estoques industriais.

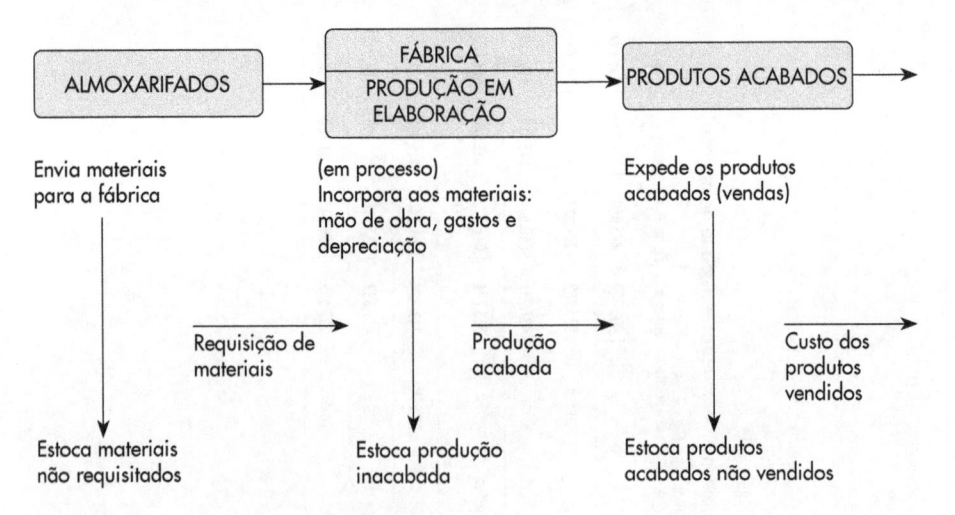

Figura 5.3 — Fluxo dos estoques industriais.

Os orçamentos relativos ao primeiro estoque, o estoque de materiais, já foram elaborados nas tabelas 5.3 e 5.4. Neste tópico, desenvolveremos os conceitos e os critérios de valoração dos estoques de produtos acabados. Não faremos orçamento de estoque de produtos em processo, considerando que a empresa-modelo para o exemplo tenha um ciclo de fabricação bastante rápido e curto e que consegue processar toda a produção dentro do mês, não gerando estoques em processo, com produtos de produção seriada e não por encomenda. Essa premissa está sendo utilizada para simplificação, além do que, tendo em vista os novos meios de produção, poucas empresas têm processo de fabricação de médio e longo prazos.

Tendo como referência a Figura 5.3, necessitaríamos orçar:

- custos da produção;
- custo da produção acabada;
- custo da produção inacabada (estoque em processo);
- custo da produção vendida;
- custo dos estoques de produtos acabados.

Em termos quantitativos, a base é o orçamento de produção em quantidades, que contém, também, o orçamento de produtos acabados não vendidos e estocados. Faremos os cálculos dos estoques iniciais e finais de produtos acabados, o custo da produção acabada e o custo dos produtos vendidos.

Estoque de produtos acabados e custo dos produtos vendidos

Na Tabela 5.5 apresentamos o orçamento anual para os dois itens. A base de cálculo que adotamos é a movimentação das quantidades de produtos finais, obtidas na Tabela 4.6 – Orçamento de produção – quantidades. Utilizamos o critério de preço médio ponderado.

Variação dos estoques de produção

Para fins de elaboração da demonstração de resultados mensais projetada, dentro de uma abordagem gerencial e que evidencie todos os custos de fabricação, é necessária a obtenção dos dados da variação dos estoques industriais, para dar consistência ao valor do custo dos produtos vendidos. O valor é obtido pela diferença entre os estoques de produção (produtos em processo e produtos acabados – no nosso exemplo, só produtos acabados) do final do mês menos o do início do mês. Esses dados são apresentados na última linha da Tabela 5.5.

Obtenção dos dados dos custos de fabricação

Para apurar o valor dos estoques industriais, é necessário elaborar todos os orçamentos de custos de fabricação. No nosso exemplo, esses gastos estão orçados nas tabelas 5.3 – Orçamento de consumo de materiais e 6.2 – Orçamento de despesas gerais – total da área industrial (apresentada no próximo capítulo).

Tabela 5.5 – Orçamento de estoque de produtos acabados e custo dos produtos vendidos

Discriminação	Índice de absorção	Janeiro	Fevereiro	Março	Abril	Maio	Junho	Julho	Agosto	Setembro	Outubro	Novembro	Dezembro	Total
Produto X														
Estoque Inicial														
Quantidade		800	1.000	1.000	1.000	1.100	1.100	1.100	1.100	1.100	1.250	1.250	1.250	
Valor		150.000	203.848	254.760	274.203	297.740	303.486	306.351	309.561	310.934	337.492	338.682	339.426	
Preço Médio		187,50	203,85	254,76	274,20	270,67	275,90	278,50	281,42	282,67	269,99	270,95	271,54	
Custos de Fabricação														
Materiais		321.716	292.781	295.201	340.610	325.801	326.148	332.340	333.208	404.571	383.330	384.327	384.327	4.124.359
Despesas Departamentais	50%	139.829	267.651	272.647	278.408	286.916	289.418	289.993	290.033	296.973	295.222	295.271	237.843	3.240.202
Valor da Produção		461.544	560.432	567.848	619.018	612.716	615.566	622.333	623.241	701.543	678.552	679.597	622.169	7.364.561
Quantidade Produzida		2.200	2.000	2.000	2.300	2.200	2.200	2.200	2.200	2.650	2.500	2.500	2.500	
Preço Médio		209,79	280,22	283,92	269,14	278,51	279,80	282,88	283,29	264,73	271,42	271,84	248,87	
Preço Médio Ponderado		203,85	254,76	274,20	270,67	275,90	278,50	281,42	282,67	269,99	270,95	271,54	256,43	
Quantidade Vendida		2.000	2.000	2.000	2.200	2.200	2.200	2.200	2.200	2.500	2.500	2.500	2.500	
Quantidade do Estoque Final		1.000	1.000	1.000	1.100	1.100	1.100	1.100	1.100	1.250	1.250	1.250	1.250	
Custos dos Produtos Vendidos		407.696	509.520	548.405	595.480	606.971	612.701	619.122	621.868	674.985	677.363	678.853	641.064	7.194.029
Custo do Estoque Final		203.848	254.760	274.203	297.740	303.486	306.351	309.561	310.934	337.492	338.682	339.426	320.532	
Produto Y														
Estoque Inicial														
Quantidade		1.600	667	667	667	667	733	733	733	733	933	933	933	
Valor		420.000	218.581	260.699	279.879	289.670	311.080	314.633	318.096	319.737	369.102	370.536	371.438	
Preço Médio		262,50	327,87	391,05	419,82	434,50	424,20	429,05	433,77	436,01	395,47	397,00	397,97	

(continua)

Orçamento de materiais e estoques 137

Tabela 5.5 – Orçamento de estoque de produtos acabados e custo dos produtos vendidos (continuação)

Discriminação	Índice de absorção	Janeiro	Fevereiro	Março	Abril	Maio	Junho	Julho	Agosto	Setembro	Outubro	Novembro	Dezembro	Total
Custos de Fabricação														
Materiais		14.589	219.047	220.882	221.569	258.497	243.969	248.613	249.221	365.439	321.061	321.842	360.156	3.044.883
Despesas Departamentais	40%	111.863	214.121	218.117	222.726	229.533	231.535	231.994	232.027	237.578	236.177	236.217	190.274	2.592.162
Valor da Produção		126.451	433.168	438.999	444.295	488.029	475.503	480.607	481.247	603.017	557.238	558.058	550.430	5.637.045
Quantidade Produzida		67	1.000	1.000	1.000	1.167	1.100	1.100	1.100	1.600	1.400	1.400	1.567	
Preço Médio		1.896,77	433,17	439,00	444,29	418,31	432,28	436,92	437,50	376,89	398,03	398,61	351,34	
Preço Médio Ponderado		*327,87*	*391,05*	*419,82*	*434,50*	*424,20*	*429,05*	*433,77*	*436,01*	*395,47*	*397,00*	*397,97*	*368,75*	
Quantidade Vendida		1.000	1.000	1.000	1.000	1.100	1.100	1.100	1.100	1.400	1.400	1.400	1.500	
Quantidade do Estoque Final		667	667	667	667	733	733	733	733	933	933	933	1.000	
Custo dos Produtos Vendidos		327.871	391.049	419.819	434.505	466.620	471.950	477.144	479.606	553.653	555.804	557.156	553.121	5.688.297
Custo do Estoque Final		218.581	260.699	279.879	289.670	311.080	314.633	318.096	319.737	369.102	370.536	371.438	368.747	
Produtos Complementares														
Materiais		33.630	51.183	51.608	56.218	58.430	57.012	58.095	58.243	77.001	70.439	70.617	74.448	716.924
Despesas Departamentais	10%	27.966	53.530	54.529	55.682	57.383	57.884	57.999	58.007	59.395	59.044	59.054	47.569	648.040
Custo dos Produtos Vendidos		61.596	104.713	106.138	111.899	115.813	114.895	116.094	116.250	136.395	129.483	129.671	122.017	1.364.965
Total Geral														
Custo dos Produtos Vendidos		797.163	1.005.282	1.074.362	1.141.884	1.189.403	1.199.546	1.212.360	1.217.724	1.365.033	1.362.651	1.365.680	1.316.201	14.247.291
Estoque Final Produtos Acabados		570.000	422.429	515.460	554.082	587.410	614.565	620.984	627.657	630.672	706.594	709.218	710.864	689.279
Variação do Estoque Final		(147.571)	93.031	38.623	33.328	27.155	6.419	6.674	3.014	75.923	2.623	1.646	(21.585)	119.279

Tabela 5.6 – Orçamento de impostos a recolher sobre vendas e compras

Discriminação	Dados-base	Janeiro	Fevereiro	Março	Abril	Maio	Junho	Julho	Agosto	Setembro	Outubro	Novembro	Dezembro	Total
Impostos sobre Vendas		310.752	310.820	316.815	347.492	348.609	349.179	349.374	349.568	414.031	414.279	414.527	415.767	4.341.214
(−) Impostos sobre Compras		(117.538)	(391.846)	(245.931)	(301.906)	(290.649)	(253.105)	(280.311)	(272.269)	(514.887)	(267.246)	(326.249)	(374.439)	(3.636.376)
= Impostos a Recolher		193.214	(81.026)	70.885	45.586	57.960	96.073	69.063	77.299	(100.855)	147.033	88.278	41.328	704.837
(+) Saldo Inicial – Passivo Circulante		240.000	161.012	(67.522)	59.070	37.988	48.300	80.061	57.552	64.416	(84.046)	122.527	73.565	
(−) Saldo Final – Passivo Circulante	25 dias	161.012	(67.522)	59.070	37.988	48.300	80.061	57.552	64.416	(84.046)	122.527	73.565	34.440	
= Impostos Recolhidos no Mês		272.202	147.508	(55.708)	66.668	47.648	64.312	91.572	70.435	47.607	(59.541)	137.241	80.453	910.398

Exemplo de cálculo

Nosso exemplo foi desenvolvido para apurar o custo dos produtos vendidos para os três produtos da empresa-modelo (Produto X, Produto Y e Produtos Complementares). Assim, temos de identificar os custos de fabricação para cada produto. Os custos de materiais estão calculados e evidenciados para cada produto na Tabela 5.3 e apenas temos de separar por produto.

Com relação aos custos de fabricação, constantes do orçamento de despesas gerais da área industrial, da Tabela 6.2, há necessidade de um critério de distribuição (rateio), uma vez que esse orçamento está feito como um todo, e todos os gastos orçados atendem o total dos produtos. Para tanto, utilizaremos a seguinte distribuição:

Rateio dos Gastos de Fabricação para os Produtos
50% – Produto X
40% – Produto Y
10% – Produtos Complementares

Tomando como base o mês de janeiro, teríamos:

Total das despesas gerais da área industrial:	$ 279.657
Distribuição:	
Produto X – 50% x $ 279.657	$ 139.829
Produto Y – 40% x $ 279.657	$ 111.863
Produtos Complementares (10% x $ 279.657)	$ 27.966 (arredondando)
Total	$ 279.658

O consumo de materiais por produto está na Tabela 5.3. Identificando por produto, também no mês de janeiro, temos:

Produto X

Consumo de Materiais Nacionais	$ 266.200
Consumo de Materiais Importados	$ 55.516
Total	$ 321.716

Produto Y

Consumo de Materiais Nacionais	$ 12.233
Consumo de Materiais Importados	$ 2.355
Total	$ 14.589 (arredondando)

Produtos Complementares

Consumo de Materiais Nacionais	$ 27.843
Consumo de Materiais Importados	$ 5.787
Total	$ 33.630
Total Geral ($ 321.716 + 14.589 + 33.630)	$ 369.935

Obtidos os dados de custos de fabricação por produto e os dados das quantidades de produção e estoques iniciais e finais de produtos acabados, utilizando o critério de preço médio ponderado, podemos calcular o custo da produção acabada, dos estoques iniciais e finais e o custo dos produtos vendidos para cada produto.

Tendo como referência ainda o mês de janeiro, podemos exemplificar o cálculo para o Produto X. Assumimos um estoque inicial de 800 unidades a um custo total de $ 150.000. Portanto, o custo médio ponderado de cada unidade do Produto X do estoque inicial é de $ 187,50.

Custo Médio do Estoque Inicial – Produto X

Valor Total do Estoque Inicial	$ 150.000
Quantidade em Estoque Inicial	800 unidades
Custo Médio Ponderado Unitário	$ 187,50

Em seguida, calculamos o custo médio das quantidades produzidas no mês:

Custo Médio da Produção – Produto X – Janeiro

Total do consumo de materiais	$ 321.716
Outros custos de fabricação apropriados (rateio)	$ 139.829
Total dos custos de fabricação	$ 461.545
Quantidade produzida	2.200 unidades
Custo Médio Ponderado Unitário	$ 209,79

Com esses dados, montamos a tabela de controle dos estoques e apuramos o custo da produção acabada, vendida e do estoque final, apresentada a seguir:

Tabela 5.7 – Custo da produção acabada, estoque final e custo dos produtos vendidos – Produto X – janeiro

	Quantidade	Custo Unitário	Custo Total	
Estoque Inicial	800	187,50	150.000	
Produção do Período	2.200	209,79	461.544	(arredondando)
Soma	3.000	203,85	611.544	
Estoque Final	1.000	203,85	203.848	(arredondando)
Vendas – Produtos Vendidos	2.000	203,85	407.696	(arredondando)
Soma	3.000	203,85	611.544	

5.3 Orçamento de impostos a recolher sobre mercadorias

Como complemento do orçamento de materiais, é necessário concluir o orçamento dos impostos incidentes sobre as vendas e sobre as compras de materiais. Nosso exemplo considera uma indústria que está enquadrada no sistema não cumulativo para todos os impostos. Assim, o recolhimento de cada imposto se dá pela diferença entre o valor do imposto calculado sobre as vendas menos o valor do imposto creditado e pago sobre as compras. A Tabela 5.6 evidencia a geração dos impostos no mês, bem como os saldos iniciais e finais do passivo circulante e os impostos recolhidos.

Questões e exercícios

1. Tendo como referência os produtos finais apresentados a seguir:
   a) hambúrguer BigMac;
   b) microcomputador,
   elabore uma estrutura de produto para cada um deles, contendo os materiais, as quantidades e as unidades de medidas.

2. Com base nas estruturas elaboradas no exercício anterior, assuma preços de aquisição para os materiais dentro do seu conhecimento e apure o custo de materiais para cada um desses produtos.

3. A empresa está orçando vendas para o próximo exercício de 1.600 unidades do Produto A e 500 unidades do Produto B, que utilizam as seguintes quantidades de materiais para cada unidade de produto final:

	Produto A	Produto B
Matéria-prima 1	1,5 t	2,0 t
Componente 2	400 unidades	1.800 unidades

   As peças de reposição, para atender as vendas esperadas para o próximo ano, consumirão em média 4% das quantidades previstas para o componente 2 do produto A.

   Pede-se:
   a) elabore um quadro de orçamento de quantidades de materiais necessárias para atender o programa de produção, que, estima-se, será igual às quantidades previstas para a venda no próximo ano;

b) calcule também a quantidade em estoque final de materiais ao término do ano previsto, sabendo que a empresa quer ter sempre um estoque mínimo suficiente para atender dois meses de produção.

4. Com os dados obtidos no exercício anterior, de quantidades necessárias para o programa de produção e quantidades esperadas de estoque final, e considerando os dados adicionais a seguir, elabore:

    a) o orçamento de compras, líquidas e brutas, para o próximo ano;

    b) a previsão do valor dos estoques finais para fins contábeis com o critério de preço médio ponderado. Os impostos das compras são recuperados.

	Matéria-Prima 1	Componente 2
Preço cotado – sem impostos	$ 1.000,00	$ 10,00
Impostos sobre compras	30%	30%
Estoque Inicial		
• quantidade	650 t	150.000 unidades
• preço médio ponderado	$ 980,00	$ 10,20
• total em estoque	$ 637.000	$ 1.530.000

5. Uma empresa produz e vende apenas um único produto, o Produto A, e tem os seguintes dados de estoques em processo e produtos acabados:

Estoque Inicial de Produtos em Processo	$ 850.000	
Estoque Inicial de Produtos Acabados	$ 620.000	
Quantidade em Estoque Inicial de Produtos Acabados	30.250	unidades do Produto A
Quantidade produzida no ano	1.000.000	unidades do Produto A
Quantidade vendida no ano	1.008.000	unidades do Produto A
Custos Totais de Fabricação do ano	$ 22.500.000	

Considere que o estoque final de produtos em processo será 35% maior do que o estoque inicial. Calcule:

a) o custo da produção acabada;

b) o custo médio de produção do Produto A;

c) a quantidade em estoque final de produtos acabados;

d) o custo médio ponderado dos produtos acabados;

e) o custo dos produtos vendidos;

f) o valor do estoque final de produtos acabados.

6. Partindo dos dados obtidos no exercício anterior, considere que a empresa venderá o Produto A por um preço médio de $ 55,00 com impostos. Considerando as alíquotas de 12% de ICMS, 3% de Cofins e 0,65% de PIS (produto sem IPI), qual será o lucro bruto estimado da empresa para o próximo exercício? Identifique também a margem bruta a ser obtida.

Capítulo 6

Orçamento de despesas departamentais

A terceira fase da elaboração das peças orçamentárias está ligada à orçamentação das despesas departamentais. É a parte mais trabalhosa do orçamento, pois consiste em elaborar pelo menos uma peça orçamentária para cada setor da empresa, sob o comando de um responsável. Além disso, também a variedade de despesas tende a ser significativa. Não se recomenda o orçamento de despesas de forma sintética, mas, sim, da forma mais analítica possível.

Como já salientamos, o orçamento deve ser estruturado dentro das mesmas características do plano de contas da contabilidade tradicional, incluindo as contas analíticas. O orçamento elaborado de forma sintética seria admissível apenas em situações extraordinárias, como o primeiro ano da implantação do sistema orçamentário ou em ambientes econômicos com inflação crônica.

As palavras *gastos*, *custos* e *despesas* usadas neste capítulo são sinônimos.

6.1 Aspectos gerais do orçamento de despesas

Diversos aspectos devem ser observados para a elaboração dessa etapa do orçamento, dos quais apresentamos os principais:

1. Orçamento seguindo a hierarquia estabelecida.
2. Departamentalização.
3. Orçamento para cada área de responsabilidade.
4. Custos controláveis.
5. Quadro de premissas.
6. Levantamento das informações-base.
7. Observação do comportamento dos gastos.
8. Orçar cada despesa segundo sua natureza e comportamento etc.

Organograma empresarial e departamentalização

O orçamento segue a hierarquia da empresa, a qual pode ser visualizada dentro de um organograma. A estruturação dentro de um organograma facilita o processo de análise dos gastos, identificação dos setores, bem como o processo de sintetização dos orçamentos analíticos para os orçamentos setoriais ou divisionais, até o orçamento geral da empresa.

O critério mais utilizado para estruturar o sistema de informação contábil orçamentário para incorporar informações segundo o organograma empresarial é a departamentalização. Esse critério consiste em identificar as menores áreas de responsabilidade, que contêm o menor nível de decisão e, portanto, algum grau de responsabilidade sobre o controle, dentro do conceito de *centro de custo* ou *centro de despesa*.

A Figura 6.1 ilustra o organograma exemplificativo.

Accountability e custos controláveis

É importante que cada responsável, no menor nível de decisão dentro da hierarquia da empresa, tenha o seu próprio orçamento. O fundamento dessa responsabilidade é o conceito de custos controláveis, ou seja, devemos orçar para cada centro de custo (setor, departamento) unicamente os custos gerenciados e controlados pelo responsável pelo centro de custo.

O conceito de custos controláveis depende de um ponto de referência. *Não existem custos não controláveis para a entidade*. Conforme Moore e Jaedicke (1967, p. 288), "todos os custos são controláveis gerencialmente em um nível ou em outro". Complementando com Keller e Ferrara (1966, p. 247), "uma distinção mais apropriada para propósitos de controle seria entre custos controláveis por mim (ou nós) e custos controláveis por outros". Portanto, não existem custos não controláveis dentro de um empreendimento. Este é um dos fundamentos da contabilidade por responsabilidade, o qual deve ser incorporado ao orçamento de despesas gerais.

O conceito de custos controláveis (e, obviamente, receitas, quando for o caso) está dentro de um conceito fundamental de contabilidade por responsabilidade que é denominado *accountability*. Em linhas gerais, *accountability* é a responsabilidade do gestor de prestar contas de seus atos ou a obrigação de reportar os resultados obtidos (Nakagawa, 1999, p. 208). Mais genericamente, podemos definir *accountability* como a responsabilidade individual ou departamental de desempenhar uma certa função, que pode ser delegada ou imposta por lei, regulamentos ou acordos (Siegel e Shim, 1995, p. 4).

Rateio no orçamento de despesas departamentais

Algumas despesas são de consumo comum, ou seja, os gastos são efetuados de uma só vez, mas o serviço atende vários setores ou centros de custos. Por exemplo, gastos com conservação e limpeza dos edifícios, normalmente terceirizados, são pagos por contrato e atendem toda a empresa ou unidade de negócio. Os serviços de limpeza podem incluir áreas comuns como corredores, pátios, sanitários etc.

A questão é: devemos ratear esses gastos por algum critério para todos os setores que recebem o serviço e, consequentemente, orçar também o rateio?

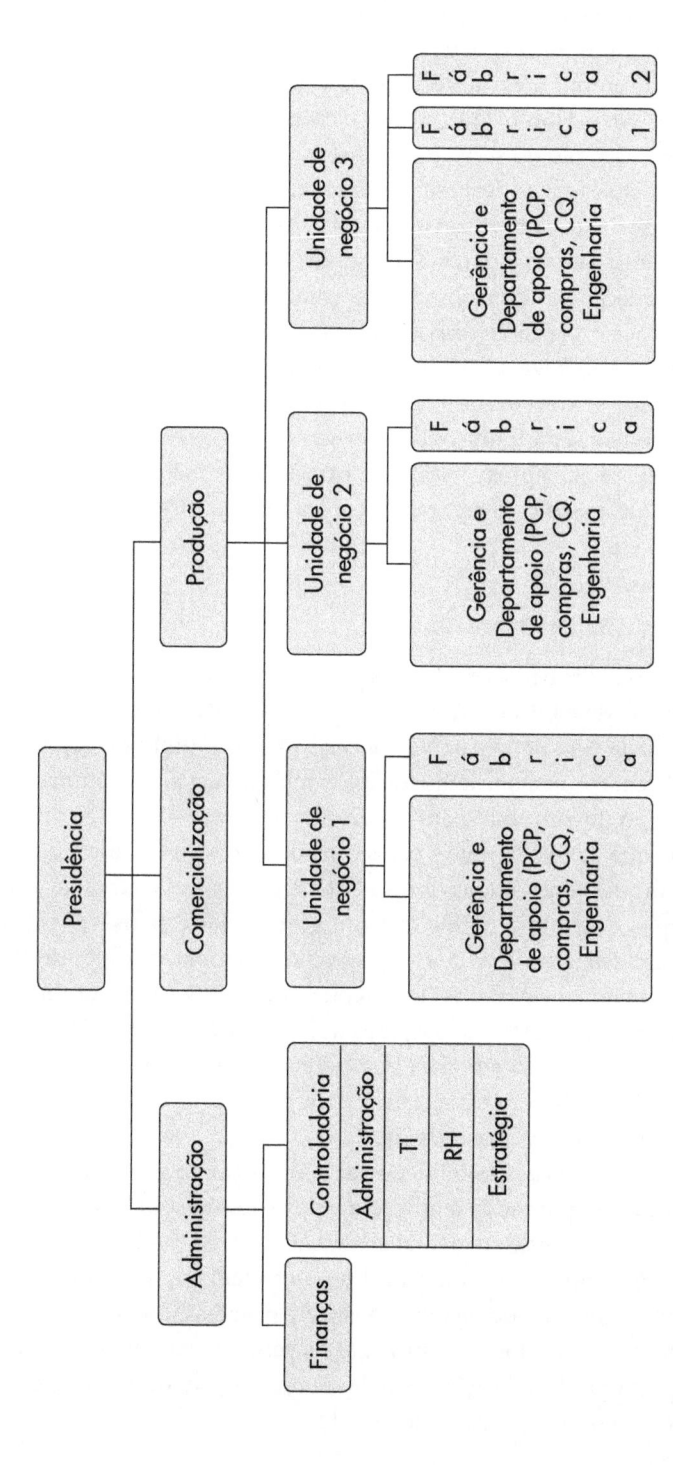

Figura 6.1 – Organograma empresarial.

Apesar de utilizado, muitas vezes objetivando uso futuro para custeio dos produtos pelo método de absorção, o *rateio não é recomendado sob o conceito de accountability*. Deve-se sempre orçar a despesa no centro de custo do responsável pela gestão do gasto. No exemplo dado, provavelmente alguém na empresa é o responsável pela administração do serviço de conservação e limpeza e pelo contrato. No seu centro de custo é que as despesas de limpeza devem ser orçadas.

Outrossim, se dentro da contratação do serviço, o total do contrato foi negociado considerando-se serviços parciais, existindo, assim, claramente uma definição de valores em relação aos diversos setores usuários, nada impede a correta alocação da despesa aos diversos centros de custos.

Como regra geral, deve-se evitar ao máximo o rateio, já que o conceito de *accountability* é claro: só devem ser alocadas ao orçamento de um centro de custo as despesas que podem ser administradas por seu responsável.

Outras despesas que apresentam essas características são energia elétrica, consumo de água, despesas com central de cópias reprográficas, despesas com centrais telefônicas etc.

Gerenciamento matricial

Objetivando um controle mais rígido dos gastos orçamentários, algumas empresas adotam o sistema de controle cruzado das despesas, atribuindo dupla responsabilidade para cada tipo de gasto. No conceito matricial (linhas e colunas), a empresa pode delegar a responsabilidade pelo total de gastos da empresa, de um determinado tipo de empresa, para um gestor responsável (gestor da linha), ao mesmo tempo que os responsáveis pelos centros de custos (gestores das colunas) continuam com a responsabilidade orçamentária pela parcela que afeta o seu setor.

Por exemplo, a empresa define que um gestor seja responsável pelos gastos de despesas com viagens de toda a empresa (por exemplo, o responsável da área de Recursos Humanos), ao mesmo tempo que cada responsável por um centro de custo preste contas dos gastos de despesas de viagens de sua área. Dessa maneira, há um responsável junto à empresa pelo total de gastos de despesas e viagens e diversos responsáveis para cada centro, configurando-se um conceito de dupla prestação de contas (*double accountability*).

Esse conceito implica a possibilidade de conflitos, pois o gestor de linha tem um total a ser justificado para toda a empresa e deve administrar para que os gastos de cada centro não ultrapassem o total orçamentado. Esse modelo deve fazer parte do modelo orçamentário e aceito pela cultura orçamentária. Em caso de aplicação desse conceito, sugere-se que seja para gastos relevantes e que permita condições de dupla atuação. Exemplos de outros gastos seriam: com energia elétrica, com serviços terceirizados de aplicação em toda a empresa (manutenção geral, limpeza, segurança etc.), com serviços de fotocópia etc.

Orçamento por atividades

As empresas que adotam o método de custeamento por atividades (Custeio ABC) devem, em princípio, utilizar a mesma metodologia no seu processo orçamentário. Assim, o orçamento de cada centro de custo deverá ter suborçamentos por atividades. Cada atividade relevante, em que se baseará posteriormente o Custeio ABC, deve ter seus gastos separados em peças orçamentárias, que incluirão também a quantidade esperada de cada direcionador de custo da atividade.

6.2 Características comportamentais dos gastos

Cada despesa apresenta um valor que decorre de suas características próprias. Dentre essas características, a principal é a variação do seu valor em relação a alguma outra variável, que ocorre dentro ou fora da empresa e que se relaciona com a despesa. Denominamos essa reação comportamento das despesas.

Cada despesa deve ser orçada segundo suas características comportamentais.

O ponto-chave na orçamentação das despesas é analisar e detectar seu comportamento, incluindo as variáveis-chave, e, a partir daí, criar uma base de dados para calcular os valores futuros a serem considerados no plano orçamentário, em cada centro de custo. Eventualmente, a mesma despesa pode ter um comportamento diferenciado para centros de custos diferentes.

Dentro da diversidade dos gastos podemos agrupá-los em alguns tipos, normalmente considerando como base de classificação seu comportamento em relação a determinadas variáveis físicas decorrentes das operações da empresa.

A classificação tradicional para análise do comportamento dos gastos em relação a alguma atividade é a sua separação em custos e despesas fixas e custos e despesas variáveis. Nesse caso, as variáveis utilizadas são o volume de produção e de vendas, ou volumes da atividade que direciona os gastos. Outrossim, é possível um aprofundamento dessa análise comportamental dos gastos, introduzindo os conceitos de gastos comprometidos, discricionários e estruturados (Horngren, 1985, p. 162).

Custos fixos e capacidade de produção ou vendas

Os custos fixos são também denominados custos de capacidade e medem os gastos necessários para a operação da fábrica e da comercialização dentro de determinado nível de capacidade. Podem ser classificados em custos fixos comprometidos e custos fixos discricionários.

Custos fixos comprometidos

> Custos comprometidos são aqueles ligados intrinsecamente à utilização de um parque fabril ou comercial – são os gastos para manter a fábrica ou as vendas em operação.

São gastos comprometidos de tal forma com a necessidade de operar as instalações empresariais que não são evitáveis. O valor desses gastos tende a permanecer inalterado durante o exercício (exceto, é claro, por eventuais variações de preço), independentemente do volume vendido ou produzido.

São exemplos clássicos aluguéis dos imóveis operacionais, prestações de arrendamento mercantil de equipamentos, taxas de funcionamento, gastos com associações de classe, contratos de manutenção e conservação de imóveis e edifícios etc.

Custos fixos discricionários

> Custos fixos discricionários são gastos administrados e podem ser alterados dependendo da dotação orçamentária anual.

Apesar de conceitualmente serem fixos, tais gastos podem ser evitados ou minimizados. São fixos porque não são relacionados com os volumes de produção ou venda e, se adotados, não mudam com a variação do volume. São discricionários porque podem até ser cancelados, eventualmente.

Como exemplo podemos citar despesas com treinamento de pessoal, que normalmente recebem uma dotação orçamentária, mas não são, de modo geral, comprometidas com a operação.

Outros exemplos são: despesas com publicidade e propaganda, contratos de assessoria e consultoria, benefícios sociais a empregados, doações e subvenções etc.

Custos variáveis, semivariáveis, semifixos e estruturados

Quando um custo tem uma relação direta e proporcional com o volume de produção, de venda ou de outra atividade, ele é denominado *custo variável*. Quando a relação com o parâmetro quantitativo não for proporcionalmente exata, e apenas parcela do gasto se altera em função do parâmetro quantitativo, denominamos esse gasto custo semivariável ou semifixo.

Os exemplos clássicos de custos variáveis são materiais diretos e comissões sobre vendas.

Um custo é considerado *semivariável* se a sua variação não é na mesma proporção da variação do volume de produção ou vendas. Se, por exemplo, dado um aumento de produção o custo aumenta, mas não o mesmo percentual do aumento do volume, ele é considerado semivariável.

Exemplos típicos são os gastos com materiais indiretos, como gastos com ferramentas, dispositivos, manutenção, materiais auxiliares, materiais de escritório etc.

Podem ser considerados *custos semifixos* aqueles que contêm, na sua formação de valor, uma parcela fixa e uma parcela que varia com a atividade. Somando-se a parcela fixa e a parcela variável, notamos uma similitude com os custos semivariáveis.

Contudo, a diferença está em que os custos semivariáveis partem do valor zero, ou seja, se não houver produção ou venda, é possível que não haja o gasto. Já o custo semifixo sempre apresentará o gasto da parte fixa. São exemplos desses tipos de gastos despesas com telefone (assinatura mais impulsos), despesas com energia elétrica (demanda contratada mais consumo), despesas com consumo de água e esgoto, contratos com consumação mínima etc.

Um aprofundamento do enfoque do caráter variável dos custos é possível com o conceito de *custo estruturado*, quando pudermos fazer uma relação do gasto com outra atividade física que não seja a produção ou venda.

> *Chamamos um custo de estruturado quando ele tem uma variação em relação ao elemento sob o qual ele é estruturado ou ligado e é a causa de seu valor maior ou menor.*

Como exemplo, podemos citar: despesas de viagens são relacionadas com a quantidade de vendedores, assistentes técnicos e compradores, principalmente; despesas de consulta a entidades de proteção ao crédito estão relacionadas com os pedidos de venda e análise de crédito a serem efetuados; despesas de cobrança com duplicatas são estruturadas em relação à quantidade de duplicatas emitidas etc.

Determinação do comportamento dos custos e orçamento

De modo geral, a experiência empresarial é suficiente para a classificação dos custos em relação a seu comportamento diante das diversas variáveis físicas. É importante, contudo, um trabalho científico visando caracterizar com precisão tal comportamento, para fundamentar todo o processo de orçamentação dos gastos.

Para tanto, devemos recorrer aos fundamentos da disciplina de Métodos Quantitativos Aplicados. É óbvio que faremos um trabalho mais aprofundado com os gastos relevantes, que serão posteriormente acompanhados e controlados pelos mesmos critérios adotados para sua análise comportamental. Gastos de pouca monta poderão ser orçados de forma mais simples.

Apresentamos um exemplo de utilização de métodos quantitativos para determinação do comportamento de um custo composto de partes fixa e variável no Apêndice deste capítulo.

Análise gráfica do comportamento dos custos

Exemplo: Materiais Diretos

Volume de produção quantidade	Valor gasto R$
-	-
200	4.000
400	8.000
600	12.000
800	16.000
1.000	20.000

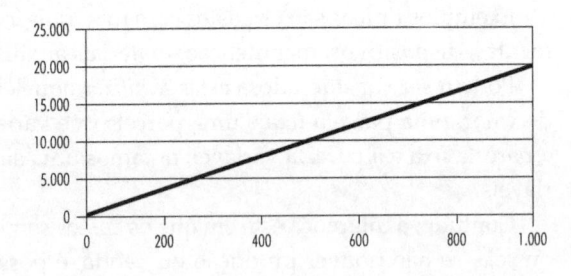

Figura 6.2 – Custo variável.

Exemplo: Prestação de *Leasing*

Volume de produção quantidade	Valor gasto R$
-	2.000
200	2.000
400	2.000
600	2.000
800	2.000
1.000	2.000

Figura 6.3 – Custo fixo.

Exemplo: Materiais Auxiliares

Volume de produção quantidade	Valor gasto R$
-	-
200	700
400	880
600	1.050
800	1.200
1.000	1.320

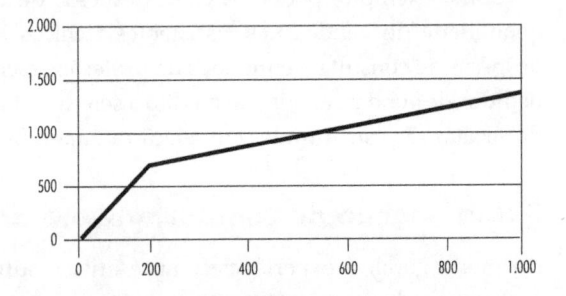

Figura 6.4 – Custo semivariável.

Exemplo: Energia Elétrica

Volume de produção quantidade	Valor gasto R$
-	300
200	700
400	1.100
600	1.500
800	1.900
1.000	2.300

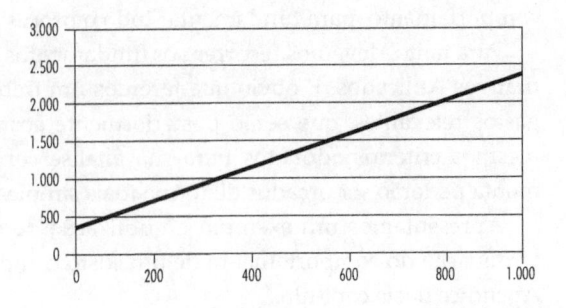

Figura 6.5 – Custo semifixo.

Custos fixos, capacidade de produção e intervalo relevante

Sabemos que os custos fixos conceitualmente não variam em relação ao volume produzido ou vendido. Porém, não podemos esquecer que os custos fixos estão também relacionados à capacidade de produção ou venda, ou seja, de um modo geral eles acontecem ou são fixados considerando-se um intervalo de produção ou venda.

Exemplificando novamente com as despesas de aluguéis: a empresa aluga um imóvel para produzir e vender determinado produto. Esse imóvel é suficiente para abrigar um volume de produção e um número de funcionários que varia dentro de um intervalo quantitativo. Caso haja necessidade de expansão, haverá necessidade de outro imóvel, que terá outro aluguel. Assim, o custo fixo de aluguel se altera, mudando para outro patamar de custo fixo. Conceitualmente, continua como custo fixo, porém agora dentro de um novo valor, de um novo patamar. É o que denominamos intervalo relevante. Vejamos como fica o gráfico de custo fixo dentro de intervalos relevantes:

Exemplo: Aluguéis de Imóveis

Volume de produção quantidade	Valor gasto R$
–	2.000
200	2.000
400	4.000
600	4.000
800	6.000
1.000	6.000

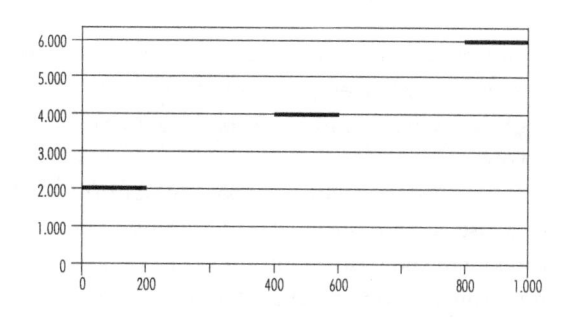

Figura 6.6 – Custo fixo e intervalo relevante.

6.3 Despesas a serem orçadas

Como já introduzimos, o fundamento para o orçamento de despesas gerais é a associação das despesas controláveis por departamento ou centro de custo. Assim, para cada departamento (centro de custo) deverá haver uma peça orçamentária que compreenda as despesas de sua responsabilidade e administração. Em linhas gerais, há quatro grupos de despesas:

1. Mão de obra direta e indireta.
2. Consumo de materiais indiretos.
3. Despesas gerais departamentais.
4. Depreciações e amortizações departamentais.

Mão de obra direta e custos indiretos de fabricação

Uma metodologia muito utilizada é elaborar o orçamento de despesas departamentais separando os gastos com mão de obra direta dos demais gastos, que passam a ser denominados, no seu conjunto, custos, gastos ou despesas indiretas de fabricação. Essa metodologia é aplicada objetivando posterior utilização no custeamento dos produtos, em linha com o conceito de custeamento por absorção. O pressuposto básico é que a mão de obra direta é um custo variável/direto, enquanto os demais gastos são indiretos e devem ser absorvidos no custeamento unitário dos produtos, não havendo necessidade de separação pelos principais grupos de despesas, nem por centro de custo.

Em nosso entendimento, o orçamento das despesas por centro de custo, que inclui a separação pelos principais grupos de despesas, é uma metodologia adequada para o controle orçamentário e a atribuição de responsabilidades, e, pelo reprocessamento de informações, caso necessário, pode ser utilizado no custeamento dos produtos, segundo o método adotado pela empresa.

Mão de obra

O orçamento dessas despesas apresentará os gastos previstos com as despesas de pessoal de toda a empresa. Os gastos com pessoal incluem todo tipo de remuneração paga aos funcionários, bem como os encargos sociais incidentes sobre a mão de obra.

Parte do orçamento de mão de obra (principalmente da mão de obra direta) está atrelada aos orçamentos de produção e vendas. O orçamento de mão de obra direta tem sua base quantitativa (horas necessárias e homens necessários) calcada no orçamento de capacidade, que mostramos na Tabela 4.8. O orçamento de vendas poderá ser determinante, dependendo da empresa, para a estimativa de mão de obra de vendedores e assistentes técnicos, caso um volume adicional de vendas e entregas exija necessidade adicional de mão de obra.

O orçamento de mão de obra comporta maior ou menor detalhamento, dependendo da empresa. Se ela quer tratar, por exemplo, as diversas remunerações dos funcionários em orçamentos detalhados, como o orçamento de salários, horas extras, prêmios de venda, prêmios de produção, adicionais legais etc., essa parte do orçamento deverá ter suborçamentos. Da mesma forma, a empresa poderá detalhar os diversos encargos sociais e salariais decorrentes do quadro de funcionários, como: encargos legais, férias, 13º salário, assistência médica, alimentação, transporte de funcionários, plano de aposentadoria etc.

Dados quantitativos

É fundamental, no orçamento de despesas, incorporar os dados quantitativos básicos referentes à mão de obra, quais sejam:

- número de funcionários por centro de custo, diretos e indiretos;
- horas a serem trabalhadas por centro de custo, diretas e indiretas.

Além do caráter informacional e gerencial dessas informações, elas serão base para o processo de elaboração dos custos orçados ou padrões.

As empresas que optarem também por desenvolver o *orçamento por atividades* devem providenciar o orçamento das quantidades físicas dos direcionadores de custos ou atividades, que geram o consumo dos recursos.

A Tabela 6.6 apresentada ao final deste capítulo mostra um exemplo de cálculo específico de orçamento de mão de obra por departamento, com um conjunto relativamente abrangente das informações e dados a serem considerados nesse orçamento.

Consumo de materiais indiretos

Compreende o orçamento dos materiais indiretos utilizados nas operações do departamento ou atividades, sejam eles ligados indiretamente aos produtos finais, sejam necessários para as atividades dos funcionários. Esses gastos devem ser orçados por centro de custo, pois não são ligados diretamente aos produtos e o seu consumo é acionado, basicamente, pelo responsável do departamento. Os principais materiais indiretos são:

- materiais auxiliares;
- ferramental e dispositivos;
- combustíveis;
- lubrificantes;
- material de manutenção;
- material de conservação e limpeza;
- materiais de segurança do trabalho;
- material de expediente;
- material de escritório etc.

É muito comum que alguns desses gastos tenham relevância em termos de valor. Conforme já introduzimos neste capítulo, nesse caso é adequado um tratamento estatístico-matemático para sua projeção, objetivando fundamentação científica para o processo orçamentário. Vários materiais indiretos apresentam uma característica comportamental de custos semivariáveis.

Despesas gerais departamentais

São as demais despesas de consumo dos centros de custos ou atividades, conforme o plano de contas utilizado pela empresa. Cada uma das despesas deve ser orçada considerando suas características próprias e seu comportamento em relação a alguma atividade estruturada, se houver. As despesas mais comuns são:

- energia elétrica;
- telecomunicações e comunicações;
- despesas de viagens, estadas e refeições;
- gastos com consumo de água e esgoto;
- publicidade, propaganda, brindes, anúncios, publicações;
- comissões sobre vendas;
- aluguéis e arrendamento mercantil;
- fretes e carretos de venda;
- outros fretes e carretos não incorporados ao custo dos materiais;
- seguros de todos os tipos (incêndio, intempéries, transporte, crédito, responsabilidade civil etc.);
- serviços terceirizados;
- outros serviços de terceiros não incorporados ao custo dos materiais;
- consultoria, assessoria, auditoria externa;
- jornais, revistas e livros;
- associações de classe e entidades associadas;
- despesas legais;
- serviços de autônomos etc.

Nem todos os centros de custos assumem todas as despesas, assim como uma despesa pode apresentar um comportamento diferente para cada setor ou atividade. As características comportamentais das despesas são as mais variadas possíveis, de algumas com características claramente variáveis, como comissões e fretes sobre vendas, até despesas claramente fixas, como aluguéis e arrendamentos, razão pela qual cada uma delas merece atenção individualizada.

Depreciações e amortizações

Compreendem as depreciações e amortizações de bens e direitos à disposição de cada centro de custo. O subsistema que auxilia o cálculo das depreciações e amortizações por departamento é o subsistema de Controle Patrimonial. É importante a alocação e orçamentação desses tipos de gastos por centro de custo/departamento, uma vez que há necessidade de atribuição de responsabilidade pelo uso dos bens à disposição das atividades departamentais, também dentro do conceito de *accountability*.

As despesas a serem orçadas compreendem:

- depreciações e amortizações dos bens e direitos existentes;
- depreciações e amortizações dos bens e direitos a serem adquiridos durante o exercício orçamentário e decorrentes do orçamento de investimentos.

Bens de uso comum ou sem clara atribuição de responsabilidade departamental

Algumas empresas não orçam as depreciações e amortizações por centro de custo, tendo em vista algumas dificuldades práticas que esse orçamento apresenta. As dificuldades mais comuns são:

1. Equipamentos qualificados pelo setor de Custos como diretos aos produtos e, portanto, sem necessidade de atribuir responsabilidade departamental.
2. Bens e direitos controlados centralizadamente por outros setores em que o uso e a necessidade sejam distribuídos em todos os departamentos. Exemplos: equipamentos de informática sendo controlados pelo setor de Tecnologia de Informação, mas de uso distribuído; equipamentos de segurança patrimonial, controlados pelo setor de Recursos Humanos, mas de uso distribuído; equipamentos de logística e transporte interno controlados pelo setor de Logística, mas de uso distribuído; equipamentos de uso comum controlados pelo setor de Manutenção, mas de uso distribuído etc.
3. Bens que são de uso comum e cuja depreciação só pode ser distribuída mediante critérios de rateio. Exemplos: veículos de transporte interno e externo; imóveis de uso comum como pátios, restaurantes, sanitários, corredores; equipamentos de energia, telecomunicações e de ar-condicionado centrais etc.
4. Bens em desuso ou em disponibilidade para venda, nos quais a depreciação é calculada apenas para fins fiscais. Exemplos: imóveis não operacionais, equipamentos desativados das operações e preparados para venda, leilão ou sucateamento etc.

Para incorporação da depreciação e amortização desses elementos patrimoniais no orçamento, temos as seguintes sugestões básicas:

1. Criação de um centro de custo específico para absorver essas depreciações e amortizações, com administração do setor de Controladoria, sem atribuição a nenhum outro departamento, no caso de itens em desuso e em disponibilidade.
2. Alocar as depreciações e amortizações nos setores que centralizam sua administração, no caso dos elementos patrimoniais de uso comum.
3. Alocar as depreciações e amortizações nos setores que utilizam os bens e direitos, no caso de uso distribuído.
4. Alocar as depreciações e amortizações no centro de custo da gerência ou diretoria responsável, no caso de equipamentos diretos.

Critério de cálculo das depreciações e amortizações

A depreciação é um conceito de avaliação de ativos que enseja muita polêmica, já que ela pode ser entendida a partir de diversos aspectos. Podemos ver a depreciação sob vários conceitos, como:

- depreciação como perda de valor dos bens pelo uso, desgaste ou obsolescência;
- depreciação como método de incorporação do custo dos equipamentos imobilizados para o custeio dos produtos;
- depreciação como avaliação da perda do potencial de serviços futuros dos equipamentos imobilizados;
- depreciação para incorporação no processo de análise de retorno de investimento;
- depreciação como planejamento tributário;
- depreciação como fonte de fundos;
- depreciação como meio de autofinanciamento etc.

Esses conceitos fazem que o valor a ser lançado a título de depreciação (e amortização) seja bastante discutido. Consequentemente, os critérios possíveis de serem adotados são diversos.

Sob o enfoque de gestão econômica e Controladoria com foco em resultados, o conceito mais adequado de depreciação, e que, consequentemente, levará a um critério econômico de apuração do seu valor, é entender a depreciação como a perda do potencial de serviço futuro a ser prestado pelo equipamento. Esse conceito deve prevalecer para fins de apuração dos resultados e avaliação do desempenho das atividades e unidades de negócio.

Contudo, para fins de orçamento das despesas de depreciações, exaustões e amortizações dos imobilizados e intangíveis, o que deve prevalecer é o critério contábil. Os critérios das práticas contábeis brasileiras diferem dos critérios fiscais. Assim, não devem prevalecer os cálculos feitos pelos critérios fiscais para fins de imposto de renda. O valor das depreciações, exaustões e amortizações a ser inserido no orçamento de despesas gerais é o valor obtido pelo cálculo com os critérios contábeis, uma vez que esses valores é que estarão na Demonstração de Resultados e do Balanço Patrimonial reais, a serem confrontados com os valores orçados.

Posteriormente, para os outros fins gerenciais, deve-se fazer o cálculo das depreciações e amortizações sob o conceito de gestão econômica, complementando os demonstrativos contábeis para fins de avaliação de resultados e desempenho.

6.4 Premissas e dados-base

Uma metodologia muito válida e utilizada para facilitar o cálculo do orçamento de despesas é a construção de um conjunto de premissas para validar o processo de orçamentação das principais despesas de forma genérica. Juntamente com as premissas, recomenda-se a construção de um banco de dados-base com valores ou informações que também possam auxiliar a construção de todas as peças orçamentárias de despesas para todos os centros de custos.

Premissas para o orçamento de despesas

Quando da elaboração do plano geral orçamentário, é necessária a construção de premissas orçamentárias, de modo a nortear todo o processo orçamentário subsequente. Apresentamos no Capítulo 3, Tabela 3.10, um painel das premissas orçamentárias gerais, construídas a partir do cenário conjuntural adotado pela empresa, após a análise do ambiente e a construção dos cenários.

As premissas de ordem geral são suficientes para conduzir o processo orçamentário das vendas, produção, capacidade, compras e estoques de materiais. Servem também para delinear as demais premissas específicas necessárias para a condução da elaboração do orçamento de despesas gerais.

As premissas específicas para o orçamento de despesas podem ser apresentadas sob algumas formas principais:

- como um painel dos aumentos periódicos (normalmente mensais) previstos para as despesas a serem orçadas;
- como uma série de indicadores de correção de preços, caso se adote o conceito de orçamento corrigido a partir de dados fixos como base de indexação;
- como fatores de ajuste em relação aos dados-base, que podem significar tanto variações de preços como variações de produtividade;
- como dados percentuais ou relativos para identificar sazonalidades, participações, reduções mensais esperadas;
- como valores-base para referenciais cálculos posteriores, principalmente para as despesas semivariáveis e estruturadas etc.

A elaboração do quadro de premissas antecede o processo de cálculo dos valores das despesas a serem orçadas e, portanto, deve ser transmitida aos gestores responsáveis, de forma a manter a transparência e a participação no processo orçamentário.

Na Tabela 6.1 apresentamos um exemplo de quadro de premissas, fundamentalmente elaborado com o conceito de painel de aumentos de preços previstos e fatores de ajuste, para auxiliar todas as peças orçamentárias de despesas.

Nessa tabela podemos ver alguns exemplos de como foram estruturadas as premissas:

1. Sazonalidade de mão de obra – no mês de janeiro, entende-se que as despesas de mão de obra equivalerão a 30% de uma folha de pagamento normal, tendo

Tabela 6.1 – Premissas – aumentos gerais previstos (fatores de ajuste)

Discriminação	Janeiro	Fevereiro	Março	Abril	Maio	Junho	Julho	Agosto	Setembro	Outubro	Novembro	Dezembro
Mão de Obra Direta												
Percentual do mês trabalhado	30	100	100	100	100	100	100	100	100	100	100	70
Acordo Coletivo	1,00	1,00	1,00	1,00	1,05	1,05	1,05	1,05	1,05	1,05	1,05	1,05
Aumentos de Mérito	1,00	1,00	1,01	1,01	1,01	1,02	1,02	1,02	1,03	1,03	1,03	1,03
Mão de Obra Indireta												
Percentual do mês trabalhado	30	100	100	100	100	100	100	100	100	100	100	70
Acordo Coletivo	1,00	1,00	1,00	1,00	1,05	1,05	1,05	1,05	1,05	1,05	1,05	1,05
Aumentos de Mérito	1,00	1,00	1,01	1,01	1,01	1,02	1,02	1,02	1,03	1,03	1,03	1,03
Materiais Indiretos												
Auxiliares	1,00	1,00	1,01	1,01	1,01	1,01	1,03	1,03	1,04	1,04	1,04	1,04
Manutenção	1,00	1,00	1,01	1,01	1,01	1,01	1,03	1,03	1,04	1,04	1,04	1,04
Expediente	1,00	1,00	1,01	1,01	1,01	1,01	1,03	1,03	1,04	1,04	1,04	1,04
Despesas Gerais												
Energia Elétrica	1,12	1,12	1,12	1,12	1,12	1,12	1,12	1,12	1,12	1,12	1,12	1,12
Telecomunicações	1,00	1,08	1,08	1,08	1,08	1,08	1,08	1,08	1,08	1,08	1,08	1,08
Fretes e Carretos	1,00	1,00	1,04	1,04	1,04	1,04	1,04	1,04	1,04	1,04	1,04	1,04
Serviços Terceirizados 1	1,05	1,05	1,05	1,05	1,05	1,05	1,05	1,05	1,05	1,05	1,05	1,05
Serviços Terceirizados N	1,00	1,00	1,00	1,10	1,10	1,10	1,10	1,10	1,10	1,10	1,10	1,10
Reembolso km Rodados	1,00	1,00	1,08	1,08	1,08	1,08	1,08	1,08	1,08	1,08	1,08	1,08
Despesas de Viagens, Estadas	1,00	1,00	1,02	1,02	1,02	1,02	1,02	1,02	1,02	1,02	1,02	1,02
Aluguéis Imobiliários	1,00	1,00	1,00	1,00	1,00	1,00	1,00	1,00	1,00	1,00	1,00	1,00
Aluguéis de Equipamentos	1,04	1,04	1,04	1,04	1,04	1,04	1,04	1,04	1,04	1,04	1,04	1,04
Contratos de *Leasing*	1,00	1,00	1,07	1,07	1,07	1,07	1,07	1,07	1,07	1,07	1,07	1,07
Publicidade	1,00	1,00	1,00	1,00	1,00	1,00	1,00	1,00	1,00	1,00	1,00	1,00
Depreciação	1,00	1,00	1,00	1,00	1,00	1,00	1,00	1,00	1,00	1,00	1,00	1,00
Equipamentos Novos – Industriais – $						300.000						
Outros Imobilizados Novos – Administrativos – $						100.000						

em vista as férias coletivas. O mesmo conceito é assumido no mês de dezembro, com percentual de 70%.
2. A empresa prevê aumentos de mérito em março, junho e setembro.
3. Prevê-se um aumento de energia elétrica de 12% em janeiro e que será válido para o ano todo.
4. Não haverá previsão de correção monetária de depreciação, já que o fator de ajuste está igual a 1,00.
5. Foi adicionada, como dados-base, a previsão de novos imobilizados, para auxiliar o cálculo das depreciações dos novos equipamentos etc.

Para cada tipo de despesa poderão ser feitas uma ou mais premissas. Eventualmente, o quadro de premissas poderia ser feito por departamento/centro de custo. Entendemos que o caminho natural é construir um quadro de premissas de ordem geral para todas as despesas, fazendo as premissas para centros de custos específicos só onde e quando for necessário.

Elaboração dos dados-base

Uma série de informações é necessária para o processo de orçamentação dos gastos de todos os setores. Para tanto, é conveniente a preparação de um conjunto de dados que orientem a elaboração de cada peça orçamentária de cada centro de custo, aos quais denominamos *dados-base*.

Os dados-base incluem:

- dados e informações do passado, incluindo cálculos de médias (média de gastos por trimestre, por semestre, por ano);
- dados percentuais já conhecidos a aplicar em outros valores a serem orçamentados;
- dados das premissas gerais já estabelecidas;
- dados já conhecidos para o próximo exercício (novos salários, novos contratos, quantidade de pessoas etc.).

Apresentamos na Tabela 6.2 um exemplo de orçamento de despesas de uma área, que inclui os dados-base. Nosso exemplo apresenta em um total todos os gastos de cada área. Lembramos, outrossim, que o plano orçamentário exige um orçamento de despesas para cada setor, departamento ou atividade, de tal forma que cada responsável tenha o seu orçamento. Depois, os orçamentos individuais são consolidados por área, para fins da projeção de resultados.

No quadro apresentado podemos entender os seguintes dados-base que auxiliam o processo de elaboração de cada peça orçamentária de despesas gerais.

162 Planejamento orçamentário

Tabela 6.2 – Orçamento de despesas gerais – total da área industrial

Discriminação	Índice/Fator – %	Dados-base	Janeiro	Fevereiro	Março	Abril	Maio	Junho	Julho	Agosto	Setembro	Outubro	Novembro	Dezembro	Total
Mão de Obra Direta															
Salários		800	45.741	152.470	160.093	167.717	176.102	177.846	177.846	177.846	179.590	179.590	179.590	125.713	1.900.142
Horas Extras	2%		24.240	80.800	84.840	88.880	93.324	94.248	94.248	94.248	95.172	95.172	95.172	66.620	1.006.964
			485	1.616	1.697	1.778	1.866	1.885	1.885	1.885	1.903	1.903	1.903	1.332	20.139
Encargos Sociais	85%		21.016	70.054	73.556	77.059	80.912	81.713	81.713	81.713	82.514	82.514	82.514	57.760	873.038
Mão de Obra Indireta															
Salários		1.500	44.041	146.804	148.272	148.272	155.685	157.227	157.227	157.227	158.768	158.768	158.768	111.138	1.702.194
			22.950	76.500	77.265	77.265	81.128	81.932	81.932	81.932	82.735	82.735	82.735	57.914	887.021
Horas Extras	1%		230	765	773	773	811	819	819	819	827	827	827	579	8.870
Encargos Sociais	90%		20.862	69.539	70.234	70.234	73.746	74.476	74.476	74.476	75.206	75.206	75.206	52.644	806.302
Materiais Indiretos															
Auxiliares	–		56.897	66.551	67.061	69.704	70.920	70.140	71.289	71.371	81.964	78.463	78.560	80.668	863.587
			18.497	28.151	28.385	30.920	32.136	31.356	31.952	32.034	42.351	38.742	38.839	40.947	394.308
Manutenção		27.650	27.650	27.650	27.927	27.927	27.927	27.927	28.480	28.480	28.756	28.756	28.756	28.756	338.989
Expediente		10.750	10.750	10.750	10.750	10.858	10.858	10.858	10.858	10.858	10.965	10.965	10.965	10.965	130.290
Despesas Gerais															
Energia Elétrica			57.562	94.062	94.451	95.707	95.707	95.707	95.707	95.707	95.707	95.707	95.707	80.251	1.091.981
		46.000	15.456	51.520	51.520	51.520	51.520	51.520	51.520	51.520	51.520	51.520	51.520	36.064	566.720
Telecomunicações		5.450	5.450	5.886	5.886	5.886	5.886	5.886	5.886	5.886	5.886	5.886	5.886	5.886	70.196
Fretes e Carretos		5.260	5.260	5.260	5.470	5.470	5.470	5.470	5.470	5.470	5.470	5.470	5.470	5.470	65.224
Serviços Terceirizados 1		6.000	6.300	6.300	6.300	6.300	6.300	6.300	6.300	6.300	6.300	6.300	6.300	6.300	75.600
Serviços Terceirizados N		7.200	7.200	7.200	7.200	7.920	7.920	7.920	7.920	7.920	7.920	7.920	7.920	7.920	92.880
Reembolso km Rodados		6.000	6.000	6.000	6.000	6.480	6.480	6.480	6.480	6.480	6.480	6.480	6.480	6.480	76.320
Despesas de Viagens, Estadas		2.800	2.800	2.800	2.800	2.856	2.856	2.856	2.856	2.856	2.856	2.856	2.856	2.856	34.104
Aluguéis Imobiliários			0	0	0	0	0	0	0	0	0	0	0	0	0
Aluguéis de Equipamentos		4.900	5.096	5.096	5.096	5.096	5.096	5.096	5.096	5.096	5.096	5.096	5.096	5.096	61.152
Contratos de *Leasing*		2.550	2.550	2.550	2.729	2.729	2.729	2.729	2.729	2.729	2.729	2.729	2.729	2.729	32.385
Publicidade		0	0	0	0	0	0	0	0	0	0	0	0	0	0
Miscelâneos/outros		1.300	1.450	1.450	1.450	1.450	1.450	1.450	1.450	1.450	1.450	1.450	1.450	1.450	17.400
Depreciação															
Equipamentos Diretos	10%	6.050.000	75.417	75.417	75.417	75.417	75.417	77.917	77.917	77.917	77.917	77.917	77.917	77.917	922.500
Outros Imobilizados	20%	1.500.000	50.417	50.417	50.417	50.417	50.417	52.917	52.917	52.917	52.917	52.917	52.917	52.917	622.500
			25.000	25.000	25.000	25.000	25.000	25.000	25.000	25.000	25.000	25.000	25.000	25.000	300.000
TOTAL GERAL			279.657	535.302	545.293	556.815	573.831	578.837	579.986	580.067	593.945	590.444	590.541	475.685	6.480.404
	Quantidade														
Homens Diretos	101		101	101	105	110	110	110	110	110	110	110	110	110	
Homens Indiretos	51		51	51	51	51	51	51	51	51	51	51	51	51	
Horas Diretas		1.920/ano	4.945	16.483	17.136	17.952	17.952	17.952	17.952	17.952	17.952	17.952	17.952	12.566	194.747
Horas Indiretas		1.920/ano	2.472	8.242	8.242	8.242	8.242	8.242	8.242	8.242	8.242	8.242	8.242	5.769	90.658

Orçamento de despesas departamentais 163

Tabela 6.3 – Orçamento de despesas gerais – total da área comercial

Discriminação	Índice/ Fator – %	Dados- -base	Janeiro	Fevereiro	Março	Abril	Maio	Junho	Julho	Agosto	Setembro	Outubro	Novembro	Dezembro	Total
Mão de Obra Direta															
Salários		0	–	–	–	–	–	–	–	–	–	–	–	–	–
Horas Extras	0%		–	–	–	–	–	–	–	–	–	–	–	–	–
Encargos Sociais	0%		–	–	–	–	–	–	–	–	–	–	–	–	–
Mão de Obra Indireta			4.145	13.817	13.955	13.955	14.653	14.798	14.798	14.798	14.943	14.943	14.943	14.943	160.206
Salários		1.800	2.160	7.200	7.272	7.272	7.636	7.711	7.711	7.711	7.787	7.787	7.787	7.787	83.484
Horas Extras	1%		22	72	73	73	76	77	77	77	78	78	78	55	835
Encargos Sociais	90%		1.963	6.545	6.610	6.610	6.941	7.009	7.009	7.009	7.078	7.078	7.078	4.955	75.887
Materiais Indiretos			5.900	5.900	5.959	5.959	5.959	5.959	6.077	6.077	6.136	6.136	6.136	6.136	72.334
Auxiliares		–													
Manutenção		1.400	1.400	1.400	1.414	1.414	1.414	1.414	1.442	1.442	1.456	1.456	1.456	1.456	17.164
Expediente		4.500	4.500	4.500	4.545	4.545	4.545	4.545	4.635	4.635	4.680	4.680	4.680	4.680	55.170
Despesas Gerais	4%		59.147	59.467	60.472	64.884	64.884	64.884	64.884	64.884	73.004	73.004	73.004	73.004	795.522
Comissões		–	40.000	40.000	40.800	44.880	44.880	44.880	44.880	44.880	53.000	53.000	53.000	53.000	557.200
Telecomunicações		4.000	4.000	4.320	4.320	4.320	4.320	4.320	4.320	4.320	4.320	4.320	4.320	4.320	51.520
Fretes e Carretos		2.500	2.500	2.500	2.600	2.600	2.600	2.600	2.600	2.600	2.600	2.600	2.600	2.600	31.000
Serviços Terceirizados I		1.500	1.575	1.575	1.575	1.575	1.575	1.575	1.575	1.575	1.575	1.575	1.575	1.575	18.900
Serviços Terceirizados N		1.800	1.800	1.800	1.800	1.980	1.980	1.980	1.980	1.980	1.980	1.980	1.980	1.980	23.220
Reembolso km Rodados		1.700	1.700	1.700	1.700	1.836	1.836	1.836	1.836	1.836	1.836	1.836	1.836	1.836	21.624
Despesas de Viagens, Estadas		800	800	800	800	816	816	816	816	816	816	816	816	816	9.744
Aluguéis Imobiliários		1.000	1.000	1.000	1.000	1.000	1.000	1.000	1.000	1.000	1.000	1.000	1.000	1.000	12.000
Aluguéis de Equipamentos		1.800	1.872	1.872	1.872	1.872	1.872	1.872	1.872	1.872	1.872	1.872	1.872	1.872	22.464
Contratos de *Leasing*		1.500	1.500	1.500	1.605	1.605	1.605	1.605	1.605	1.605	1.605	1.605	1.605	1.605	19.050
Publicidade		2.000	2.000	2.000	2.000	2.000	2.000	2.000	2.000	2.000	2.000	2.000	2.000	2.000	24.000
Miscelâneos/outros		400	400	400	400	400	400	400	400	400	400	400	400	400	4.800
Depreciação		–	2.333	2.333	2.333	2.333	2.333	2.333	2.333	2.333	2.333	2.333	2.333	2.333	28.000
Equipamentos Diretos		–													–
Outros Imobilizados	20%	140.000	2.333	2.333	2.333	2.333	2.333	2.333	2.333	2.333	2.333	2.333	2.333	2.333	28.000
TOTAL GERAL			65.625	75.617	76.760	81.172	81.870	82.015	82.015	82.015	90.280	90.280	90.280	85.797	983.728
	Quantidade														
Homens Diretos	–	–	–	–	–	–	–	–	–	–	–	–	–	–	–
Homens Indiretos	–	4	4	4	4	4	4	4	4	4	4	4	4	4	
Horas Diretas	–	–	–	–	–	–	–	–	–	–	–	–	–	–	–
Horas Indiretas		1.920/ano	194	646	646	646	646	646	646	646	646	646	646	452	7.110

Tabela 6.4 – Orçamento de despesas gerais – total da área administrativa

Discriminação	Índice/Fator – %	Dados-base	Janeiro	Fevereiro	Março	Abril	Maio	Junho	Julho	Agosto	Setembro	Outubro	Novembro	Dezembro	Total
Mão de Obra Direta															
Salários		0	–	–	–	–	–	–	–	–	–	–	–	–	–
Horas Extras	0%		–	–	–	–	–	–	–	–	–	–	–	–	–
Encargos Sociais	0%		–	–	–	–	–	–	–	–	–	–	–	–	–
Mão de Obra Indireta			15.717	52.389	52.913	52.913	55.558	56.108	56.108	56.108	56.658	56.658	56.658	56.658	607.450
Salários		2.275	8.190	27.300	27.573	27.573	28.952	29.238	29.238	29.238	29.525	29.525	29.525	29.525	316.545
Horas Extras	1%		82	273	276	276	290	292	292	292	295	295	295	207	3.165
Encargos Sociais	90%		7.445	24.816	25.064	25.064	26.317	26.578	26.578	26.578	26.838	26.838	26.838	18.787	287.739
Materiais Indiretos			5.200	5.200	5.252	5.252	5.252	5.252	5.356	5.356	5.408	5.408	5.408	5.408	63.752
Auxiliares			–	–	–	–	–	–	–	–	–	–	–	–	–
Manutenção		1.450	1.450	1.450	1.465	1.465	1.465	1.465	1.494	1.494	1.508	1.508	1.508	1.508	17.777
Expediente		3.750	3.750	3.750	3.788	3.788	3.788	3.788	3.863	3.863	3.900	3.900	3.900	3.900	45.975
Despesas Gerais			17.674	18.394	18.458	18.744	18.744	18.744	18.744	18.744	18.744	18.744	18.744	18.744	223.222
Energia Elétrica		600	672	672	672	672	672	672	672	672	672	672	672	672	8.064
Telecomunicações		9.000	9.000	9.720	9.720	9.720	9.720	9.720	9.720	9.720	9.720	9.720	9.720	9.720	115.920
Fretes e Carretos		200	200	200	208	208	208	208	208	208	208	208	208	208	2.480
Serviços Terceirizados 1		0	0	0	0	0	0	0	0	0	0	0	0	0	0
Serviços Terceirizados N		1.800	1.800	1.800	1.800	1.800	1.980	1.980	1.980	1.980	1.980	1.980	1.980	1.980	23.220
Reembolso km Rodados		1.200	1.200	1.200	1.200	1.200	1.296	1.296	1.296	1.296	1.296	1.296	1.296	1.296	15.264
Despesas de Viagens, Estadas		500	500	500	500	510	510	510	510	510	510	510	510	510	6.090
Aluguéis Imobiliários		1.200	1.200	1.200	1.200	1.200	1.200	1.200	1.200	1.200	1.200	1.200	1.200	1.200	14.400
Aluguéis de Equipamentos		1.300	1.352	1.352	1.352	1.352	1.352	1.352	1.352	1.352	1.352	1.352	1.352	1.352	16.224
Contratos de *Leasing*		800	800	800	856	856	856	856	856	856	856	856	856	856	10.160
Publicidade		0	0	0	0	0	0	0	0	0	0	0	0	0	0
Miscelâneos/outros		950	950	950	950	950	950	950	950	950	950	950	950	950	11.400
Depreciação			10.000	10.000	10.000	10.000	10.000	11.667	11.667	11.667	11.667	11.667	11.667	11.667	131.667
Equipamentos Diretos	–														
Outros Imobilizados	20%	600.000	10.000	10.000	10.000	10.000	10.000	11.667	11.667	11.667	11.667	11.667	11.667	11.667	131.667
TOTAL GERAL			43.391	80.783	81.371	81.657	84.302	86.519	86.519	86.519	87.069	87.069	87.069	70.072	962.338

	Quantidade														
Homens Diretos	–		–	–	–	–	–	–	–	–	–	–	–	–	–
Homens Indiretos	12		12	12	12	12	12	12	12	12	12	12	12	12	
Horas Diretos	–		–	–	–	–	–	–	–	–	–	–	–	–	–
Horas Indiretos	1.920/ano		582	1.939	1.939	1.939	1.939	1.939	1.939	1.939	1.939	1.939	1.939	1.357	21.331

Tabela 6.5 – Orçamento de salários e encargos a pagar e contas a pagar

Discriminação	Índice/Fator – %	Janeiro	Fevereiro	Março	Abril	Maio	Junho	Julho	Agosto	Setembro	Outubro	Novembro	Dezembro	Total
A – Salários e Encargos a Pagar														
Despesas Totais de Salários		58.358	194.526	199.768	203.889	214.083	216.203	216.203	216.203	218.322	218.322	218.322	152.826	2.327.025
Despesas Totais de Encargos		51.286	170.953	175.464	178.967	187.915	189.776	189.776	189.776	191.636	191.636	191.636	134.145	2.042.967
Soma		109.644	365.479	375.232	382.856	401.998	405.979	405.979	405.979	409.959	409.959	409.959	286.971	4.369.992
Percentual a pagar – Salários		60%	60%	60%	60%	60%	60%	60%	60%	60%	60%	60%	60%	
Percentual a pagar – Encargos		30%	33%	36%	39%	42%	45%	48%	51%	54%	57%	60%	30%	
Saldo Final – Passivo Circulante		50.400	173.130	183.028	192.130	207.374	215.121	220.814	226.507	234.477	240.226	245.975	131.939	
B – Contas a Pagar														
Total de Despesas Gerais		134.383	171.923	173.381	179.335	179.335	179.335	179.335	179.335	187.455	187.455	187.455	171.999	
Prazo Médio de Pagamento	20 dias													
Saldo Final – Passivo Circulante		89.589	114.615	115.587	119.557	119.557	119.557	119.557	119.557	124.970	124.970	124.970	114.666	

1. Na conta Mão de Obra Direta, o valor de $ 800 representa o salário nominal médio dos funcionários desse departamento. Nessa coluna (ou em colunas adicionais), poderiam ser colocados os salários médios do último ano, semestre, trimestre etc., ou seja, informações que auxiliem a fazer o orçamento de salários de mão de obra direta para o próximo ano. O mesmo tipo de informação está colocado na linha de Mão de Obra Indireta, na qual o valor de $ 1.500 representa o salário médio nominal esperado ou existente para esse setor.
2. Ao final do quadro constam os números de funcionários diretos e indiretos, que recebem os salários nominais explicados em 1.
3. Outra coluna na planilha de dados-base, que denominamos Índice/Fator, permite também incorporar premissas orçamentárias. Na conta de horas extras, os índices de 2% ou 1% são decorrentes de premissas adotadas para o orçamento de todos os setores. Na linha de Encargos Sociais, os dados de 85% ou 90% indicam a média de encargos sociais esperada para cada tipo de mão de obra.
4. Na linha de gastos com depreciação estão as taxas anuais de depreciação por tipo de imobilizados. Na linha seguinte está o valor dos imobilizados objeto de depreciação.
5. Nas linhas de Horas Diretas e Indiretas está a quantidade de horas anuais médias de trabalho por funcionário.
6. Na coluna Dados-Base, para o restante das despesas, encontram-se valores que evidenciam a média esperada ou a média de períodos anteriores de gastos por mês, ou, no caso de contratos, o valor da mensalidade paga no período anterior ou a ser paga como previsão.

Exemplos de cálculos: Associação das premissas com os dados-base

Damos a seguir alguns exemplos de cálculos de execução das despesas. Escolhemos algumas despesas do mês de junho, constantes da Tabela 6.2.

1) Mão de Obra Direta – Salários – Mês de Junho

Salário Médio = $ 800 (dados-base)
Percentual do mês trabalhado = 100% (premissa)
Acordo coletivo = 1,05 (premissa)
Mérito = 1,02 (premissa)
Quantidade de funcionários = 110 (dados-base)
Orçamento de Despesas de Salários = $ 94.248

Cálculo:
$ 800 x 100% x 1,05 x 1,02 x 110 = $ 94.248

2) Mão de Obra Direta – Horas Extras – Mês de Junho

Salários de Junho = $ 94.248 (orçamento)
Horas Extras = 2% (premissa/dados-base)
Orçamento de Despesas de Horas Extras = $ 1.885

Cálculo:
$ 94.248 x 2% = $ 1.885

3) Mão de Obra Direta – Encargos Sociais – Mês de Junho

Salários de Março = $ 94.248 (orçamento)
Horas Extras = $ 1.885 (orçamento)
Encargos Sociais = 85% (premissa/dados-base)
Orçamento de Despesas de Encargos Sociais = $ 81.713

Cálculo:
($ 94.248 + $ 1.885) = $ 96.133 x 85% = $ 81.713

4) Despesas Gerais – Reembolso km Rodados – Mês de Junho

Média Mensal Anterior = $ 6.000 (dados-base)
Índice Previsto de Aumento de Preços = 1,08 (premissa)
Orçamento de Despesas de Reembolso km Rodados = $ 6.480

Cálculo:
$ 6.000 x 1,08 = $ 6.480

A seguir são apresentados os orçamentos para as demais áreas de gastos (administrativa e comercial), que serão incorporados na "Projeção das demonstrações financeiras" no Capítulo 9.

6.5 Salários e encargos a pagar

Finalizando a orçamentação das despesas, é necessário também o orçamento do saldo dos salários e encargos a pagar, bem como das contas a pagar, ao final de cada mês, para incorporação à projeção das demonstrações financeiras. Como qualquer orçamento, ele deve incorporar todas as características da oscilação desses passivos. Como exemplo, podemos citar a conta de encargos a pagar que tem uma evolução crescente, normalmente, ao longo do ano, já que o provisionamento dos encargos de 13º salário e férias deve ser feito mensalmente, e esses passivos geralmente são pagos apenas ao final do ano.

6.6 Exemplo analítico de orçamento de mão de obra

Em conjunto com o orçamento de materiais, o orçamento de mão de obra é, para a maior parte das empresas, o que apresenta valor significativo. Portanto, deve-se buscar a maior acurácia para apurar o valor desse orçamento para cada departamento e no total geral da companhia.

Para se ter a maior acurácia no orçamento de mão de obra é necessário que este seja elaborado e calculado da forma mais detalhada possível. As variáveis que compõem esse orçamento são inúmeras, desde o tipo de mão de obra aos diversos encargos que incidem sobre as verbas salariais.

Recomenda-se a participação do setor de folha de pagamento para auxiliar a Controladoria e os demais gestores na sua feitura. Algumas empresas, inclusive, delegam a elaboração e cálculo desse orçamento para o setor de pessoal que executa o serviço de folha de pagamento.

A Tabela 6.6 procura dar exemplos de como pode ser feito um orçamento analítico da mão de obra. O exemplo contempla a situação tributária mais comum que é a tributação do INSS sobre as verbas salariais.[1]

No início da tabela procuramos evidenciar que é importante separar os funcionários pelas diversas funções, uma vez que os salários nominais podem ter diferenças significativas. A quantidade de funcionários deve ser também por categoria, com as respectivas estimativas de variação ao longo do período orçado.

Damos a seguir os principais elementos de cálculo efetuados.

- O valor total base ao final da direita no alto da planilha representa o valor total da folha nominal considerando todos os funcionários do setor.
- As premissas orçamentárias, exceto a de dias úteis, indicam os aumentos de preços previstos para os tipos de despesas relacionadas, transformados em números índices.
- O índice 0,9167 na linha de salários é para representar que nossa legislação não reconhece 12 salários por ano, mas sim apenas 11, uma vez que as férias são consideradas encargos sociais e não verbas salariais. O índice é resultante da divisão de 11 meses/12 meses.
- Os dados de pró-labore, premiações e gratificações são valores conhecidos ou estimados.
- O percentual de hora extra é um percentual que deve constar das premissas orçamentárias.
- O percentual de adicionais é fruto de observação de comportamento histórico de anos anteriores em conjunto com a legislação aplicável ao período orçamentário.
- Os percentuais de aviso prévio e indenizações é fruto de observação de comportamento histórico de anos anteriores em conjunto com a estimativa para o período orçamentário.

---

[1] Desde 2012, o encargo do INSS da parte da empresa, para algumas atividades especificadas em lei, pode ter como base o faturamento bruto.

Orçamento de despesas departamentais   169

Tabela 6.6 – Orçamento de mão de obra por departamento – exemplo analítico

Categorias de Funcionários	Situação Base		Quantidade Orçada de Funcionários											Total Base
	Qtde.	Salário	Janeiro	Fevereiro	Março	Abril	Maio	Junho	Julho	Agosto	Setembro	Outubro	Novembro	Dezembro	
Diretor	1	40.000	1	1	1	1	1	1	1	1	1	1	1	1	40.000
Gerente	1	20.000	1	1	1	1	1	1	1	1	1	1	1	1	20.000
Chefe	2	10.000	2	2	2	3	3	3	3	3	3	3	3	3	20.000
Senior	10	5.000	10	10	15	15	15	15	15	15	15	15	15	15	50.000
Administrativo	20	3.200	20	20	30	30	30	30	30	30	30	30	30	30	64.000
Estagiário	2	1.000	2	2	2	2	2	2	2	2	2	2	2	2	2.000
Trainee	2	2.000	2	2	2	2	2	2	2	2	2	2	2	2	4.000
Menor aprendiz	2	800	2	2	2	2	2	2	2	2	2	2	2	2	1.600
Total	40	82.000	40	40	55	56	56	56	56	56	56	56	56	56	201.600
Premissas Orçamentárias															
Acordo coletivo			1,00	1,00	1,00	1,00	1,00	1,05	1,05	1,05	1,05	1,05	1,05	1,05	
Mérito			1,00	1,00	1,00	1,00	1,00	1,02	1,02	1,02	1,02	1,02	1,02	1,02	
Faturamento - Evolução			1,01	1,02	1,03	1,04	1,05	1,06	1,07	1,08	1,09	1,10	1,12	1,13	
Dias úteis			22	19	22	21	22	20	21	22	20	21	20	22	
Vale alimentação/Cesta Básica			1,00	1,00	1,05	1,05	1,05	1,05	1,05	1,05	1,05	1,05	1,05	1,05	
Transporte			1,00	1,00	1,00	1,06	1,06	1,06	1,06	1,06	1,06	1,06	1,06	1,06	
Assistência Médica			1,00	1,00	1,00	1,00	1,07	1,07	1,07	1,07	1,07	1,07	1,07	1,07	
ORÇAMENTO	Índices de cálculo e dados-base														**Total**
Remuneração			223.865	223.915	279.560	289.365	289.417	302.578	308.136	308.190	308.244	308.299	308.354	308.410	3.458.332
Salários	0,9167		177.833	177.833	230.083	239.250	239.250	251.213	256.237	256.237	256.237	256.237	256.237	256.237	2.852.883
Estagiários, Trainees, Aprendizes			7.600	7.600	7.600	7.600	7.600	7.980	8.140	8.140	8.140	8.140	8.140	8.140	94.818
Pro-Labore		20.000	20.000	20.000	20.000	20.000	20.000	20.000	20.000	20.000	20.000	20.000	20.000	20.000	240.000
Premiações		5.000	5.050	5.101	5.152	5.203	5.255	5.308	5.361	5.414	5.468	5.523	5.578	5.634	64.047
Gratificações		2.000	2.000	2.000	2.000	2.000	2.000	2.000	2.000	2.000	2.000	2.000	2.000	2.000	24.000
Horas extras	2%		3.557	3.557	4.602	4.785	4.785	5.024	5.125	5.125	5.125	5.125	5.125	5.125	57.058
Adicionais	3%		5.335	5.335	6.903	7.178	7.178	7.536	7.687	7.687	7.687	7.687	7.687	7.687	85.586
Aviso Prévio	0,80%		1.423	1.423	1.841	1.914	1.914	2.010	2.050	2.050	2.050	2.050	2.050	2.050	22.823
Indenizações	0,60%		1.067	1.067	1.381	1.436	1.436	1.507	1.537	1.537	1.537	1.537	1.537	1.537	17.117
Encargos Salariais			67.434	67.434	78.516	80.460	80.460	123.679	84.063	84.063	84.063	84.063	84.063	84.063	1.002.363
Férias	1,3330	0,9167	21.550	21.550	27.882	28.993	28.993	53.687	31.051	31.051	31.051	31.051	31.051	31.051	368.962
Décimo Terceiro	0,0833	0,9167	16.167	16.167	20.917	21.750	21.750	40.275	23.294	23.294	23.294	23.294	23.294	23.294	276.791
PLR	1,5		29.718	29.718	29.718	29.718	29.718	29.718	29.718	29.718	29.718	29.718	29.718	29.718	356.610
Encargos Sociais			92.703	92.722	117.077	121.365	121.384	141.824	129.335	129.354	129.374	129.394	129.415	129.435	1.463.382
INSS sobre Remunerações	28,5%		61.635	61.650	77.509	80.303	80.318	83.960	85.499	85.514	85.530	85.545	85.561	85.577	958.602
INSS sobre Férias	28,5%		6.142	6.142	7.946	8.263	8.263	15.301	8.850	8.850	8.850	8.850	8.850	8.850	105.154
INSS sobre Décimo Terceiro	28,5%		4.608	4.608	5.961	6.199	6.199	11.478	6.639	6.639	6.639	6.639	6.639	6.639	78.885
FGTS sobre Remunerações	8,0%		17.301	17.305	21.757	22.541	22.545	23.568	24.000	24.004	24.008	24.013	24.017	24.022	269.081
FGTS sobre Férias	8,0%		1.724	1.724	2.231	2.319	2.319	4.295	2.484	2.484	2.484	2.484	2.484	2.484	29.517
FGTS sobre Décimo Terceiro	8,0%		1.293	1.293	1.673	1.740	1.740	3.222	1.864	1.864	1.864	1.864	1.864	1.864	22.143
Encargos Espontâneos			56.503	53.023	76.496	77.986	80.621	78.428	80.625	82.320	78.931	80.625	78.931	82.320	906.809
Alimentação	15,00		13.200	11.400	19.058	18.522	19.404	17.640	18.522	19.404	17.640	18.522	17.640	19.404	210.356
Transporte	12,00		10.560	9.120	14.520	14.959	15.671	14.246	14.959	15.671	14.246	14.959	14.246	15.671	168.828
Assistência Médica	80,00		9.600	9.600	13.200	13.440	14.381	14.381	14.381	14.381	14.381	14.381	14.381	14.381	160.886
Seguro de vida	30,00	3	1.200	1.200	1.650	1.680	1.680	1.680	1.680	1.680	1.680	1.680	1.680	1.680	19.170
Cesta Básica	60,00		2.400	2.400	3.300	3.360	3.360	3.360	3.360	3.360	3.360	3.360	3.360	3.360	38.340
Estacionamento	20,00		1.760	1.520	1.760	2.100	2.200	2.100	2.100	2.200	2.000	2.100	2.000	2.200	23.940
Previdência Privada	10,0%		17.783	17.783	23.008	23.925	23.925	25.121	25.624	25.624	25.624	25.624	25.624	25.624	285.288
Custo Total de Pessoal			440.506	437.095	551.649	569.176	571.882	646.509	602.159	603.927	600.612	602.381	600.762	604.227	6.830.885
Percentual de Encargos			96,77%	95,21%	97,33%	96,70%	97,60%	113,67%	95,42%	95,96%	94,85%	95,39%	94,83%	95,92%	97,52%

- O índice de 1,3333 é o encargo adicional para pagamento das verbas de férias e é utilizado em conjunto com o índice 0,9167 de 11 salários mensais para fins de cálculo dos duodécimos de previsão de férias.

- O índice de 0,0833 é a divisão de 1 mês/12 meses e é utilizado em conjunto com o índice 0,9167 de 11 salários mensais para fins de cálculo dos duodécimos de previsão de décimo terceiro.

- O índice de 1,5 de PLR – Participação dos Lucros ou Resultados deve constar das premissas orçamentárias e foi aplicado sobre os salários.

- O percentual de 28,5% é o conjunto das alíquotas mais comuns de INSS sobre as verbas salariais, que inclui o Sistema S e o seguro acidente de trabalho.

- O percentual de 8,0% de FGTS é aplicável também sobre as verbas salariais.

- Os dados de $ 15,00 e $ 12,00 de gastos com alimentação e transporte representam o valor diário que deve ser aplicado sobre a quantidade de funcionários e dias úteis.

- Os dados de $ 80,00, $ 30,00, $ 60,00 e $ 20,00 representam o valor mensal que é pago de assistência médica, seguro de vida, cesta básica e estacionamento a cada funcionário.

- O número 3 ao lado de assistência médica representa o número de beneficiários por família também pago pela empresa.

- O percentual de 10,0% representa a parte da empresa no plano de previdência privada dos funcionários a ser pago sobre os salários nominais, conforme as premissas orçamentárias.

Outro aspecto prático importante é com relação à provisão mensal do 1/12 de férias e do décimo terceiro, cujo pagamento não ocorre necessariamente ao longo dos meses. As férias podem ser gozadas em até dois anos a partir do direito adquirido e o décimo terceiro é pago no final do ano.

Como em nosso país temos o acordo coletivo anual que normalmente reajusta o valor dos salários, os sistemas de informação de folha de pagamento existentes têm de recalcular o valor das férias, décimo terceiro e seus respectivos encargos, que foram provisionados nos meses anteriores ao da incidência do reajuste salarial do acordo coletivo.

No exemplo considerado, verificamos que o acordo coletivo é no mês de junho de 6%. Dessa maneira, no mês de junho, além do 1/12 desse mês já estar calculado com base nos novos salários, há a adição das diferenças dos valores recalculados dos 1/12 de janeiro a maio com os novos salários, sobre os valores dos cinco 1/12 calculados com os salários sem o aumento do acordo coletivo.

Apêndice: Apuração da tendência ou inclinação da reta dos custos semifixos e semivariáveis

Para se descobrir a inclinação da reta dos custos semivariáveis, bem como a parcela fixa e a parcela variável dos custos semifixos, utilizam-se como ferramental básico os modelos de métodos quantitativos de análise de tendência e regressão linear, incluindo o método dos mínimos quadrados.

A análise de tendência de crescimento ou decréscimo de longo prazo pode ser utilizada quando essas evoluções parecem seguir uma tendência linear. Com a variável X representando o mês ou a variável independente (produção, vendas etc.), e a variável Y representando os gastos semivariáveis e semifixos, podem-se obter a parcela fixa e a parcela variável de cada gasto, em relação à variável independente escolhida. A equação é:

$$Y = a + bX$$

As fórmulas para obter as incógnitas a e b são as seguintes:

$$b = \frac{\Sigma XY - n\overline{X}\overline{Y}}{\Sigma X^2 - nX^2}$$

$$a = Y - b\overline{X}$$

onde b representa a parcela variável e a representa a parcela fixa. A multiplicação de b pela variável independente escolhida dá a parcela do gasto variável total. Somando com a parcela fixa, temos o gasto total.

Na tabela que segue, apresentamos um exemplo, em que relacionamos um gasto semivariável – despesas de manutenção – considerado como variável dependente, com a quantidade produzida, considerada a variável independente. Os cálculos e a obtenção dos valores são apresentados em seguida.

Mês	Variável		Cálculos	
	X – Independente Produção em quantidade	Y – Dependente Gastos com manutenção – $	X2	XY
Janeiro	3.720	36.740	13.838.400	136.672.800
Fevereiro	3.840	37.280	14.745.600	143.155.200
Março	4.340	39.530	18.835.600	171.560.200
Abril	4.500	40.250	20.250.000	181.125.000
Maio	4.200	38.900	17.640.000	163.380.000
Junho	4.480	40.160	20.070.400	179.916.800
Soma	25.080	232.860	105.380.000	975.810.000
Média	4.180	38.810		

$$b = \frac{975.810.000 \ (-) \ (6 \times 4.180 \times 38.810)}{105.380.000 \ (-) \ (6 \times 4.180 \times 4.180)}$$

$$b = \frac{975.810.000 \ (-) \ 973.354.800}{105.380.000 \ (-) \ 104.834.400}$$

$$b = \frac{2.455.200}{545.600}$$

$$b = \$\ 4,50$$

$$a = 38.810 \ (-) \ (4,5 \times 4.180)$$

$$a = 38.810 \ (-) \ 18.810$$

$$a = \$\ 20.000$$

Neste exemplo, a parte fixa do gasto de manutenção corresponde a $ 20.000 por mês. A parcela variável é de $ 4,50 para cada unidade produzida. Com esses dados, podemos elaborar projeções, dentro da premissa de que as observações desses seis meses sejam representativas e com bom grau de confiabilidade para estimativas futuras.

Utilizando os dados obtidos, e estimando que no próximo mês de julho a quantidade produzida será de 4.600 unidades, os gastos de manutenção deveriam ser:

$$Y = \$\ 20.000 + (\$\ 4,50 \times 4.600)$$
$$Y = \$\ 20.000 + \$\ 20.700$$
$$Y = \$\ 40.700$$

Questões e exercícios

1. Coloque nos espaços em branco as letras que correspondem a cada conceito de comportamento de custo para orçamentação.

   a) Custo relacionado diretamente com
      o volume de produção ou venda   _____Custo Discricionário
   b) Custo ligado à utilização do
      parque fabril e não evitável   _____Custo Variável
   c) Custo relacionado com o volume de produção
      e venda não totalmente proporcional   _____Custo Estruturado
   d) Custo que pode ser administrado e
      com dotação orçamentária   _____Custo Semivariável
   e) Custo relacionado com outra atividade
      física que não produção ou venda   _____Custo Comprometido

2. Tendo como referência a empresa em que trabalha ou outra empresa conhecida, verifique qual o conceito adotado de controlabilidade das despesas departamentais e se há rateios de despesas nos centros de custos.

3. Tomando como referência a empresa em que trabalha ou outra empresa conhecida, elabore um quadro de premissas a serem aplicadas para as seguintes despesas, partindo da hipótese da execução de um plano orçamentário para o próximo ano:

   a) despesas com mão de obra;
   b) percentual de encargos sociais estimados;
   c) despesas com energia elétrica;
   d) despesas com telefonia e telecomunicações;
   e) aluguéis imobiliários;
   f) aumento de combustíveis para frota interna;
   g) serviços terceirizados de limpeza.

4. Elabore o orçamento de mão de obra de cada departamento, considerando os dados atuais e as premissas listadas a seguir.

Dados atuais para 1 mês

	Depto. Industrial	Depto. Administrativo	Depto. Comercial
Mão de Obra Direta	80.000	–	–
Mão de Obra Indireta	20.000	13.500	30.000
Horas Extras Diretas	3.200	–	–
Prêmios de Venda	–	–	9.000
Encargos Sociais	92.880	12.150	35.100
Soma	196.080	25.650	74.100
Homens Diretos	100	–	–
Homens Indiretos	20	15	25

Premissas para o orçamento para o próximo ano

a) Horas/Ano/Funcionário Direto = 1.900 horas

b) Horas trabalhadas ano anterior
   Para 4.860 unidades do Produto A –   97.200 h (4.860 unid. x 20 horas)
   Para 2.000 unidades do Produto B –   70.000 h (2.000 unid. x 35 horas)
   Para itens de reposição   22.800 h
   Total   190.000 h

c) O programa de produção (que é igual ao de vendas) aumentará em 10% para o Produto A e em 15% para o Produto B, já que itens de reposição sobem proporcionalmente.

d) MOD aumentará proporcionalmente à necessidade do programa de produção a partir de janeiro.

e) MOI industrial: haverá contratação de três homens a partir de abril com salário médio maior em 20%.
f) Horas extras diminuirão em 50%.
g) Encargos Sociais aumentarão dois pontos percentuais (incidem sobre Salários + Horas Extras + Prêmio de Vendas).
h) Acordo coletivo de 6% a partir de maio.
i) Política de aumentos de mérito estimados em 1% nos meses de abril, julho e outubro.
j) Dias trabalhados em janeiro = 15 dias; dezembro = 15 dias.
k) Prêmios de vendas aumentarão proporcionalmente ao aumento das vendas.

5. Elabore o orçamento de despesas gerais de cada departamento, considerando os dados atuais e as premissas listadas a seguir.

Dados atuais para 1 mês

	Depto. industrial	Depto. administrativo	Depto. comercial
Materiais indiretos	15.000	–	–
Materiais de expediente	5.000	2.000	3.000
Energia elétrica	10.000	–	–
Serviços de terceiros	5.000	–	6.000
Comunicações	–	7.000	–
Comissões	–	–	6.000
Soma	**35.000**	**9.000**	**15.000**

Premissas para o orçamento para o próximo ano

a) Materiais Indiretos e Energia Elétrica devem subir metade do aumento ocorrido na produção, conforme observado no exercício anterior.
b) Materiais de Expediente subirão 20% do aumento da produção.
c) Serviços de Terceiros são fixos, com aumento de preços previsto para maio de 5%.
d) Comunicações – 40% do aumento da produção.
e) Comissões – proporcional ao aumento de produção do Produto B.

6. Análise de regressão linear simples para estimativas do comportamento de custos. Desejando-se saber o comportamento atual dos gastos com energia elétrica, fez-se o seguinte levantamento de dados, buscando encontrar fundamentos para uma previsão orçamentária de tal custo. Os dados a seguir foram coletados da contabilidade de despesas da empresa, e os valores estão expressos em moeda de poder aquisitivo constante. O consumo de energia elétrica tem uma dependência da quantidade produzida. Vejamos os dados:

	Gastos com energia elétrica	Quantidade produzida	
Ano 1	$ 294.500	8.940.300	kg
Ano 2	283.000	8.500.000	kg
Ano 3	318.000	9.414.000	kg
Ano 4	346.000	10.405.800	kg
Ano 5	330.000	9.910.500	kg
Ano 6	359.000	10.801.050	kg
Ano 7	359.000	11.174.200	kg
Ano 8	369.000	11.510.500	kg

Sabe-se que o consumo de energia elétrica tem um componente fixo e outro variável. Dessa forma:

a) faça o diagrama de dispersão (gráfico) com os dados levantados;

b) calcule os componentes a e b da reta de regressão (a parte fixa e o componente variável);

c) faça o ajustamento dos dados reais e construa a reta teórica;

d) verifique a confiabilidade da reta teórica por meio dos coeficientes de determinação e correlação;

e) utilize as variáveis a e b já calculadas, projete qual deverá ser o consumo de energia elétrica para os próximos dois anos, quando a produção está estimada em 12.000.000 kg e 12.400.000 kg, respectivamente.

Capítulo 7

Orçamento de investimentos e financiamentos

Este segmento do plano orçamentário tem por finalidade fazer a orçamentação dos demais componentes do balanço patrimonial e da demonstração de resultados, que não foram contemplados no orçamento operacional. Na abordagem da teoria de finanças, refere-se ao orçamento dos elementos não operacionais da demonstração de resultados.

O enfoque básico é elaborar o orçamento dos gastos previstos com investimentos que serão ativados como investimentos, imobilizados e intangíveis, bem como dos financiamentos necessários para fazer face à necessidade de fundos para sua aquisição.

Uma característica desses orçamentos é que sua elaboração e sua análise tendem a ficar restritas às áreas de Finanças e Controladoria, além da cúpula diretiva da companhia. Outra característica é que eles exigem poucas peças orçamentárias e, portanto, seus números são de mais fácil obtenção.

7.1 Os segmentos do plano orçamentário nos demonstrativos contábeis básicos

A base da segmentação do plano orçamentário segue a lógica da estrutura dos demonstrativos contábeis básicos, a demonstração de resultados e o balanço patrimonial. Apresentamos nos quadros a seguir a indicação de cada linha dos demonstrativos contábeis e em qual segmento do plano orçamentário os itens são trabalhados.

Na demonstração de resultados, fica evidente que o orçamento operacional é responsável pela maior parte de seus elementos. Da Receita Operacional Bruta até a rubrica Lucro Operacional, todos os componentes da demonstração de resultados fazem parte do orçamento operacional. O orçamento de investimentos inclui apenas os Resultados Não Operacionais. O orçamento de financiamentos inclui o orçamento das despesas financeiras e das receitas financeiras que não estão vinculadas às aplicações financeiras.

Os demais itens são obtidos pelo orçamento de caixa, que, em nosso trabalho, denominamos projeção dos demonstrativos contábeis. Quando falamos que alguns elementos são orçados no orçamento de caixa, queremos dizer que esse é um método mais prático de fazer o orçamento de tais itens que, normalmente, se caracterizam por ter seus dados obtidos após a conclusão de outros orçamentos. Assim, só é possível obtê-los com um grau razoável de acurácia ao fecharmos as projeções dos demonstrativos contábeis, que são interligados. O exemplo mais significativo é o das Receitas Financeiras decorrentes das Disponibilidades (Aplicações Financeiras). Só é possível identificar essa receita com o fechamento, em conjunto, do balanço patrimonial e da demonstração de resultados, como mostraremos no próximo capítulo.

Tabela 7.1 – Demonstração dos resultados e segmentos do plano orçamentário

DEMONSTRAÇÃO DE RESULTADOS	Segmento do Plano Orçamentário
RECEITA OPERACIONAL BRUTA II	Orçamento Operacional
(–) Impostos sobre Vendas IPI – ISS	Orçamento Operacional
RECEITA OPERACIONAL BRUTA I	Orçamento Operacional
(–) Imp. das Vendas – ICMS – PIS – Cofins	Orçamento Operacional
RECEITA OPERACIONAL LÍQUIDA	Orçamento Operacional
CUSTO DOS PRODUTOS VENDIDOS	Orçamento Operacional
- Materiais Diretos	Orçamento Operacional
- Materiais Indiretos	Orçamento Operacional
Consumo de Materiais Total	Orçamento Operacional
Mão de Obra Direta	Orçamento Operacional
Mão de Obra Indireta	Orçamento Operacional
Despesas Gerais	Orçamento Operacional
Depreciação	Orçamento Operacional
(+/–) Variação dos Estoques Industriais	Orçamento Operacional
LUCRO BRUTO	Orçamento Operacional
DESPESAS OPERACIONAIS	Orçamento Operacional
Comerciais	Orçamento Operacional
- Mão de Obra	Orçamento Operacional
- Despesas	Orçamento Operacional
- Provisão Devedores Duvidosos	Orçamento Operacional
Administrativas	Orçamento Operacional
- Mão de Obra	Orçamento Operacional
- Despesas	Orçamento Operacional
- Depreciação	Orçamento Operacional
LUCRO OPERACIONAL I	Orçamento Operacional
Receitas Financeiras de Aplicações	Orçamento de Caixa*
Outras Receitas Financeiras	Orçamento de Financiamentos
Despesas Financeiras	Orçamento de Financiamentos
Equivalência Patrimonial	Orçamento de Caixa*
LUCRO OPERACIONAL II	
Outras Receitas e Despesas	Orçamento de Investimentos
- Valor de Venda de Imobilizados	Orçamento de Investimentos
- (–) Valor da Baixa de Imobilizados	Orçamento de Investimentos

(continua)

Tabela 7.1 – Demonstração dos resultados e segmentos do plano orçamentário (continuação)

DEMONSTRAÇÃO DE RESULTADOS	Segmento do Plano Orçamentário
LUCRO ANTES DOS IMPOSTOS	
Impostos sobre o Lucro	Orçamento de Caixa
LUCRO LÍQUIDO DEPOIS DO IMPOSTO DE RENDA	
(—) Dividendos Propostos	Orçamento de Caixa
LUCRO DO PERÍODO RETIDO	

* Projeção dos Demonstrativos Contábeis.

Tabela 7.2 – Balanço patrimonial e segmentos do plano orçamentário

BALANÇO PATRIMONIAL	Segmento do Plano Orçamentário
ATIVO CIRCULANTE	
Caixa/Bancos	Orçamento de Caixa*
Aplicações Financeiras	Orçamento de Caixa
Contas a Receber de Clientes	Orçamento Operacional
(—) Provisão Devedores Duvidosos	Orçamento Operacional
(—) Títulos Descontados	Orçamento Operacional
· Contas a Receber – Líquido	Orçamento Operacional
Estoques	Orçamento Operacional
·· De Materiais – Bruto	Orçamento Operacional
·· (—) Provisão Retificadora	Orçamento Operacional
· De Materiais – Líquido	Orçamento Operacional
· Em Processo	Orçamento Operacional
· Acabados	Orçamento Operacional
· Adiantamentos a Fornecedores	Orçamento de Caixa
Impostos a Recuperar	Orçamento de Caixa
Despesas do Exercício Seguinte	Orçamento de Caixa
ATIVO NÃO CIRCULANTE	
Realizável a Longo Prazo	Orçamento de Caixa
Depósitos Judiciais	Orçamento de Caixa
Incentivos Fiscais	Orçamento de Caixa
Investimentos em Controladas	Orçamento de Investimentos
· Imobilizado Bruto	Orçamento de Investimentos
· Terrenos	Orçamento de Investimentos
· Reavaliação de Terrenos	Orçamento de Investimentos
· Outros Imobilizados	Orçamento de Investimentos
· (—) Depreciação Acumulada	Orçamento de Investimentos
Imobilizado Líquido	Orçamento de Investimentos
Intangível	Orçamento de Investimentos

(continua)

Tabela 7.2 – Balanço patrimonial e segmentos do plano orçamentário (continuação)

BALANÇO PATRIMONIAL	Segmento do Plano Orçamentário
ATIVO TOTAL	
PASSIVO CIRCULANTE	
Fornecedores	Orçamento Operacional
Salários e Encargos a Pagar	Orçamento de Caixa
Contas a Pagar	Orçamento de Caixa
Impostos a Recolher – sobre Mercadorias	Orçamento Operacional
Impostos a Recolher – sobre Lucros	Orçamento de Caixa
Adiantamento de Clientes	Orçamento de Caixa
Empréstimos	Orçamento de Financiamentos
Dividendos a Pagar	Orçamento de Caixa
PASSIVO NÃO CIRCULANTE	
EXIGÍVEL NO LONGO PRAZO	
Financiamentos	Orçamento de Financiamentos
PATRIMÔNIO LÍQUIDO	
Capital Social	Orçamento de Financiamentos
Reservas de Capital	Orçamento de Caixa
Reservas de Reavaliação	Orçamento de Caixa
Reservas de Lucros/Lucros Acumulados	Orçamento de Caixa
Lucro do Período	Orçamento de Caixa
PASSIVO TOTAL	

* Projeção dos Demonstrativos Contábeis.

Os principais itens operacionais do balanço patrimonial devem ser orçados juntamente com as peças orçamentárias que lhes dão origem. É o caso de estoques, duplicatas a receber dos clientes, duplicatas a pagar a fornecedores, adiantamentos e impostos a recolher ou a recuperar sobre vendas. Eventuais impostos a recuperar de impostos sobre o lucro deverão ser objeto de orçamento no fechamento das projeções dos demonstrativos contábeis.

O orçamento de investimentos liga-se com o Ativo Permanente. O Realizável no Longo Prazo pode ser tanto localizado no orçamento de investimentos, se for relevante, como deixado como um item da projeção, se não for significativo.

As entradas e saídas de capital e os financiamentos são objeto do orçamento de financiamentos. Os demais itens são mais facilmente trabalhados no fechamento das projeções, ou orçamento de caixa, como é denominado mais comumente. Alguns itens operacionais, se não forem relevantes, também poderão ser trabalhados no fechamento das projeções.

7.2 Orçamento de investimentos

Essa peça orçamentária não se liga apenas aos planos de curto prazo. Parte dos investimentos necessários para o próximo exercício é fruto dos planos operacionais que decorrem do planejamento estratégico. Exemplificando, os investimentos necessários para suportar os projetos de investimentos em novos produtos, em novas plantas ou em novos canais de distribuição serão gastos efetuados no próximo período, mas que, provavelmente, serão para produtos e atividades a serem produzidos em exercícios futuros e que resultam de decisões do passado.

Essa é uma das razões pelas quais esse orçamento não está ligado intrinsecamente ao orçamento operacional, porém mais ligado aos planos operacionais e estratégicos, e também por que as suas peças orçamentárias ficam restritas à alta administração da empresa.

É óbvio que, em um modelo de gestão empresarial no qual a responsabilidade dos investimentos é delegada ao responsável pelo centro de investimento ou unidade de negócio, este é que deverá elaborar as peças orçamentárias.

O orçamento de investimentos compreende, portanto, os investimentos dos planos operacionais já deflagrados no passado e em execução no período orçamentário, bem como aqueles necessários detectados para o período em curso. Exemplos desses investimentos definidos em horizonte de curto prazo, e não ligados necessariamente a planos operacionais maiores, são os investimentos para manutenção e reformas de equipamentos operacionais, reformas de obras civis, troca de máquinas da atual estrutura de operações, aquisição de equipamentos menores como computadores, *softwares*, móveis, veículos etc.

Análise das alternativas de investimentos

É condição intrínseca do orçamento de investimentos a aplicação das técnicas de análise de alternativas de investimentos e rentabilidade de projetos. Cada investimento ou plano de investimento a ser feito será objeto de um estudo específico de sua rentabilidade e das alternativas possíveis. Os principais critérios são abordados no Apêndice 1 deste capítulo.

Finalidades e principais orçamentos de investimentos

Em princípio, todos os elementos do Ativo Permanente deverão ser atendidos por uma peça orçamentária. A finalidade desses orçamentos, além de serem um dado natural para o orçamento de caixa, é também complementar o orçamento das depreciações por centro de custo (já apresentado no Capítulo 6), bem como dar subsídios para o orçamento de financiamentos.

É sua parte integrante a previsão dos desinvestimentos. Os desinvestimentos – vendas ou disponibilização de ativos permanentes – podem acontecer de forma natural, por troca ou renovação tecnológica, ou podem fazer parte de planos originais de investimentos, como elementos para reduzir a necessidade de investimento financeiro.

Podemos, então, ter as seguintes peças orçamentárias:

1. Orçamento de aquisição de investimentos em outras empresas.
2. Orçamento de venda de investimentos em outras empresas.
3. Orçamento de aquisição de imobilizados.
4. Orçamento de venda de imobilizados.
5. Orçamento de despesas geradoras de intangíveis.
6. Orçamento de baixa de intangíveis.
7. Orçamento de depreciações, exaustões e amortizações das novas aquisições e baixas.

Exemplo

Apresentamos a seguir, na Tabela 7.3, um exemplo de orçamento de investimentos. No nosso exemplo, bastante simples, limitaremo-nos a investimentos em imobilizados. Lembramos que a depreciação desses novos imobilizados já constou no orçamento de despesas gerais por centro de custo.

Tabela 7.3 – Orçamento de investimentos – imobilizados

Discriminação	Janeiro	Fevereiro	Março	Abril	Maio	Junho	Julho	Agosto	Setembro	Outubro	Novembro	Dezembro	Total
Unidade Fabril X	0	0	0	0	0	500.000	0	0	0	0	0	0	500.000
Administração	0	0	0	0	0	200.000	0	0	0	0	0	0	200.000
Total Geral	0	0	0	0	0	700.000	0	0	0	0	0	0	700.000

Subsistema de informação para orçamento de investimentos[1]

Para muitas empresas, o orçamento de investimentos reveste-se de grande envergadura e complexidade, em razão do porte da organização e da complexidade de suas operações. Assim, quando essa situação se verifica, é necessário estruturar um subsistema de informação orçamentário específico para o planejamento e orçamento de investimentos.

Esse sistema exige a elaboração de uma norma de procedimentos específica, em que devem constar os níveis de autoridade, de valor, informações e justificativas

---

[1] Com base em: PADOVEZE, Clóvis Luís. *Sistemas de informações contábeis*. 7. ed., São Paulo: Atlas, 2015.

necessárias etc., dentro de uma estrutura de *workflow*.² A Figura 7.1 mostra como esse subsistema deve ser estruturado.

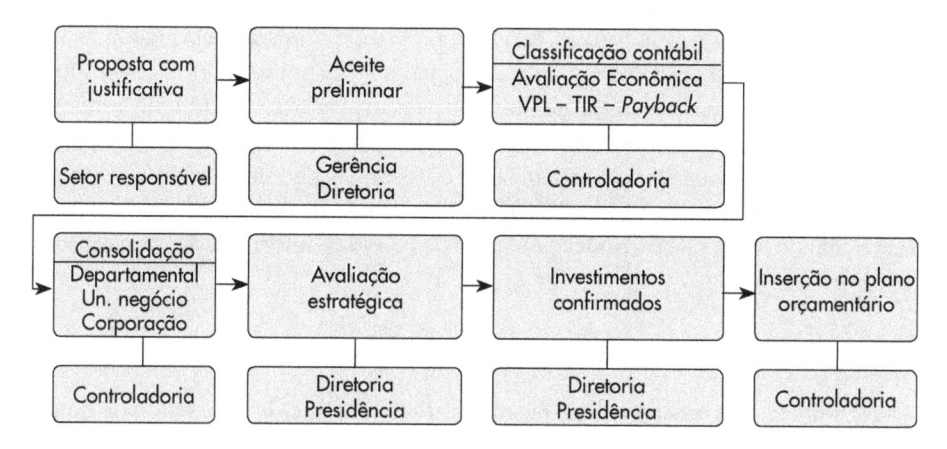

Figura 7.1 – Subsistema de informação para orçamento de investimentos – fluxo do sistema de informações.

O fluxo do sistema inicia-se com a solicitação de um funcionário que tem autorização no sistema para fazer a proposta de solicitação de aquisição ou gastos para um investimento. Nesse momento, em razão do valor, do tipo de investimento etc., a norma prevê se deverá haver uma justificativa econômica ou simplesmente uma justificativa qualitativa.

Em seguida, por meio do *workflow*, a proposta segue para aprovação preliminar do gestor hierarquicamente superior. A próxima etapa, fundamental e de responsabilidade da Contabilidade ou Controladoria, é a classificação contábil, uma vez que determinados investimentos poderão ser considerados despesas e não serem ativados, como reformas, manutenções, bens de pequeno valor etc. Nessa mesma etapa, o setor de Contabilidade ou Controladoria fará a verificação da avaliação econômica, se foi feita de forma adequada.

Em seguida, o sistema emite relatórios consolidadores, para indicar e classificar as propostas feitas pelas diversas áreas da empresa, para a etapa seguinte, a avaliação estratégica, uma vez que nem todas as propostas de investimentos serão aceitas pela diretoria ou presidência da empresa.

A etapa final, a mais simples, é a inserção no plano orçamentário dos investimentos aprovados e confirmados, finalizando o processo para aquele período orçamentário.

---

² *Workflow*: sistema de gerenciamento e distribuição de informações de forma eletrônica de um processo dentro da organização.

7.3 Orçamento de financiamentos

Tem por finalidade orçar tudo que é relacionado com a área de obtenção de fundos, os gastos para manutenção desses fundos, bem como os pagamentos previstos.

A obtenção dos novos fundos, fundamentalmente, deveria estar ligada às necessidades de investimentos em ativos permanentes. Contudo, outras necessidades de fundos podem ocorrer, como fundos para prover necessidades de aumento de capital de giro, programas estratégicos de propaganda, instalação ou atualização dos canais de distribuição, atualização de sistemas de informação, introdução de novas tecnologias de informação necessárias, projetos de reestruturações organizacionais, fusões, reestruturação do perfil das dívidas, reformulação da estrutura de capital etc.

Principais orçamentos e informações necessárias

As seguintes peças orçamentárias fazem parte do conjunto do orçamento de financiamentos:

1. Orçamento dos novos financiamentos ou fontes de fundos, suas despesas financeiras e desembolsos.
2. Orçamento das despesas financeiras e desembolsos dos financiamentos já existentes.
3. Orçamento de outras despesas financeiras.
4. Orçamento de outras receitas financeiras.

Para a correta elaboração dessas peças orçamentárias, principalmente as relacionadas com os financiamentos, há necessidade da identificação e coleta de todas as informações que permitam o adequado cálculo para o orçamento.

Em linhas gerais, as informações necessárias para a elaboração do orçamento para todos os financiamentos existentes ou previstos são as seguintes:

- tipo de financiamento e sua moeda de origem;
- indexador contratual, se houver;
- taxa de juros;
- *spread* e comissões bancárias;
- impostos incidentes (IOF, IOC, IRRF – imposto sobre operações financeiras, imposto sobre operações de câmbio, imposto de renda retido na fonte sobre remessas ao exterior);
- prazos de carência e cronograma de amortização do principal e dos juros.

Normalmente, há a necessidade de um sistema de informação que apoie esse orçamento. É o Sistema de Informação de Financiamentos, de responsabilidade do setor de Tesouraria. O mais usual também é o formato de planilha para cada empréstimo, com uma totalização para fins orçamentários.

As taxas de moeda estrangeira, previsão de taxas externas (Libor, Prime Rate), taxas internas (TJLP, Copom, TR, IGPM) a serem utilizadas nos orçamentos são as que constam na tabela de premissas orçamentárias gerais, apresentadas no Capítulo 3 (Tabela 3.10).

Orçamento de novos financiamentos

As necessidades de investimentos podem ser financiadas de várias maneiras. A mais comum é a obtenção de financiamentos, sejam eles de origem nacional, sejam do exterior em moeda estrangeira. A empresa, outrossim, pode utilizar outras formas de financiamento, como a entrada de capital próprio dos acionistas, ou o levantamento de fundos em forma *project finance* e uma composição de origens. Assim, podemos resumir as três fontes de fundos mais comuns para financiamento das necessidades de investimentos:

- financiamentos, em moeda nacional ou estrangeira;
- recursos aportados pelos donos do capital (sócios e acionistas);
- debêntures conversíveis ou não conversíveis em ações.

Nosso exemplo contempla apenas novos fundos provenientes de novos financiamentos. Assumimos um exemplo do tipo moeda estrangeira, que apresentamos na Tabela 7.4.

Apresentamos o quadro orçamentário no formato de planilha de empréstimo, bem como colocamos todas as informações necessárias para o cálculo e seu entendimento. Além do cálculo dos juros e outros encargos financeiros, que fazem o conjunto das despesas financeiras com os financiamentos, também o orçamento de financiamentos já deve contemplar os saldos mensais previstos para todos os meses do período orçamentário.

Orçamento dos financiamentos existentes

O procedimento é o mesmo, só que os saldos não partem das necessidades de investimentos atuais, mas do saldo do balanço inicial do período orçamentado. Na Tabela 7.5, procuramos exemplificar financiamentos em moeda nacional, seguindo o mesmo formato anterior.

Orçamento total de financiamentos

A seguir apresentamos, na Tabela 7.6, um resumo de todos os orçamentos de financiamentos, considerando apenas os valores das despesas financeiras e seu conjunto, evidenciando a movimentação geral desses elementos patrimoniais.

Tabela 7.4 – Orçamento de novos financiamentos

		Janeiro	Fevereiro	Março	Abril	Maio	Junho	Julho	Agosto	Setembro	Outubro	Novembro	Dezembro	Total
Saldo Inicial – Moeda Estrangeira US$		0	0	0	0	0	560.000	560.000	572.825	585.622	590.161	603.347	616.576	
Carência – 6 meses														
Prazo – 5 anos														
Amortização – Semestral														
Indexação – US$ – Taxas Previstas		3,23	3,25	3,25	3,28	3,28	3,30	3,35	3,40	3,40	3,45	3,50	3,50	3,50
Variação Cambial		0,00	0,00	0,00	0,00	0,00	0,00	8.485	8.358	0	8.612	8.553	0	34.008
Juros – 6% a.a.	0,0050 a.m.	0	0	0	0	0	0	2.800	2.864	2.928	2.951	3.017	3.083	17.643
Spread – 20%	0,0010 a.m.							560	573	586	590	603	617	3.529
IOF/IOC	0,0010							560	573	586	590	603	617	3.529
IRRF – 15% sobre juros	0,1500							420	430	439	443	453	462	2.646
Despesas Financeiras Totais		0	0	0	0	0	0	12.825	12.798	4.539	13.186	13.229	4.778	61.354
Amortizações		0	0	0	0	0	0	0	0	0	0	0	61.658	0
Saldo Final		0	0	0	0	0	560.000	572.825	585.622	590.161	603.347	616.576	559.697	61.658

Orçamento de investimentos e financiamentos 187

Tabela 7.5 – Orçamento de financiamentos existentes

	Janeiro	Fevereiro	Março	Abril	Maio	Junho	Julho	Agosto	Setembro	Outubro	Novembro	Dezembro	Total
Saldo Inicial – Moeda Nacional	6.000.000	5.998.790	5.997.580	5.996.371	5.995.161	5.993.952	5.992.744	5.984.404	5.976.075	5.967.759	5.959.454	5.951.160	
Carência – 0 mês													
Prazo – 5 anos													
Amortização – Mensal													
Indexação – TJLP – Taxas													
Mensais Previstas %	0,60	0,60	0,60	0,60	0,60	0,60	0,50	0,50	0,50	0,50	0,50	0,50	
Juros	36.000	35.993	35.985	35.978	35.971	35.964	29.964	29.922	29.880	29.839	29.797	29.756	395.049
Spread – 20% 0,2000 a. m.	7.200	7.199	7.197	7.196	7.194	7.193	5.993	5.984	5.976	5.968	5.959	5.951	79.010
IOF/IOC 0,0010	6.000	5.999	5.998	5.996	5.995	5.994	5.993	5.984	5.976	5.968	5.959	5.951	71.813
Despesas Financeiras Totais	49.200	49.190	49.180	49.170	49.160	49.150	41.949	41.891	41.833	41.774	41.716	41.658	545.872
Amortizações	50.410	50.400	50.390	50.380	50.369	50.359	50.289	50.219	50.149	50.079	50.010	49.940	602.994
Saldo Final	5.998.790	5.997.580	5.996.371	5.995.161	5.993.952	5.992.744	5.984.404	5.976.075	5.967.759	5.959.454	5.951.160	5.942.878	

Orçamento de outras despesas financeiras

Além das despesas financeiras com os financiamentos e empréstimos, a empresa também incorre em outros gastos financeiros que não são oriundos especificamente dos financiamentos. São gastos necessários para as atividades normais junto aos estabelecimentos bancários, decorrentes de outras operações financeiras ou serviços prestados pelos bancos, ou despesas financeiras marginais a outras operações e que, normalmente, são consideradas como despesas financeiras pela contabilidade.

Esses gastos devem ser orçados da melhor forma possível. A observação do passado, sua tendência, os valores absolutos e a verificação de se há ou não sazonalidades são elementos importantes para o processo de orçamentação dos gastos. O apoio das áreas de tesouraria, contas a receber e a pagar é muito importante para a elaboração dessa peça orçamentária.

A Tabela 7.7 apresenta um exemplo desse orçamento, incorporando os tipos de despesas mais frequentes e que devem merecer contas específicas no sistema de contabilidade. Ressaltamos que esses gastos, apesar da nomenclatura financeira, devem ser considerados como gastos das atividades operacionais da empresa, pois, na realidade, são resíduos financeiros de transações de compra e venda, impostos ou serviços bancários. As despesas bancárias de cobrança e com serviços bancários são claramente despesas operacionais e não despesas financeiras, pois referem-se à prestação de serviços dos bancos para a empresa. Em nosso entendimento, a melhor classificação dessas despesas é como despesas departamentais, de responsabilidade do departamento financeiro da empresa.

Orçamento de outras receitas financeiras

As receitas financeiras com excedentes de caixa (aplicações financeiras) só podem ser calculadas após o orçamento de caixa ou a demonstração do balanço final e demonstração de resultados, razão pela qual serão objeto do Capítulo 9.

Contudo, existem outras receitas eventuais caracterizadas também como receitas financeiras. Essa peça orçamentária segue o mesmo raciocínio que a anterior. São outras receitas financeiras, não ligadas a aplicações financeiras dos excedentes de caixa, e que decorrem de outras operações mas lhe são marginais. A Tabela 7.8 apresenta um exemplo dessas receitas. Como também verificamos no orçamento de outras despesas financeiras, elas devem ser consideradas como decorrentes das atividades operacionais, pois são resíduos financeiros das transações de compra e venda, de outros créditos e impostos.

Orçamento de investimentos e financiamentos 189

Tabela 7.6 – Orçamento total dos financiamentos

	Janeiro	Fevereiro	Março	Abril	Maio	Junho	Julho	Agosto	Setembro	Outubro	Novembro	Dezembro	Total
Saldo Inicial	6.000.000	5.998.790	5.997.580	5.996.371	5.995.161	5.993.952	6.552.744	6.557.229	6.561.698	6.557.920	6.562.800	6.567.736	6.000.000
Novos Financiamentos						560.000							560.000
Despesas Financeiras Totais	49.200	49.190	49.180	49.170	49.160	49.150	54.774	54.688	46.371	54.960	54.945	46.437	607.227
Amortizações	50.410	50.400	50.390	50.380	50.369	50.359	50.289	50.219	50.149	50.079	50.010	111.598	664.652
Saldo Final	5.998.790	5.997.580	5.996.371	5.995.161	5.993.952	6.552.744	6.557.229	6.561.698	6.557.920	6.562.800	6.567.736	6.502.575	6.502.575
- Curto Prazo	1.220.093	1.240.879	1.262.394	1.284.677	1.307.771	1.387.721	1.469.524	1.496.219	1.522.211	1.550.938	1.580.742	1.653.629	
- Longo Prazo	4.778.697	4.756.702	4.733.977	4.710.484	4.686.181	5.165.023	5.087.704	5.065.479	5.035.709	5.011.862	4.986.994	4.848.946	

Tabela 7.7 – Orçamento de outras despesas financeiras

	Janeiro	Fevereiro	Março	Abril	Maio	Junho	Julho	Agosto	Setembro	Outubro	Novembro	Dezembro	Total
Juros com atraso Fornecedores	6.100	6.100	6.100	6.100	6.100	6.100	6.100	6.100	6.100	6.100	6.100	6.100	73.200
Var. Cambial pós-embarque – Fornecedores	800	800	800	800	800	800	800	800	800	800	800	800	9.600
Descontos concedidos	600	600	600	600	600	600	600	600	600	600	600	600	7.200
Ajustes a Valor Presente Obrigações	700	700	700	700	700	700	700	700	700	700	700	700	8.400
Juros sobre Impostos em Atraso	100	100	100	100	100	100	100	100	100	100	100	100	1.200
IOF Diversos	250	250	250	250	250	250	250	250	250	250	250	250	3.000
IOC Diversos	350	350	350	350	350	350	350	350	350	350	350	350	4.200
Total	8.900	8.900	8.900	8.900	8.900	8.900	8.900	8.900	8.900	8.900	8.900	8.900	106.800

Tabela 7.8 – Orçamento de outras receitas financeiras

	Janeiro	Fevereiro	Março	Abril	Maio	Junho	Julho	Agosto	Setembro	Outubro	Novembro	Dezembro	Total
Juros de atraso de Clientes	2.473	2.473	2.473	2.473	2.473	2.473	2.473	2.473	2.473	2.473	2.473	2.470	29.673
Var. Cambial pós-embarque – Exportações	1.000	1.000	1.000	1.000	1.000	1.000	1.000	1.000	1.000	1.000	1.000	1.000	12.000
Descontos obtidos	200	200	200	200	200	200	200	200	200	200	200	200	2.400
Ajustes a Valor Presente Créditos	500	500	500	500	500	500	500	500	500	500	500	500	6.000
Juros de Outros Créditos	100	100	100	100	100	100	100	100	100	100	100	100	1.200
Juros de Impostos a Recuperar	500	500	500	500	500	500	500	500	500	500	500	500	6.000
Juros de Depósitos Judiciais	400	400	400	400	400	400	400	400	400	400	400	400	4.800
Total	5.173	5.173	5.173	5.173	5.173	5.173	5.173	5.173	5.173	5.173	5.173	5.170	62.073

Orçamento dos resultados de derivativos

Caso a empresa trabalhe com derivativos (*hedge* cambial, *swaps* etc.), deve também fazer o orçamento dos efeitos previstos do impacto desses derivativos, considerando as premissas orçamentárias de taxas de câmbio e juros de capital de terceiros nacionais e internacionais. Esse orçamento pode ser tanto na peça orçamentária de Outras Receitas Financeiras como pode ser incorporado à peça orçamentária de receitas financeiras de aplicações financeiras ou das despesas financeiras com financiamentos, conforme o caso.

Apêndice 1: Critérios de avaliação dos investimentos

Os modelos para decisão de investimentos e para mensuração do valor da empresa compreendem fundamentalmente as mesmas variáveis. Todos levam em consideração o valor a ser investido ou atualmente investido, os fluxos futuros de benefícios, a quantidade de tempo em que esses fluxos futuros ocorrerão e o custo do dinheiro no tempo. Os modelos para decisão de investimentos partem da ideia de verificar a viabilidade econômica de um investimento antes de sua implementação. Os modelos de decisão de mensuração do valor da empresa centram-se em determinar o valor de uma empresa em andamento. Como uma empresa em andamento é fruto de um conjunto de investimentos em operação, já decididos no passado, os critérios de avaliação devem ser os mesmos. Em outras palavras, os mesmos critérios adotados para a decisão de investir devem ser utilizados para a mensuração do valor desses mesmos investimentos em operação.

Para a Controladoria, é fundamental a apuração do valor da empresa. A Controladoria tem como foco os resultados empresariais e avalia a eficácia da empresa por meio dos resultados periódicos obtidos. O objetivo de qualquer empreendimento é criar valor para os acionistas, o qual é gerado pelas operações e mensurado e evidenciado contabilmente pela demonstração de resultados. Os resultados obtidos refletem as decisões de investimentos do passado e, consequentemente, são avaliadores do desempenho dos responsáveis pela decisão. Dessa maneira, a Controladoria deve continuamente mensurar o valor da empresa para monitorar o processo de criação de valor e avaliação do desempenho dos investimentos.

Modelo básico para decisão de investimento: valor presente líquido (VPL)

Um investimento é feito no pressuposto de gerar um resultado que supere o valor investido para compensar a troca de um valor presente certo por um valor futuro com risco de sua recuperação.[3] Esse resultado excedente é a rentabilidade do investimento e é o prêmio por investir, conceito que fundamenta a existência dos juros como pagamento pelo serviço prestado ao investidor pelo ato de emprestar dinheiro para um terceiro.

Outrossim, no mercado existem inúmeras possibilidades de investimentos e, dentre elas, algumas em que não há risco nenhum, como os títulos governamentais. Portanto, o investidor tem informações das rentabilidades possíveis de inúmeros investimentos e, quando vai aplicar seu dinheiro, está diante de várias possibilidades de investimento e respectivas rentabilidades. Chamamos essas possibilidades de oportunidades de investimento.

Dessa maneira, ao se decidir por um investimento, o aplicador deixa de receber rentabilidades dos demais investimentos abandonados. Portanto, o grande parâmetro para o modelo de decisão do investidor são as rentabilidades dos outros investimentos, as quais denominamos investimentos concorrentes de custo de oportunidade. A rentabilidade dos demais investimentos determina qual será a rentabilidade que o investidor vai querer obter do investimento sob o processo de decisão. Ele pode desejar a rentabilidade média dos demais investimentos, como pode desejar rentabilidades superiores. Dificilmente ele admitirá rentabilidades inferiores à média, se bem que, em teoria, isso é possível.

A rentabilidade desejada, que será incorporada no modelo de decisão de investimentos, é denominada juro remuneratório. Em condições normais de mercado, o juro é expresso de forma anual e, nas economias estabilizadas, compreende o custo de capital mais uma taxa esperada de inflação, redundando em uma taxa única ou prefixada. Em economias com ocorrência de inflação crônica, o conceito mais utilizado é o de rendimento pós-fixado, que compreende uma taxa de juros prefixada, que se somará à inflação que acontecer no futuro.

Valor presente líquido

O critério de valor presente líquido é o modelo clássico para a decisão de investimentos e compreende as seguintes variáveis:

- o valor do investimento;
- o valor dos fluxos futuros de benefícios (de caixa, de lucro, de dividendos, de juros);

---

[3] Não podemos dizer que há incerteza do retorno, porque a incerteza caracteriza-se pelo total desconhecimento do futuro. No caso de um investimento, denomina-se essa lacuna de conhecimento do futuro de risco, uma vez que é possível associar probabilidades de êxito ao retorno do investimento. Ou seja, quando faz um investimento, o investidor tem uma série de informações que lhe permitem vislumbrar algo do futuro e associar probabilidades de êxito ao seu investimento, caracterizando-se, dessa maneira, como risco e não como incerteza.

- a quantidade de períodos em que haverá os fluxos futuros;
- a taxa de juros desejada pelo investidor.

Exceto com relação ao valor do investimento, todas as demais variáveis apresentam alguma dificuldade para incorporação ao modelo decisório.

A obtenção das informações sobre o valor dos fluxos futuros depende de estudos antecipatórios das probabilidades de ocorrência de vendas, mercados, custos, inflação etc., que fatalmente conduzem a dificuldades de previsibilidade.

O mesmo acontece com a quantidade de períodos a serem utilizados no modelo. Excetuando-se casos como aplicações em renda fixa, contratos de remuneração prefixada com período certo etc., dificilmente se sabe com precisão quanto tempo o investimento produzirá fluxos futuros.

A taxa de juros sempre dependerá das expectativas de inflação, tanto do país como do exterior, bem como das taxas básicas de juros existentes no mercado, como a do Banco Central do país, dos títulos do Tesouro norte-americano, do Banco Central Europeu, da Libor, da Prime Rate etc.

Fundamento do VPL: o valor do dinheiro no tempo

O fundamento do VPL é o custo do dinheiro no tempo. Um bem ou direito, hoje, tem um valor para as pessoas diferente do valor desse mesmo bem ou direito no futuro. Essa diferença tem como base o custo do dinheiro. Ou seja, sempre haverá uma possibilidade de emprestar o dinheiro, que será remunerado por uma taxa de juros. Portanto, o valor de um bem ou direito que não acompanhe o juro mínimo existente no mercado perde valor econômico.

Adicionalmente, quanto mais tempo for necessário para que haja retorno do investimento, mais riscos existem e, portanto, a taxa de juros a ser incorporada ao modelo deve ser adequada para cobrir o risco decorrente da extensão do tempo.

Conceito do VPL: valor atual

Valor presente líquido significa descontar o valor dos fluxos futuros, a uma determinada taxa de juros, de tal forma que esse fluxo futuro apresente-se a valores de hoje, ou ao valor atual. O valor atual dos fluxos futuros confrontado com o valor atual do investimento a ser feito indica a decisão a ser tomada:

1. Se o valor atual dos fluxos futuros for *igual ou superior* ao valor a ser investido, o investimento *deverá* ser aceito.
2. Se o valor atual dos fluxos futuros for *inferior* ao valor a ser investido, o investimento *não deverá* ser aceito.

Exemplo

Investimento a ser feito (Ano 0 ou T0) – $ 1.000.000
Rentabilidade mínima exigida (taxa de juros)   12%
Fluxo Futuro de Benefícios
- Ano 1 (T1)   500.000
- Ano 2 (T2)   500.000
- Ano 3 (T3)   500.000

Total   1.500.000

Valor Presente Líquido dos Fluxos Futuros

	Fluxo Futuro A	Índice da Taxa de Desconto B	Valor Atual do Fluxo Futuro C (A : B)
Ano 1	500.000	1,12	446.429
Ano 2	500.000	1,2544	398.597
Ano 3	500.000	1,404928	355.890
	1.500.000		1.200.916

Pelos dados apurados no exemplo, o investimento deverá ser aceito, uma vez que a soma do valor atual dos fluxos dos próximos três anos, descontados à taxa de 12% a.a., é de $ 1.200.916, superior ao valor de $ 1.000.000 a ser investido.

Note que o fluxo futuro de cada ano é diferente em termos de valor atual. O fluxo futuro do Ano 1 foi descontado pela taxa de 12% para um ano, e o seu valor atual equivalente, 12 meses antes, é de $ 446.429. Ou seja, $ 446.429 hoje equivalem a $ 500.00 daqui a um ano.

O valor atual do fluxo do segundo ano equivale, a preços do Ano 0, a $ 398.597. Ou seja, se aplicássemos hoje $ 398.597 a uma taxa de 12% ao ano, teríamos $ 500.000 daqui a dois anos ($ 398.597 x 1,12 x 1,12).

Taxa interna de retorno (TIR)

O modelo de decisão com base na taxa interna de retorno é uma variação do critério do VPL. Nesse modelo, em vez de se buscar o VPL do fluxo futuro, busca-se a taxa de juros que iguala o total dos fluxos futuros descontados a essa taxa de juros, com o valor do investimento inicial. A fórmula é a seguinte:

$$I(0) = \frac{FF(1)}{1(1+i)} + \frac{FF(2)}{2(1+i)} + \ldots + \frac{FF(n)}{n(1+i)}$$

onde:

I(0) = Investimento inicial no período 0
FF = Fluxos Futuros dos períodos 1 a n
i = taxa de juros que iguala a equação

Utilizando os dados do nosso exemplo, a taxa de juros anual que iguala o investimento ao fluxo futuro descontado é de 23,3752% a.a. Para o cálculo da TIR, utilizamos essa função no Excel. O Excel exige que o investimento inicial esteja com sinal negativo. Esse valor está na célula B2, enquanto os três fluxos futuros estão nas células B4, B5 e B6. A fórmula exigida pelo Excel para calcular a TIR com essas células é = TIR (B2 : B6). O resultado é imediato, 23,3752%, que é a taxa anual.

Utilizando essa taxa para descontar os fluxos futuros, e aplicando no modelo de VPL, temos que o valor atual dos fluxos futuros, descontados a 23,3752% a.a, é de $ 1.000.000, comprovando a TIR.

	A	B
1	Taxa Interna de Retorno	
2	Investimento a ser feito (Ano 0 ou T0) –$	(1.000.000)
3	Fluxo Futuro de Benefícios	
4	. Ano 1 (T1)	500.000
5	. Ano 2 (T2)	500.000
6	. Ano 3 (T3)	500.000
7	Total	1.500.000
8	= TIR (B2 : B6)	23,3752 %

Valor Presente Líquido dos Fluxos Futuros com Taxa de 23,3752%

	Fluxo Futuro A	Índice da Taxa de Desconto B	Valor Atual do Fluxo Futuro C (A : B)
Ano 1	500.000	1,233752	405.268
Ano 2	500.000	1,5221438	328.484
Ano 3	500.000	1,8779479	266.248
	1.500.000		1.000.000

Períodos de retorno do investimento (*payback*)

Esse critério aplicado ao conceito VPL indica em quantos períodos (normalmente anos) há o retorno do investimento inicial. É uma informação complementar ao processo decisório e eventualmente importante quando, além do retorno do investimento, o tempo de recuperação é importante.

No nosso exemplo, considerando a taxa de 12% a.a., o *payback* médio é de 2,43 anos.

PAYBACK – Valor Presente Líquido dos Fluxos Futuros a 12% a.a.

	Fluxo Futuro A	Índice da Taxa de Desconto B	Valor Atual do Fluxo Futuro C (A : B)	Investimento Inicial $ 1.000.000 Saldo a recuperar
Ano 1	500.000	1,12	446.429	553.571
Ano 2	500.000	1,2544	398.597	154.974
Ano 3	500.000	1,404928	355.890	
	1.500.000		1.200.916	

O saldo do investimento de $ 1.000.000 só será recuperado no terceiro e último ano. Esse saldo de $ 154.974 equivale a 43% do fluxo do terceiro ano, que representam 5,2 meses.

$ 154.974 : 355.890 x 12 meses = 5,2 meses

Somando esse período aos dois primeiros anos, o retorno do investimento dar-se-á em 2 anos e 5,2 meses.

Payback nominal

Muitos autores e administradores financeiros utilizam o critério do *payback* com os valores dos fluxos futuros nominais, sem o desconto por um custo de capital, com o objetivo de simplificação e para obter uma informação do tempo de recuperação de forma mais rápida. Para projetos em que o retorno esperado é de poucos períodos ou o retorno esperado ocorra substancialmente nos primeiros períodos, a informação, mesmo não sendo científica, torna-se utilizável.

No nosso exemplo, como os dois primeiros anos terão fluxos futuros iguais de $ 500.000 e o valor do investimento foi de $ 1.000.000, o período de recuperação é exatamente de dois anos.

Apêndice 2: Projetos de investimento e fluxo de caixa descontado

O planejamento financeiro de longo prazo compreende um ou mais projetos de investimento. Cada projeto tem de ser analisado e avaliado em relação ao seu retorno, pelos critérios do valor presente líquido ou pela taxa interna de retorno. Serão aceitos os projetos de investimento (a) com valor presente líquido positivo ou igual a zero, ou (b) os que tiverem maior taxa interna de retorno, de acordo com a metodologia de decisão adotada pela empresa.

Em linhas gerais, os projetos se classificam em:

- independentes;
- dependentes;
- mutuamente excludentes.

Os projetos independentes são avaliados isoladamente e, por não incorporarem nenhuma dependência com outros projetos, a decisão pode ser tomada apenas em razão de que satisfaçam a rentabilidade desejada. Os projetos dependentes envolvem a análise conjunta de dois ou mais projetos, já que a aceitação de um projeto pode afetar significativamente a rentabilidade de outro, e vice-versa, ou mesmo às vezes, pelo grau de dependência, ambos devem ser aceitos conjuntamente. Projetos mutuamente excludentes são aqueles em que a decisão de aceitação de um projeto impede a aceitação conjunta de outro projeto concorrente.

Fluxos de caixa, fluxos de lucros e fluxo de caixa descontado

Como já vimos, todos os fluxos de lucros se transformam em fluxo de caixa ao longo do tempo. Dessa maneira, uma vez que se considerem horizontes de longo prazo, em teoria ambos os fluxos seriam aceitos para a análise de viabilidade econômica dos projetos. Contudo, uma vez que um investimento significa um desembolso financeiro, recomenda-se a adoção do fluxo de caixa como o modelo condutor para esse tipo de decisão.

Em termos práticos, existe a necessidade de elaborar os dois fluxos. Primeiro, há a necessidade de projeção dos fluxos de lucros, já que eles contêm dados fundamentais para mensurar os impostos sobre o lucro. Como a demonstração de resultados compreende a depreciação contábil, e essa despesa não financeira é abatida para cálculo dos impostos sobre o lucro, é preciso projetar os fluxos de lucros futuros.

Em seguida, juntamente com as projeções dos balanços patrimoniais de cada período futuro, elabora-se o fluxo de caixa. O fluxo de caixa não levará em conta as depreciações contábeis, mas os impostos sobre o lucro, onde essas despesas foram consideradas.

Genericamente, um fluxo de caixa compreende um resumo de todas as receitas oriundas do projeto, menos as despesas necessárias para produzir, vender e receber as vendas dos produtos e serviços que geram essas receitas. Os fluxos de caixa líquidos do projeto (receitas do projeto (–) despesas do projeto) devem ser descontados a um custo de capital e confrontados com o valor dos investimentos. Essa metodologia básica é denominada *fluxo de caixa descontado* e é, na realidade, o mesmo modelo decisório do *valor presente líquido*.

Representação gráfica do fluxo de caixa

É comum a representação do fluxo de caixa em um gráfico, evidenciando o resumo das entradas e saídas do projeto de investimento:

a) todos os períodos (normalmente anuais) das entradas e saídas ao longo da vida do projeto, que é a linha do tempo do projeto;
b) o valor de cada entrada em cada período;
c) o valor de cada saída em cada período.

Com esses dados e a incorporação do custo de capital, calcula-se o valor presente líquido do projeto, ou seja, o seu fluxo de caixa descontado. As figuras 7.2, 7.3 e 7.4 apresentam exemplos de fluxos de caixa. A primeira figura mostra o modelo mais simples, no qual o investimento (a saída) é feito em um período inicial (o período 0) e as entradas acontecem regularmente nos três períodos subsequentes.

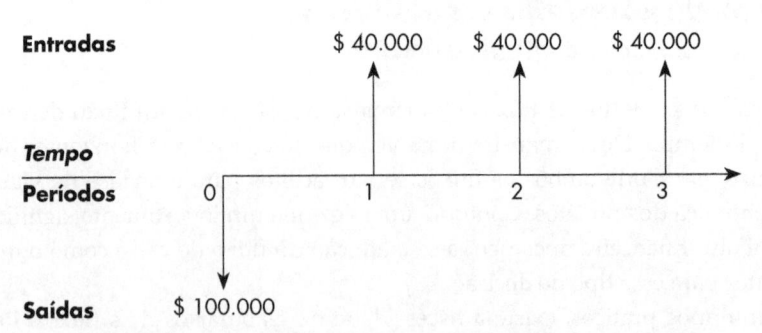

Figura 7.2 – Representação gráfica de um fluxo de caixa – desembolso único.

Não necessariamente o investimento é feito de uma só vez. Na realidade, provavelmente na maior parte dos projetos de investimentos, os desembolsos são feitos em várias parcelas e vários momentos. A Figura 7.3 mostra um exemplo em que as saídas para os investimentos ocorrem nos períodos 0 e 1, enquanto as entradas começam a existir a partir do período 2.

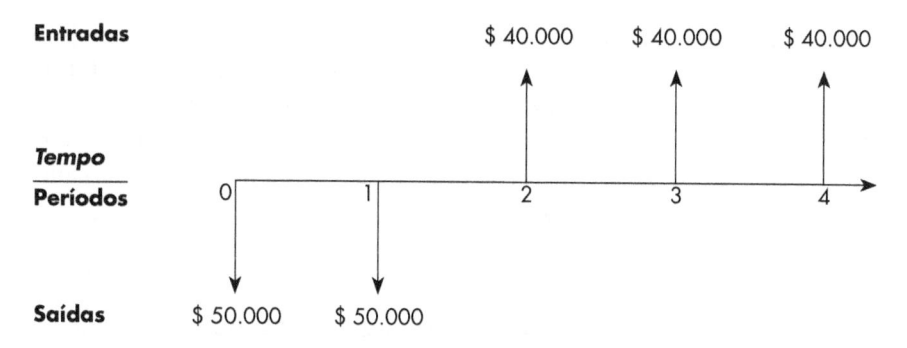

Figura 7.3 – Representação gráfica de um fluxo de caixa – mais de um.

Também não necessariamente os retornos ou as entradas do projeto devem iniciar apenas após os investimentos. É possível que alguns retornos aconteçam antes da conclusão total dos investimentos. A Figura 7.4 mostra essa possibilidade de forma resumida.

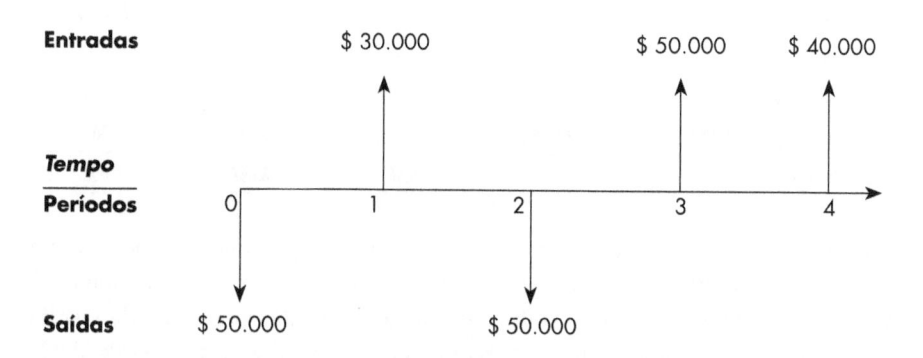

Figura 7.4 – Representação gráfica de um fluxo de caixa – desembolso ao longo do projeto.

Fluxo de caixa descontado ou valor presente líquido de um projeto de investimento

A mensuração das entradas de um projeto provavelmente é o que traz maior dificuldade para sua obtenção, pois, pela própria característica de investimento, lida com a mensuração dos retornos futuros e com as incertezas inerentes a qualquer futuro. De um modo geral, a mensuração das saídas (os investimentos) não apresenta dificuldades em demasia, pela mesma questão. Os administradores operacionais e financeiros sabem o que deve ser adquirido ou investido agora, ou seja, o grau de incerteza é muito menor porque, basicamente, o tempo é o presente.

As entradas dos fluxos futuros de caixa devem ser obtidas pelas projeções das demonstrações de resultados periódicas e dos balanços patrimoniais futuros, dos períodos de benefícios que os projetos de investimentos trarão. Faremos dois exemplos, considerando apenas as demonstrações de resultados, no pressuposto de que os balanços iniciais e finais não contemplam nenhum investimento inicial ou valor residual do investimento.

Tabela 7.9 – Demonstração de resultados para os períodos futuros de um projeto de investimento

	Período 1	Período 2	Período 3	Total
Receita de Vendas				
Quantidade de Produtos	50.000	50.000	50.000	150.000
Preço Médio Unitário	6,00	6,00	6,00	
Receita de Vendas	300.000	300.000	300.000	900.000
Custos e Despesas				
Custo das Vendas	(180.000)	(180.000)	(180.000)	(540.000)
Despesas Operacionais	(76.566)	(76.566)	(76.566)	(229.697)
Depreciações	(33.333)	(33.333)	(33.333)	(100.000)
Lucro Operacional	10.101	10.101	10.101	30.303
Impostos sobre o Lucro (34%)	(3.434)	(3.434)	(3.434)	(10.303)
Lucro Líquido	6.667	6.667	6.667	20.000

Considerando o projeto de investimento como independente (como se a empresa tivesse seu início por esse projeto e operacionalizasse apenas ele), temos de transformar o fluxo de lucros em fluxo de caixa. Nessa demonstração de resultados, temos as depreciações (simulamos depreciar todo o investimento inicial de $ 100.000 em três anos, com uma taxa de depreciação de 33,33% a.a.), que, em termos de caixa, não representam desembolsos financeiros, mas são abatidas para fins de impostos sobre o lucro.

Assim, para transformarmos o fluxo de lucros em fluxo de caixa, adicionamos ao valor do Lucro Líquido o valor das depreciações de cada período e obtemos o fluxo de caixa de entradas para cada período futuro do projeto de investimento, como mostrado na Tabela 7.10.

Tabela 7.10 – Fluxo de caixa de um projeto de investimento

	Período 1	Período 2	Período 3	Total
Lucro Líquido	6.667	6.667	6.667	20.000
(+) Depreciações	33.333	33.333	33.333	100.000
= Caixa Gerado no Período	40.000	40.000	40.000	120.000

Com os dados do caixa gerado em cada período, confrontados com o total do investimento, descontando a um custo de capital desejado ou necessário, podemos elaborar o fluxo de caixa descontado. Os números das entradas e saídas do projeto de investimento são os constantes da Tabela 7.11. Adotamos, para o exemplo da Tabela 7.11, um custo de capital de 8% a.a.

Tabela 7.11 – Fluxo de caixa descontado

	Período 0	Período 1	Período 2	Período 3	Total
Investimento (Saídas)	(100.000)	0	0	0	(100.000)
Retornos (Entradas) Nominais	0	40.000	40.000	40.000	120.000
Fluxo de Caixa Nominal	(100.000)	40.000	40.000	40.000	20.000
Taxa de Desconto – 8% a.a.	1,00	1,08000	1,16640	1,25971	
Fluxo de Caixa Descontado	(100.000)	37.037	34.294	31.753	3.084

Os fluxos futuros de caixa do projeto, descontados a 8%, capitalizados anualmente, resultam em um valor presente líquido de $ 3.094, que é o somatório dos fluxos descontados dos três períodos futuros, de $ 103.084, menos o valor de $ 100.000 investidos inicialmente. Nessas condições, esse projeto deverá ser aceito.

Fica clara, no exemplo, a importância do custo de capital ou da taxa de juros. Ele é o elemento que une as decisões de investimento com a decisão de financiamento. Com esses dados, a empresa vai buscar fundos para financiar os investimentos, cujo custo deverá ser inferior, no máximo igual, aos 8% considerados no fluxo de caixa descontado.

Outrossim, se o custo de capital necessário ou desejado for maior, digamos 10%, o valor presente passará a ser negativo. Quanto maior o custo de capital, maior a dificuldade para justificar cada projeto de investimento.

Projeto de investimento considerando fundos de capital de terceiros

O exemplo anterior de fluxo de caixa descontado não faz referência a quem financiará o projeto de investimento, podendo ser tanto de capital próprio quanto de capital de terceiros, pois considera o retorno operacional. Outra opção para avaliar projetos de investimento é fazê-lo da óptica do capital próprio, considerando o capital de terceiros como entradas e saídas a serem cobertas pelos fluxos futuros.

Partindo dos dados do exemplo anterior, vamos imaginar que 50% dos fundos serão obtidos por meio de empréstimos bancários, a uma taxa de juros de 10%, pagos em cada período, e o principal, $ 50.000, será pago no último período. Os juros são abatidos para fins de impostos sobre o lucro. Os demonstrativos ficarão como segue.

Tabela 7.12 – Demonstração de resultados dos períodos futuros – projeto com recursos de terceiros

	Período 1	Período 2	Período 3	Total
Receita de Vendas				
Quantidade de Produtos	50.000	50.000	50.000	150.000
Preço Médio Unitário	6,00	6,00	6,00	
Receita de Vendas	300.000	300.000	300.000	900.000
Custos e Despesas				
Custo das Vendas	(180.000)	(180.000)	(180.000)	(540.000)
Despesas Operacionais	(76.566)	(76.566)	(76.566)	(229.697)
Depreciações	(33.333)	(33.333)	(33.333)	(100.000)
Lucro Operacional	10.101	10.101	10.101	30.303
Impostos sobre Empréstimos	(5.000)	(5.000)	(5.000)	(15.000)
Lucro antes dos Impostos	5.101	5.101	5.101	15.303
Impostos sobre o Lucro (34%)	(1.734)	(1.734)	(1.734)	(5.203)
Lucro Líquido	3.367	3.367	3.367	10.100

Note que a demonstração de resultados contempla agora as despesas de juros sobre os empréstimos, após o lucro operacional. Essas despesas financeiras reduzem o lucro líquido, mas também reduzem os impostos sobre o lucro. O lucro líquido final é menor do que o lucro líquido obtido no exemplo anterior.

Tabela 7.13 – Fluxo de caixa do projeto de investimento

	Período 1	Período 2	Período 3	Total
Lucro Líquido	3.367	3.367	3.367	10.100
(+) Depreciações	33.333	33.333	33.333	100.000
= Caixa Operacional Gerado no Período	36.700	36.700	36.700	110.100
(–) Pagamento dos Empréstimos	0	0	(50.000)	(50.000)
= Caixa Líquido Gerado	36.700	36.700	(13.300)	60.100

O fluxo de caixa, nesse exemplo, contempla também uma nova linha, que é o pagamento dos empréstimos (ao final do Período 3), uma vez que fizemos a premissa de que os juros serão pagos também dentro do ano, e já estão dentro do lucro líquido. Temos um caixa líquido gerado menor nos Períodos 1 e 2 e um caixa negativo, no Período 3.

Tabela 7.14 – Fluxo de caixa descontado

	Período 0	Período 1	Período 2	Período 3	Total
Investimento (Saídas)	(50.000)	0	0	0	(50.000)
Retornos (Entradas) Nominais	0	36.700	36.700	(13.300)	60.100
Fluxo de Caixa Nominal	(50.000)	36.700	36.700	(13.300)	10.100
Taxa de Desconto – 8% a.a.	1,00	1,08000	1,16640	1,25971	
Fluxo de Caixa Descontado	(50.000)	33.981	31.464	(10.558)	4.888

Descontando o fluxo de caixa, temos um valor presente líquido de $ 4.888, superior ao fluxo de caixa descontado do primeiro exemplo. Como o projeto foi avaliado da óptica dos acionistas (os donos do capital próprio), que, no caso, investiram apenas $ 50.000 (o restante foi captado em bancos), o valor presente líquido justifica também o projeto de investimento nessa condição de financiamento parcial com recursos de terceiros.

É importante ressaltar que, mesmo pagando 10% ao ano de custo de capital dos empréstimos, há alavancagem financeira para o capital próprio. Isso ocorre porque os juros são abatidos do imposto de renda e o custo líquido de capital do empréstimo é 6,6% ao ano, ou seja, a taxa de 10% a.a. diminuída da taxa de 34% de impostos sobre o lucro.

Custo de capital de terceiros efetivo

Taxa nominal	10%
(–) 34% de abatimento de impostos sobre o lucro	(3,4%) (0,10 x 34%)
Taxa efetiva	6,6%

Questões e exercícios

1. Uma empresa vai investir em um novo negócio e tem duas opções de investimento em infraestrutura já levantadas pela equipe de desenvolvimento do projeto. A primeira opção (A) consiste em adquirir um prédio industrial pronto, e a segunda opção (B) consiste na construção por conta própria do edifício industrial. A opção A implica um desencaixe imediato de $ 20.000 ($ 5.000 para o terreno e $ 15.000 para o edifício), mais $ 25.000 de equipamentos cuja instalação total levará cerca de 12 meses. A partir do ano seguinte, a empresa já poderá operar e os lucros estimados anuais são da ordem de $ 13.500 por ano para os próximos cinco anos.

A opção B implica a aquisição de um terreno em outro local por $ 2.000 com desencaixe imediato, gastos pré-operacionais no primeiro ano de $ 4.000, construção do prédio no segundo ano totalizando $ 16.000 e aquisição de equipamentos de $ 30.000 no terceiro ano. A partir do quarto ano, a empresa estima um lucro de $ 17.500 nos próximos cinco anos.

a) faça um quadro de orçamento de investimento de cada opção;

b) calcule o valor presente líquido de cada opção, considerando um custo de capital de 12% ao ano, e verifique qual delas deverá ser aceita.

2. Com os dados do exercício anterior, faça um orçamento das novas depreciações e amortizações para as duas opções, considerando as seguintes taxas anuais: prédios 4% a.a.; despesas pré-operacionais 10% a.a.; equipamentos 10% a.a.

3. Uma empresa tem um endividamento financeiro de $ 30.000 (valor ao final do exercício) constituído por um financiamento em moeda estrangeira com base em dólares mais juros e encargos financeiros de 8% ao ano (4% ao semestre), faltando ainda 6 parcelas semestrais a serem pagas, vencíveis em junho e dezembro de cada ano. Fazer o orçamento de financiamentos para o próximo exercício, tendo como premissa que a taxa de dólar subirá 0,3% ao mês e os encargos financeiros são pagos semestralmente junto com a amortização do principal.

4. Tomando como base os dados da questão 1, imagine que a opção escolhida permite um financiamento de 80% do seu valor total, liberados pelo seu total no primeiro exercício do orçamento. Faça um orçamento de financiamentos em bases anuais, até sua liquidação, tendo como premissa que o financiamento será resgatado em quatro parcelas anuais, ao final do ano. Os juros são prefixados de 10% ao ano e também são pagos ao final do ano, junto com as parcelas de amortização.

Capítulo 8

Orçamento em entidades não industriais

Os exemplos dos orçamentos apresentados nos capítulos 4 a 7 tiveram como referência uma empresa industrial. Esse tipo de organização é o que mais exige do gestor do plano orçamentário. Fundamentalmente, a complexidade do orçamento em indústrias decorre do fato natural da existência do processo industrial, que, normalmente, é subdividido em subprocessos ou atividades. Portanto, além das atividades de venda e administrativas, há a atividade industrial que, geralmente, congrega a maior parte do número de pessoas nesse tipo de empresa.

Também como consequência do processo de manufatura, as indústrias têm três tipos de estoques – estoques de materiais, de produtos em processamento e produtos acabados –, enquanto no comércio existe apenas um tipo de estoque, equivalente ao de materiais das indústrias, que é o estoque de mercadorias.

A produção acabada e vendida, os estoques industriais em processo e os produtos acabados exigem um processo de valorização que necessita de pelo menos quatro tipos de informações: a estrutura do produto, os roteiros de fabricação, as despesas departamentais e os gastos de depreciação. Essa estrutura de informações é necessária também para a apuração do custo unitário dos produtos e serviços industriais, que, por sua vez, deve ser utilizada para a estruturação de diversas peças orçamentárias (estoques de materiais, compras, consumo, estoques de produção, custo dos produtos vendidos).

Essa complexidade está ausente na maior parte das demais entidades, sejam elas com ou sem fins lucrativos. Dessa maneira, o processo orçamentário tende a ser facilitado. Neste capítulo, apresentaremos as principais variáveis que devem ser observadas para o orçamento de alguns tipos de entidades não industriais, naqueles pontos em que há uma diferenciação significativa que tem de ser observada.

É importante ressaltar que, para algumas empresas, o orçamento pode vir a ser o principal instrumento de gestão. A eventual maior facilidade da estruturação do orçamento permite uma utilização até mais efetiva na gestão da entidade.

8.1 Orçamento de receitas

O orçamento de receitas, que compreende a previsão de quantidades e preços unitários das mercadorias, produtos e serviços, é o principal orçamento de qualquer entidade. De um modo geral, é ele que deve também receber a maior parte das atenções e das diferenciações em relação ao das empresas industriais. Solucionado o orçamento de receitas, os demais orçamentos seguem os parâmetros e premissas já apresentados nos capítulos 5 a 7.

A base para o orçamento de receitas está na demonstração de resultados de cada entidade. Assim, a classificação contábil das principais receitas é o caminho para o orçamento das receitas. Por exemplo, os diversos tipos de receita de um banco (receitas de intermediação, taxas etc.) é que dão a base para estruturar o orçamento de receitas desse tipo de entidade.

Outro elemento para o auxílio na estruturação do orçamento de receitas é a identificação e classificação das mercadorias, produtos e serviços, com base nas listas de preços de vendas. A lista de preços individualiza cada item a ser vendido no seu maior grau de detalhe. Partindo dela, estrutura-se o orçamento de receitas, com preços e quantidades de cada item vendável.

No caso de entidades em que a quantidade de itens vendáveis é muito grande (por exemplo, venda de peças de reposição de automóveis), provavelmente haverá a necessidade de um processo de seleção dos principais itens e classificação em grupos de itens, para facilitar o processo de cálculo. No caso da adoção do conceito de grupo de itens, os preços a serem adotados tenderão a representar um preço médio dos itens do grupo.

Outra variável a ser considerada no orçamento das receitas é a segmentação da empresa em divisões, departamentos, áreas, filiais etc., já que a identificação de mercadorias, produtos e serviços pelos segmentos da empresa é fundamental.

8.2 Empresas comerciais

As empresas comerciais, de um modo geral, trabalham com muitas variedades de mercadorias e muitos itens dentro dessas variedades. Outrossim, não há dificuldades no custeamento das mercadorias, pois não há transformação, bem como na obtenção dos preços de vendas, com ou sem impostos, pois são facilmente obtidos, tanto dos sistemas de informações operacionais e gerenciais quanto em termos de preços de mercado.

Também não há muita dificuldade na identificação e determinação das premissas dos estoques finais, porque o giro de cada tipo de mercadoria é conhecido e, em linhas gerais, é um giro rápido, e a gestão dos estoques é fundamental para a obtenção do lucro (e mesmo para o não perecimento de algumas mercadorias).

Como já havíamos mencionado no tópico anterior, o maior trabalho para o orçamento de vendas consiste na adequada classificação das mercadorias. Em linhas gerais, devem-se classificar as mercadorias por tipos, setores, departamentos, natureza etc. Dentro de cada segmentação de classificação, isolam-se os itens que devem ser tratados individualmente, os itens que devem ser tratados em grupo e os itens tratados como outros.

Por exemplo, em um grande supermercado, um critério a ser seguido pode ser o seguinte:

1. Classificar as receitas por áreas ou pontos de venda (gêneros alimentícios de primeira necessidade, açougue, peixaria, padaria, frios, enlatados, bolachas e doces, massas, material de higiene, material de limpeza, cervejas, refrigerantes, outras bebidas, vestuário e calçados, eletroeletrônicos etc.).
2. Dentro de cada área, identificar os produtos que mereçam individualmente um orçamento, sendo eles os que têm o maior volume de vendas e que devem ser monitorados especificamente.
3. Agrupar os demais itens como sendo um produto, desde que as quantidades e os preços médios tenham condições de ser representativos e não distorçam o total orçado.
4. Tratar os itens de volume menor de venda apenas por valores médios mensais, sem a necessidade de quantificar as quantidades previstas.

Se estamos diante de cadeias de lojas comerciais, os orçamentos deverão ser por lojas, divisões, departamentos etc. Se as vendas dependerem de filiais, o orçamento contemplará cada filial, para depois consolidar o orçamento geral das receitas de toda a organização.

Hoje o comércio, mesmo os de tamanho considerado pequeno, tem tecnologia e sistemas de informações que permitem obter os dados reais das vendas, já com a classificação desejada, a partir dos PDV (pontos de venda nos caixas) e dos sistemas de controle de estoques integrados aos PDV. Os dados extraídos dos PDV e consolidados dentro de um modelo gerencial servem tanto para a avaliação dos resultados reais como para a preparação dos orçamentos.

O orçamento que se segue na importância é o orçamento de compras e consumo. Com os dados do orçamento de receitas, o trabalho é orçar os preços de compra, não havendo dificuldades na obtenção dos dados quantitativos.

Os demais orçamentos, principalmente o das despesas, seguem o método tradicional de orçamento pelos centros de custo, departamentos etc. Como a maioria é custo fixo em natureza, não há nenhuma condição diferenciada para esse orçamento de despesas nas empresas comerciais.

Os cuidados normais de separação das vendas em condição à vista das vendas na condição a prazo, separando os juros cobrados, as provisões de inadimplências, perdas, sobras nos estoques etc., devem ser considerados.

8.3 Empresas de serviços

As empresas de serviços caracterizam-se, de um modo geral, por uma estrutura significativa em termos de valor de suas operações, dos gastos com a mão de obra e as despesas decorrentes do pessoal, com características de *custos fixos*. Portanto, o orçamento das despesas departamentais é extremamente importante.

Contudo, é importante verificar que há diferenças significativas entre elas, tendo como referência como o serviço é entregue. Alguns tipos de empresas de serviços são:

1. *Empresas de serviços com fornecimento de produtos*: esse tipo de empresa tem muita semelhança com a empresa industrial. Tome como exemplos as redes de lanchonetes de comida rápida (*fast-food*), vestuário por encomenda etc. Há a necessidade, no caso, de estruturar o orçamento de materiais baseado na estrutura do custo dos produtos fornecidos. Em tese, não há estoques de produtos acabados, uma vez que, para se caracterizar como serviço, o produto deve ser consumido imediatamente. Há estoque de materiais, necessários para os produtos consumidos, e o consumo de materiais está relacionado diretamente com as vendas em quantidade, e, portanto, a quantidade dos materiais dos produtos decorre da previsão de vendas.

2. *Empresas de serviços baseados em equipamentos*: nesse caso, o orçamento de depreciação tende a ser um dos mais importantes, pois o impacto desse gasto em geral é bastante expressivo (empresas de transporte, aviação, aluguéis de equipamentos médicos etc.). Há a possibilidade da existência de materiais e serviços de consumo variável em cada serviço executado (combustível, refeições, carregamentos, manutenções etc.), característica que deve ser contemplada no orçamento de consumo de materiais. O orçamento de receitas é classificado pelas diversas variedades de serviços oferecidos, classificação que deve estar diretamente relacionada com as listas de preços (lista de preços de fretes, passagens, tempo de utilização do equipamento etc.).

3. *Empresas de serviços baseadas em licenciamentos*: empresas que exploram franquias ou licenciamento de marcas e *softwares*, por exemplo, têm muita facilidade na orçamentação das receitas em razão da existência de contratos. Os contratos estipulam valores fixos, valores mensais, valores baseados nas vendas do franqueado ou licenciado, e seus respectivos preços, de onde são extraídos os dados para o orçamento de quantidade e preços.

4. *Empresas de serviços baseadas em mão de obra*: é bastante comum a venda dos serviços de mão de obra (consultorias, serviços profissionais especializados etc.) tanto por contratos com preços mensais ou anuais fixos como por horas trabalhadas. Provavelmente esse tipo de empresa trabalha com ambos os tipos básicos de serviços. Portanto, o orçamento de receitas deve incorporar a classificação pelos principais tipos de venda de serviços.

8.4 Atividade hospitalar

Uma das características marcantes dessa atividade é a estruturação em atividades, setores ou departamentos. Ala masculina, feminina, berçário, maternidade, UTI, sala de recuperação, setores de exames, centro cirúrgico etc. obrigam a um controle específico e segmentado, tanto em despesas como em receitas.

Boa parte dos serviços tem características de serviços fornecidos como produtos, pois possui uma estrutura de produto e processo similar. São os procedimentos. Cada procedimento pode ser estruturado em termos de custo de um serviço, com seu processo, profissionais diferentes atuantes em cada processo, medicamentos, instrumentos, equipamentos e materiais específicos de cada procedimento.

Portanto, a atividade hospitalar tem uma complexidade similar à da atividade industrial. Para o cálculo dos materiais, há a necessidade de estimar todos os tipos de serviços (procedimentos) que incorporam materiais e serviços considerados variáveis.

O orçamento da atividade hospitalar é caracteristicamente de consolidação dos orçamentos de cada atividade específica. Dificilmente será possível elaborar o orçamento de forma genérica para um hospital como um todo, havendo a necessidade de suborçamentos de receitas, despesas de materiais e insumos e despesas gerais, por atividade.

8.5 Atividade hoteleira

Essa atividade também se configura por um grande contingente de custos fixos, basicamente de mão de obra, com o fornecimento de diversos tipos de serviços:

- baseados em equipamentos, que é a base da cobrança das diárias dos diferentes tipos de alojamento, em razão da configuração de móveis, utensílios e equipamentos oferecidos em cada classe de alojamento;
- baseados em produtos, em relação às atividades de fornecimento de bebidas e refeições não constantes do preço das diárias;
- baseados em mão de obra, como serviços de lavanderia etc.

Assim, o orçamento de receitas deve respeitar as quantidades previstas de cada tipo de serviço oferecido. O orçamento de materiais, diretos e indiretos, está relacionado com as receitas dos serviços. O orçamento de despesas tem um vínculo com as atividades básicas da hospitalidade (recepção, limpeza, manutenção, áreas de lazer, restaurantes etc.). Deve-se procurar o máximo de integração entre as receitas dos serviços e as despesas das atividades básicas.

8.6 Instituições de ensino

Praticamente todos os gastos desse tipo de atividade são fixos. As instituições de ensino têm sua estrutura administrativa e operacional desenvolvida pelos funcionários (administrativos e mestres), e não há grandes dificuldades na orçamentação das despesas, pelas divisões em que é segmentada a instituição, chegando ao nível de cada curso oferecido.

O orçamento das receitas também não apresenta dificuldades maiores, uma vez que existe um grande contingente de usuários cativos, pois há uma probabilidade já conhecida de permanência dos alunos na instituição até a conclusão final dos cursos. Como os preços de venda dos serviços são conhecidos e as condições de reajustes também são conhecidas, o orçamento de receitas é um trabalho de multiplicação de número de alunos pelas receitas das mensalidades ou créditos, considerando variáveis importantes como bolsas, inadimplência etc.

Para esse tipo de atividade, o plano orçamentário caracteriza-se como a principal ferramenta de gestão. O ferramental de custos não tem expressividade, já que a maioria esmagadora dos custos é fixa, e não há muito sentido em custo médio por aluno. Assim, um orçamento bem trabalhado de receitas, despesas, investimentos e financiamentos é fundamental para uma adequada gestão desse tipo de entidade.

8.7 Entidades sem fins lucrativos

Identicamente às instituições de ensino, o orçamento é o principal instrumento de gestão para entidades sem fins lucrativos. Em linhas gerais, elas têm suas receitas baseadas em mensalidades de sócios ou doadores, com valores e quantidades conhecidos, não havendo, portanto, dificuldades na elaboração do orçamento de receitas. As tendências de crescimento ou redução do nível de atividades também são detectadas rapidamente, e, caso haja necessidade de ajuste de orçamento, as alterações são facilmente processadas.

Os custos são, em sua maioria, fixos. Assim, o orçamento de despesas é peça fundamental, devendo ser feito pelas atividades ou setores em que se segmenta a entidade. Tomemos por exemplo um clube patrimonial de serviços: as receitas e despesas devem ser orçadas por atividades do clube, como diretoria social, diretoria patrimonial, diretoria de esportes, diretoria administrativa, conselho de administração. A conclusão do orçamento é a consolidação dos diversos suborçamentos dos segmentos da entidade.

Exemplo

Nas tabelas 8.1 a 8.5, desenvolvemos um exemplo teórico de um orçamento para um clube patrimonial de recreação, no qual a receita decorre basicamente das mensalidades dos sócios e dependentes. Imaginamos os seguintes orçamentos:

- para a diretoria-geral, no qual constam as receitas das mensalidades e as despesas administrativas;
- para a diretoria patrimonial, que deve cuidar da manutenção de todas as instalações;

Tabela 8.1 – Orçamento da diretoria-geral e conselho

Discriminação	Janeiro	Fevereiro	Março	Abril	Maio	Junho	Julho	Agosto	Setembro	Outubro	Novembro	Dezembro	Total
RECEITAS – Mensalidades													
Patrimoniais – Quantidade	1.500	1.500	1.500	1.500	1.600	1.600	1.600	1.600	1.600	1.600	1.600	1.600	18.800
Dependentes – Quantidade	1.800	1.800	1.800	1.800	2.000	2.000	2.000	2.000	2.000	2.000	2.000	2.000	23.200
Patrimoniais – Valor Unitário	80,00	80,00	80,00	80,00	80,00	80,00	80,00	80,00	80,00	80,00	80,00	80,00	
Dependentes – Valor Unitário	40,00	40,00	40,00	40,00	40,00	40,00	40,00	40,00	40,00	40,00	40,00	40,00	
RECEITA													
Mensalidades Patrimoniais	120.000	120.000	120.000	120.000	128.000	128.000	128.000	128.000	128.000	128.000	128.000	128.000	1.504.000
Mensalidades Dependentes	72.000	72.000	72.000	72.000	80.000	80.000	80.000	80.000	80.000	80.000	80.000	80.000	928.000
TOTAL GERAL	192.000	192.000	192.000	192.000	208.000	208.000	208.000	208.000	208.000	208.000	208.000	208.000	2.432.000
Retenção para o Conselho – Obras – 15%	28.800	28.800	28.800	28.800	31.200	31.200	31.200	31.200	31.200	31.200	31.200	31.200	364.800
Receita Líquida para Diretoria (A)	163.200	163.200	163.200	163.200	176.800	176.800	176.800	176.800	176.800	176.800	176.800	176.800	2.067.200
PESSOAL	39.520	39.520	39.520	39.520	39.520	39.520	43.472	43.472	43.472	43.472	43.472	43.472	497.952
Salários	20.000	20.000	20.000	20.000	20.000	20.000	22.000	22.000	22.000	22.000	22.000	22.000	252.000
Horas Extras	800	800	800	800	800	800	880	880	880	880	880	880	10.080
Encargos Sociais	18.720	18.720	18.720	18.720	18.720	18.720	20.592	20.592	20.592	20.592	20.592	20.592	235.872
MATERIAIS INDIRETOS	500	500	500	500	500	500	500	500	500	500	500	500	6.000
Manutenção	100	100	100	100	100	100	100	100	100	100	100	100	1.200
Expediente	400	400	400	400	400	400	400	400	400	400	400	400	4.800
DESPESAS GERAIS	7.500	2.000	2.000	2.000	2.000	2.000	2.000	2.000	2.000	2.000	2.000	2.000	29.500
Energia Elétrica	0	0	0	0	0	0	0	0	0	0	0	0	0
Telecomunicações	1.500	500	500	500	500	500	500	500	500	500	500	500	7.000
Despesas de Viagens, Estadas	1.000	200	200	200	200	200	200	200	200	200	200	200	3.200
Aluguéis de Equipamentos	4.000	1.000	1.000	1.000	1.000	1.000	1.000	1.000	1.000	1.000	1.000	1.000	15.000
Publicidade e Serviços	500	100	100	100	100	100	100	100	100	100	100	100	1.600
Miscelâneos/outros	500	200	200	200	200	200	200	200	200	200	200	200	2.700
DEPRECIAÇÃO	20.000	20.000	20.000	20.000	20.000	20.000	20.000	20.000	20.000	20.000	20.000	20.000	240.000
Imobilizados	20.000	20.000	20.000	20.000	20.000	20.000	20.000	20.000	20.000	20.000	20.000	20.000	240.000
TOTAL GERAL DESPESAS (B)	67.520	62.020	62.020	62.020	62.020	62.020	65.972	65.972	65.972	65.972	65.972	65.972	773.452
Sobra do Mês (A – B)	95.680	101.180	101.180	101.180	114.780	114.780	110.828	110.828	110.828	110.828	110.828	110.828	1.293.748
Sobra Acumulada	95.680	196.860	298.040	399.220	514.000	628.780	739.608	850.436	961.264	1.072.092	1.182.920	1.293.748	1.293.748
Funcionários	20	20	20	20	20	20	20	20	20	20	20	20	

Tabela 8.2 – Orçamento da diretoria patrimonial

Discriminação	Janeiro	Fevereiro	Março	Abril	Maio	Junho	Julho	Agosto	Setembro	Outubro	Novembro	Dezembro	Total
RECEITA													
Venda de Sobras e Sucatas	50	50	50	50	50	50	50	50	50	50	50	50	600
Outros	0	0	0	0	0	0	0	0	0	0	0	0	0
TOTAL GERAL	50	50	50	50	50	50	50	50	50	50	50	50	600
Retenção	0	0	0	0	0	0	0	0	0	0	0	0	0
RECEITA LÍQUIDA (A)	50	50	50	50	50	50	50	50	50	50	50	50	600
PESSOAL	35.568	35.568	35.568	35.568	35.568	35.568	39.125	39.125	39.125	39.125	39.125	39.125	448.157
Salários	18.000	18.000	18.000	18.000	18.000	18.000	19.800	19.800	19.800	19.800	19.800	19.800	226.800
Horas Extras	720	720	720	720	720	720	792	792	792	792	792	792	9.072
Encargos Sociais	16.848	16.848	16.848	16.848	16.848	16.848	18.533	18.533	18.533	18.533	18.533	18.533	212.285
MATERIAIS INDIRETOS	19.200	19.200	19.200	19.200	19.200	19.200	19.200	19.200	19.200	19.200	19.200	19.200	230.400
Manutenção	18.000	18.000	18.000	18.000	18.000	18.000	18.000	18.000	18.000	18.000	18.000	18.000	216.000
Expediente	1.200	1.200	1.200	1.200	1.200	1.200	1.200	1.200	1.200	1.200	1.200	1.200	14.400
DESPESAS GERAIS	16.000	16.000	16.000	16.000	16.000	16.000	16.000	16.000	16.000	16.000	16.000	16.000	192.000
Energia Elétrica	14.000	14.000	14.000	14.000	14.000	14.000	14.000	14.000	14.000	14.000	14.000	14.000	168.000
Telecomunicações	500	500	500	500	500	500	500	500	500	500	500	500	6.000
Despesas de Viagens, Estudos	200	200	200	200	200	200	200	200	200	200	200	200	2.400
Aluguéis de Equipamentos	1.000	1.000	1.000	1.000	1.000	1.000	1.000	1.000	1.000	1.000	1.000	1.000	12.000
Publicidade e Serviços	100	100	100	100	100	100	100	100	100	100	100	100	1.200
Miscelâneas/outros	200	200	200	200	200	200	200	200	200	200	200	200	2.400
DEPRECIAÇÃO	0	0	0	0	0	0	0	0	0	0	0	0	0
Imobilizados	0	0	0	0	0	0	0	0	0	0	0	0	0
TOTAL GERAL DESPESAS (B)	70.768	70.768	70.768	70.768	70.768	70.768	74.325	74.325	74.325	74.325	74.325	74.325	870.557
SOBRA DO MÊS (A − B)	(70.718)	(70.718)	(70.718)	(70.718)	(70.718)	(70.718)	(74.275)	(74.275)	(74.275)	(74.275)	(74.275)	(74.275)	(869.957)
SOBRA ACUMULADA	(70.718)	(141.436)	(212.154)	(282.872)	(353.590)	(424.308)	(498.583)	(572.858)	(647.132)	(721.407)	(795.682)	(869.957)	(869.957)

Tabela 8.3 – Orçamento da diretoria social

Discriminação	Janeiro	Fevereiro	Março	Abril	Maio	Junho	Julho	Agosto	Setembro	Outubro	Novembro	Dezembro	Total
RECEITA													
Bilheterias – Bailes	0	0	0	18.000	0	0	15.000	0	0	22.000	0	0	55.000
Bilheterias – Eventos Semanais	1.000	1.000	1.000	1.000	1.000	1.000	1.000	1.000	1.000	1.000	1.000	1.000	12.000
TOTAL GERAL	1.000	1.000	1.000	19.000	1.000	1.000	16.000	1.000	1.000	23.000	1.000	1.000	67.000
Retenção	0	0	0	0	0	0	0	0	0	0	0	0	0
RECEITA LÍQUIDA (A)	**1.000**	**1.000**	**1.000**	**19.000**	**1.000**	**1.000**	**16.000**	**1.000**	**1.000**	**23.000**	**1.000**	**1.000**	**67.000**
PESSOAL	3.162	3.162	3.162	3.162	3.162	3.162	3.478	3.478	3.478	3.478	3.478	3.478	39.836
Salários	1.600	1.600	1.600	1.600	1.600	1.600	1.760	1.760	1.760	1.760	1.760	1.760	20.160
Horas Extras	64	64	64	64	64	64	70	70	70	70	70	70	806
Encargos Sociais	1.498	1.498	1.498	1.498	1.498	1.498	1.647	1.647	1.647	1.647	1.647	1.647	18.870
MATERIAIS INDIRETOS	2.100	2.100	2.100	2.100	2.100	2.100	2.100	2.100	2.100	2.100	2.100	2.100	25.200
Manutenção	100	100	100	100	100	100	100	100	100	100	100	100	1.200
Expediente	2.000	2.000	2.000	2.000	2.000	2.000	2.000	2.000	2.000	2.000	2.000	2.000	24.000
DESPESAS GERAIS	2.100	2.100	2.100	24.500	2.100	2.100	20.750	2.100	2.100	29.500	2.100	2.100	93.650
Energia Elétrica	0	0	0	0	0	0	0	0	0	0	0	0	0
Telecomunicações	400	400	400	400	400	400	400	400	400	400	400	400	4.800
Despesas de Viagens, Estadas	1.000	1.000	1.000	1.000	1.000	1.000	1.000	1.000	1.000	1.000	1.000	1.000	12.000
Aluguéis de Equipamentos	200	200	200	200	200	200	200	200	200	200	200	200	2.400
Publicidade e Serviços	100	100	100	22.500	100	100	18.750	100	100	27.500	100	100	69.650
Miscelâneos/outros	400	400	400	400	400	400	400	400	400	400	400	400	4.800
DEPRECIAÇÃO	0	0	0	0	0	0	0	0	0	0	0	0	0
Imobilizados	0	0	0	0	0	0	0	0	0	0	0	0	0
TOTAL GERAL DESPESAS (B)	7.362	7.362	7.362	29.762	7.362	7.362	26.328	7.678	7.678	35.078	7.678	7.678	158.686
SOBRA DO MÊS (A – B)	(6.362)	(6.362)	(6.362)	(10.762)	(6.362)	(6.362)	(10.328)	(6.678)	(6.678)	(12.078)	(6.678)	(6.678)	(91.686)
SOBRA ACUMULADA	(6.362)	(12.723)	(19.085)	(29.846)	(36.208)	(42.570)	(52.897)	(59.575)	(66.253)	(78.331)	(85.008)	(91.686)	

Orçamento em entidades não industriais 213

Tabela 8.4 – Orçamento da diretoria de esportes

Discriminação	Janeiro	Fevereiro	Março	Abril	Maio	Junho	Julho	Agosto	Setembro	Outubro	Novembro	Dezembro	Total
RECEITA													
Recuperação – Eventos	50	50	50	50	50	50	50	50	50	50	50	50	600
Mensalidades – Professores	6.000	6.000	6.000	6.000	6.000	6.000	6.000	6.000	6.000	6.000	6.000	6.000	72.000
TOTAL GERAL	6.050	6.050	6.050	6.050	6.050	6.050	6.050	6.050	6.050	6.050	6.050	6.050	72.600
Retenção	0	0	0	0	0	0	0	0	0	0	0	0	0
RECEITA LÍQUIDA (A)	**6.050**	**6.050**	**6.050**	**6.050**	**6.050**	**6.050**	**6.050**	**6.050**	**6.050**	**6.050**	**6.050**	**6.050**	**72.600**
PESSOAL	6.323	6.323	6.323	6.323	6.323	6.323	6.956	6.956	6.956	6.956	6.956	6.956	79.672
Salários	3.200	3.200	3.200	3.200	3.200	3.200	3.520	3.520	3.520	3.520	3.520	3.520	40.320
Horas Extras	128	128	128	128	128	128	141	141	141	141	141	141	1.613
Encargos Sociais	2.995	2.995	2.995	2.995	2.995	2.995	3.295	3.295	3.295	3.295	3.295	3.295	37.740
MATERIAIS INDIRETOS	2.400	2.400	2.400	2.400	2.400	2.400	2.400	2.400	2.400	2.400	2.400	2.400	28.800
Manutenção	400	400	400	400	400	400	400	400	400	400	400	400	4.800
Expediente	2.000	2.000	2.000	2.000	2.000	2.000	2.000	2.000	2.000	2.000	2.000	2.000	24.000
DESPESAS GERAIS	10.900	10.900	10.900	10.900	10.900	10.900	10.900	10.900	10.900	10.900	10.900	10.900	130.800
Energia Elétrica	0	0	0	0	0	0	0	0	0	0	0	0	0
Telecomunicações	500	500	500	500	500	500	500	500	500	500	500	500	6.000
Despesas de Viagens, Estadas	1.000	1.000	1.000	1.000	1.000	1.000	1.000	1.000	1.000	1.000	1.000	1.000	12.000
Aluguéis de Equipamentos	200	200	200	200	200	200	200	200	200	200	200	200	2.400
Publicidade e Serviços	9.000	9.000	9.000	9.000	9.000	9.000	9.000	9.000	9.000	9.000	9.000	9.000	108.000
Miscelâneos/outros	200	200	200	200	200	200	200	200	200	200	200	200	2.400
DEPRECIAÇÃO	0	0	0	0	0	0	0	0	0	0	0	0	0
Imobilizados	0	0	0	0	0	0	0	0	0	0	0	0	0
TOTAL GERAL DESPESAS (B)	19.623	19.623	19.623	19.623	19.623	19.623	20.256	20.256	20.256	20.256	20.256	20.256	239.272
SOBRA DO MÊS (A – B)	(13.573)	(13.573)	(13.573)	(13.573)	(13.573)	(13.573)	(14.206)	(14.206)	(14.206)	(14.206)	(14.206)	(14.206)	(166.672)
SOBRA ACUMULADA	(13.573)	(27.146)	(40.720)	(54.293)	(67.866)	(81.439)	(95.645)	(109.850)	(124.056)	(138.261)	(152.467)	(166.672)	

Orçamento em entidades não industriais 215

Tabela 8.5 – Orçamento geral consolidado

Discriminação	Janeiro	Fevereiro	Março	Abril	Maio	Junho	Julho	Agosto	Setembro	Outubro	Novembro	Dezembro	Total
MENSALIDADES													
Patrimoniais – Quantidade	1.500	1.500	1.500	1.500	1.600	1.600	1.600	1.600	1.600	1.600	1.600	1.600	18.800
Dependentes – Quantidade	1.800	1.800	1.800	1.800	2.000	2.000	2.000	2.000	2.000	2.000	2.000	2.000	23.200
Patrimoniais – Valor Unitário	80,00	80,00	80,00	80,00	80,00	80,00	80,00	80,00	80,00	80,00	80,00	80,00	
Dependentes – Valor Unitário	40,00	40,00	40,00	40,00	40,00	40,00	40,00	40,00	40,00	40,00	40,00	40,00	
Receita de Mensalidades													
Mensalidades Patrimoniais	120.000	120.000	120.000	120.000	128.000	128.000	128.000	128.000	128.000	128.000	128.000	128.000	1.504.000
Mensalidades Dependentes	72.000	72.000	72.000	72.000	80.000	80.000	80.000	80.000	80.000	80.000	80.000	80.000	928.000
TOTAL GERAL	192.000	192.000	192.000	192.000	208.000	208.000	208.000	208.000	208.000	208.000	208.000	208.000	2.432.000
Retenção para o Conselho – Obras – 15%	28.800	28.800	28.800	28.800	31.200	31.200	31.200	31.200	31.200	31.200	31.200	31.200	364.800
RECEITA LÍQUIDA PARA DIRETORIA (A)	163.200	163.200	163.200	163.200	176.800	176.800	176.800	176.800	176.800	176.800	176.800	176.800	2.067.200
OUTRAS RECEITAS													
Diretoria Patrimonial	50	50	50	50	50	50	50	50	50	50	50	50	600
Diretoria Social	1.000	1.000	1.000	19.000	1.000	1.000	16.000	1.000	1.000	23.000	1.000	1.000	67.000
Diretoria de Esportes	6.050	6.050	6.050	6.050	6.050	6.050	6.050	6.050	6.050	6.050	6.050	6.050	72.600
Subtotal (B)	7.100	7.100	7.100	25.100	7.100	7.100	22.100	7.100	7.100	29.100	7.100	7.100	140.200
RECEITA TOTAL (C = A + B)	170.300	170.300	170.300	188.300	183.900	183.900	198.900	183.900	183.900	205.900	183.900	183.900	2.207.400
Pessoal	84.573	84.573	84.573	84.573	84.573	84.573	93.030	93.030	93.030	93.030	93.030	93.030	1.065.617
Salários	42.800	42.800	42.800	42.800	42.800	42.800	47.080	47.080	47.080	47.080	47.080	47.080	539.280
Horas Extras	1.712	1.712	1.712	1.712	1.712	1.712	1.883	1.883	1.883	1.883	1.883	1.883	21.571
Encargos Sociais	40.061	40.061	40.061	40.061	40.061	40.061	44.067	44.067	44.067	44.067	44.067	44.067	504.766
MATERIAIS INDIRETOS													
Manutenção	24.200	24.200	24.200	24.200	24.200	24.200	24.200	24.200	24.200	24.200	24.200	24.200	290.400
	18.600	18.600	18.600	18.600	18.600	18.600	18.600	18.600	18.600	18.600	18.600	18.600	223.200
Expediente	5.600	5.600	5.600	5.600	5.600	5.600	5.600	5.600	5.600	5.600	5.600	5.600	67.200
DESPESAS GERAIS	36.500	31.000	31.000	53.400	31.000	31.000	49.650	31.000	31.000	58.400	31.000	31.000	445.950
Energia Elétrica	14.000	14.000	14.000	14.000	14.000	14.000	14.000	14.000	14.000	14.000	14.000	14.000	168.000
Telecomunicações	2.900	1.900	1.900	1.900	1.900	1.900	1.900	1.900	1.900	1.900	1.900	1.900	23.800
Despesas de Viagens, Estados	3.200	2.400	2.400	2.400	2.400	2.400	2.400	2.400	2.400	2.400	2.400	2.400	29.600
Aluguéis de Equipamentos	5.400	2.400	2.400	2.400	2.400	2.400	2.400	2.400	2.400	2.400	2.400	2.400	31.800
Publicidade e Serviços	9.700	9.300	9.300	31.700	9.300	9.300	27.950	9.300	9.300	36.700	9.300	9.300	180.450
Miscelâneos/outras	1.300	1.000	1.000	1.000	1.000	1.000	1.000	1.000	1.000	1.000	1.000	1.000	12.300
DEPRECIAÇÃO													
Imobilizados	20.000	20.000	20.000	20.000	20.000	20.000	20.000	20.000	20.000	20.000	20.000	20.000	240.000
	20.000	20.000	20.000	20.000	20.000	20.000	20.000	20.000	20.000	20.000	20.000	20.000	240.000
TOTAL GERAL DESPESAS (D)	165.273	159.773	159.773	182.173	159.773	159.773	186.880	168.230	168.230	195.630	168.230	168.230	2.041.967
SOBRA DO MÊS (C – D)	5.027	10.527	10.527	6.127	24.127	24.127	12.020	15.670	15.670	10.270	15.670	15.670	165.433
SOBRA ACUMULADA	5.027	15.554	26.082	32.209	56.336	80.463	92.483	108.153	123.823	134.093	149.763	165.433	
FUNCIONÁRIOS	56	56	56	56	56	56	56	56	56	56	56	56	

- para a diretoria social, que deve cuidar dos eventos sociais, bailes etc., com as receitas específicas desses eventos e suas despesas correspondentes e do pessoal que trabalha nesse setor;
- para a diretoria de esportes, que monitora as atividades esportivas, com algumas receitas de professores etc.
- um orçamento consolidando todos, que representa o total do clube de serviços.

Os dados e números são aleatórios, apenas com o intuito de evidenciar a utilização do orçamento nessa atividade, e procurando mostrar a efetiva utilidade desse ferramental para qualquer entidade.

Questões e exercícios

1. Tome como referência a empresa em que trabalha, ou outra empresa conhecida, e elabore um orçamento de vendas completo (quantidades, preços, valor bruto, valor líquido), considerando os produtos e principais mercados da empresa, bem como os impostos sobre vendas que incidem sobre as operações e sobre a empresa escolhida. Para facilitar, faça um orçamento anual.

2. Imagine uma empresa composta de apenas um *trailer* para a venda de lanches tipo *hot-dog* e elabore um orçamento completo, partindo de premissas que julgue convenientes, e o máximo possível aderente à realidade.

PARTE III – AVALIAÇÃO E CONTROLE

Capítulo 9

Projeção das demonstrações financeiras

É a conclusão do processo orçamentário, quando todas as peças orçamentárias são reunidas dentro do formato dos demonstrativos contábeis básicos (demonstração de resultados e balanço patrimonial). Como já vimos, cada peça orçamentária, quando é o caso, traz dentro dela as informações necessárias para a elaboração da projeção dos demonstrativos contábeis. Portanto, a elaboração das projeções dos demonstrativos contábeis que usaremos será feita, em grande parte, com a utilização de informações já elaboradas anteriormente.

A projeção dos demonstrativos contábeis, encerrando o processo orçamentário anual, permite à alta administração da empresa fazer as análises financeiras e de retorno de investimento que justificarão ou não todo o plano orçamentário.

Além disso, são imprescindíveis tais projeções, tendo em vista que tanto o balanço patrimonial como a demonstração de resultados são os pontos-chave para o encerramento fiscal e societário da empresa, momento em que se apurarão os impostos sobre o lucro, bem como as perspectivas de distribuição de resultados.

9.1 Demonstrativos contábeis a serem projetados

São eles:

1. Demonstração dos resultados.
2. Balanço patrimonial.
3. Fluxo de caixa.

Dentro das projeções contábeis, incorporaremos os dados adicionais faltantes que não foram contemplados em nenhuma das peças orçamentárias anteriormente elaboradas, quais sejam:

1. Previsão de Equivalência Patrimonial;
2. Ajustes de Avaliação Patrimonial;
3. Resultados de Outras Receitas e Despesas (antigos resultados não operacionais);
4. Outros resultados abrangentes;

5. Impostos sobre o Lucro;
6. Distribuição de Resultados;
7. Saldo de Caixa, Bancos e Aplicações Financeiras;
8. Saldo de Impostos a Recuperar;
9. Saldo de Impostos a Recolher sobre Lucros;
10. Outras Contas a Receber ou a Realizar não objeto de orçamentos anteriores;
11. Outras Contas a Pagar não objeto de orçamentos anteriores;
12. Dividendos ou Lucros a pagar;
13. Reservas e Lucros Retidos.

Orçamento de caixa ou projeção dos demonstrativos contábeis?

É muito comum, na literatura contábil, entender que o orçamento de caixa é o que encerra o ciclo do processo orçamentário. É certo que necessitamos do fluxo de caixa, seus saldos iniciais e finais, para obtermos as receitas financeiras. Contudo, o saldo de caixa é apenas mais um dos saldos do balanço patrimonial e *decorre*, fundamentalmente, das demais contas de resultados e do próprio balanço.

Portanto, é mais fácil entender o saldo de caixa, ou orçamento de caixa, como um dado residual. O saldo de caixa é o que sobra (ou, eventualmente, falta) após todas as transações operacionais, de investimentos e financiamentos serem projetadas e refletidas no balanço patrimonial. Portanto, decorre delas.

Dessa maneira, o conceito de projeção dos demonstrativos contábeis é mais adequado do que o de orçamento de caixa para o encerramento do orçamento. Na abordagem das técnicas básicas, retornaremos ao assunto.

Fundamentalmente, para iniciar o processo de orçamento ou projeção das demonstrações contábeis ou financeiras de cada mês do plano orçamentário, tem-se que partir de um balanço patrimonial conhecido ou assumido na data do encerramento do exercício anterior. Em seguida, projetam-se a demonstração de resultados e o balanço patrimonial do exercício orçamentário, com as peças orçamentárias já elaboradas anteriormente, conforme mostra a Figura 9.1.

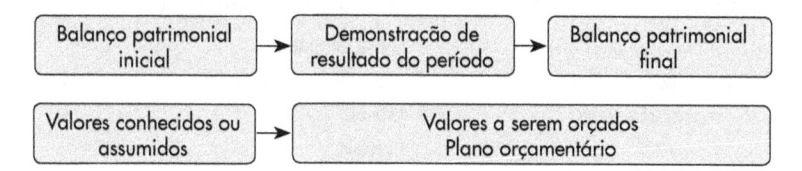

```
┌─────────────────┐   ┌─────────────────┐   ┌─────────────────┐
│ Balanço         │ → │ Demonstração de │ → │ Balanço         │
│ patrimonial     │   │ resultado do    │   │ patrimonial     │
│ inicial         │   │ período         │   │ final           │
└─────────────────┘   └─────────────────┘   └─────────────────┘
┌─────────────────┐   ┌─────────────────┐
│ Valores         │ → │ Valores a serem │
│ conhecidos ou   │   │ orçados         │
│ assumidos       │   │ Plano orçamentário│
└─────────────────┘   └─────────────────┘
```

Figura 9.1 – Plano orçamentário e projeção das demonstrações financeiras.

A Tabela 9.1 mostra as principais peças orçamentárias numeradas.

Tabela 9.1 – Plano orçamentário e demonstrações financeiras

PLANO ORÇAMENTÁRIO
I – ORÇAMENTO OPERACIONAL
1 – Orçamento de Vendas
2 – Orçamento de Produção e Estoques
3 – Orçamento de Materiais – Compras e Consumo
4 – Orçamento de Despesas Departamentais
II – ORÇAMENTO DE INVESTIMENTOS E FINANCIAMENTOS
5 – Orçamento de Investimentos
6 – Orçamento de Financiamentos
III – PROJEÇÃO DAS DEMONSTRAÇÕES CONTÁBEIS
7 – Orçamento de Caixa e Receitas Financeiras
8 – Projeção das Demonstrações Contábeis (Conclusão)

A Tabela 9.2 mostra as principais integrações das peças orçamentárias que interagem entre a demonstração do resultado orçado e o balanço patrimonial orçado.

Tabela 9.2 – Interação entre as peças orçamentárias e as demonstrações financeiras

DEMONSTRAÇÃO DE RESULTADOS		BALANÇO PATRIMONIAL FINAL	
		ATIVO CIRCULANTE	
RECEITA OPERACIONAL BRUTA	1	Caixa/Bancos/Apl. Financeiras	7 e 8
(–) Impostos sobre Vendas	1	Clientes	1
		Estoques	
RECEITA OPERACIONAL LÍQUIDA	1	Materiais	3
		em Processo	2
(–) CUSTO DOS PRODUTOS VENDIDOS		Acabados	2
Materiais	3		
Despesas Gerais*	4	**REALIZÁVEL A LONGO PRAZO**	
(Inclui Depreciações)	5	Créditos e Valores a Receber	5 e 8
Variação dos Estoques	2		
		ATIVO PERMANENTE	
LUCRO BRUTO		Investimentos	5
		Imobilizado	5
(–) DESPESAS OPERACIONAIS			
Despesas Administrativas	4	**PASSIVO CIRCULANTE**	
Despesas Comerciais	4	Fornecedores	3
		Salários e Contas a Pagar	4
LUCRO OPERACIONAL		Impostos a Recolher	
		sobre Mercadorias	1 e 3
(–) Despesas Financeiras	6	sobre o Lucro	8
(–) Receitas Financeiras	7	Empréstimos	6
LUCRO ANTES DOS IMPOSTOS		**EXIGÍVEL A LONGO PRAZO**	
		Empréstimos	6
(+/–) Impostos sobre o Lucro – IR/CSLL	8		
		PATRIMÔNIO LÍQUIDO	
LUCRO LÍQUIDO	8	Capital Social	6
		Lucros Acumulados	8

* Mão de obra, materiais indiretos e despesas

Verifica-se que o orçamento de vendas (número 1) relaciona-se com receita bruta e a receita líquida na demonstração de resultados e com a conta de clientes e impostos a recolher sobre mercadorias no balanço patrimonial. O orçamento de materiais (número 3) relaciona-se com o consumo de materiais na demonstração de resultados e com a conta de estoques de materiais no ativo circulante, a conta de fornecedores no passivo circulante e a conta impostos a recolher sobre mercadorias no passivo circulante, e assim sucessivamente.

Demonstrativos contábeis projetados em outras moedas

As empresas que necessitam de projeções em outros padrões monetários deverão primeiro efetuar as projeções em moeda nacional e, subsequentemente, traduzir os orçamentos em outra moeda, uma vez que todas as transações no país são efetuadas em moeda corrente. Além disso, as questões de variações cambiais, correção de impostos, indexação de financiamentos, apuração dos impostos etc. tornam em princípio obrigatória a elaboração em moeda corrente do país.

Análise financeira das projeções

É fundamental a conclusão do processo com a análise financeira das projeções. Compreende basicamente:

- análise de balanço tradicional;
- análise da margem de segurança;
- análise da geração de lucros;
- análise de retorno do investimento;
- análise da criação de valor da empresa;
- análise da variação do risco empresarial;
- análise do valor da empresa.

9.2 Metodologia das projeções

A metodologia básica a ser utilizada deve fundamentar-se na estrutura do lançamento contábil pelo método das partidas dobradas e no inter-relacionamento dos demonstrativos contábeis básicos, o balanço patrimonial e a demonstração de resultados. Assim, para a execução de um dos trabalhos mais nobres da contabilidade gerencial, que é a projeção dos demonstrativos contábeis, voltamos à origem estrutural da contabilidade como ciência e sistema de informação.

A técnica básica: coordenação dos fatos e os demonstrativos contábeis

A projeção dos demonstrativos contábeis fundamenta-se em:

- um balanço patrimonial inicial;
- a demonstração de resultados do período orçamentado (projetado);
- o balanço final após a demonstração de resultados;
- o fluxo de caixa como consequência (diferença) dos três itens anteriores.

Colocado em outra perspectiva, teríamos:

Informação 1 – Dado do balanço patrimonial inicial.
Informação 2 – Dado da demonstração de resultados do item relacionado.
Informação 3 – Dado do balanço patrimonial final.
Informação 4 – Efeito no fluxo de caixa.

Podemos exemplificar com o elemento patrimonial Contas a Receber, que é relacionado na demonstração de resultados com o item Receita Operacional Bruta. Vejamos como deve ser feita a projeção desses itens. Tomemos como exemplo o mês de março.

	$
Informação 1 – Dado do Balanço Patrimonial Inicial (obtido no início do período)	1.443.750
Informação 2 – Dado da Demonstração de Resultados do item relacionado (obtido no Orçamento de Vendas – Receita Operacional Bruta – Tabela 4.4)	1.568.875
Informação 3 – Dado do Balanço Patrimonial Final (obtido pelo prazo médio de recebimento orçado, constante do Orçamento de Vendas – Saldo de Contas a Receber – Tabela 4.4)	1.464.283
Informação 4 – Efeito no Fluxo de Caixa = Recebimento de Duplicatas	1.548.342

Métodos para determinar o saldo final de caixa

O saldo final de caixa em nosso exemplo é representado pelas disponibilidades, o que compreende Caixa, Bancos e Aplicações Financeiras. A projeção do seu saldo pode ser determinada de duas maneiras:

Método 1 – Fluxo de caixa

É a resultante das movimentações de entradas e saídas de caixa, por meio do relatório de fluxo de caixa, conforme demonstramos na técnica básica de projeção.

Método 2 – Valor residual no balanço patrimonial

Nesse método, o saldo final de caixa é obtido pela diferença de ativos e passivos antes do saldo final de caixa. Não é necessário fazer o fluxo de caixa para saber o saldo final de caixa.

Na projeção do balanço patrimonial, o último valor a ser projetado é o saldo final de caixa. Portanto, todos os demais valores são passíveis de serem projetados (orçados) antecipadamente. Partindo da equação fundamental da contabilidade de que *ATIVO = PASSIVO*, após projetarmos todos os demais itens do balanço patrimonial, e depois de incluirmos o Lucro Líquido após os Impostos sobre o Lucro, automaticamente a diferença será o saldo de caixa.

Vejamos os passos para a obtenção do saldo de caixa pelo Método 2 – valor residual:

Primeiro passo: projetar a demonstração de resultados completa.

Segundo passo: projetar todos os itens do balanço patrimonial, incluindo previsão de distribuição de lucros, menos o saldo final de caixa.

Terceiro passo: somar o total do passivo.

Quarto passo: obter o saldo final de caixa por diferença entre o total do passivo e o total do ativo antes do saldo final de caixa.

Vejamos o mês de março:

	$
TOTAL DO PASSIVO	11.050.069
TOTAL DO ATIVO (antes do saldo final de caixa/aplicações financeiras)	10.029.065
= Diferença = Saldo final de caixa/aplicações financeiras	1.021.004

O método possibilita maior rapidez de fechamento de projeções mensais, já que com ele podemos deixar de fazer o demonstrativo de fluxo de caixa. Com esse método, os critérios de cálculos dos dados do balanço patrimonial devem ser rigorosos, pois um erro de avaliação de ativos ou passivos e suas correções, variações monetárias, juros, prazos médios etc. provocarão erros no saldo final de caixa.

9.3 Receitas financeiras projetadas

A questão que sempre fica pendente para o fechamento da projeção da demonstração de resultados é a obtenção do valor das receitas financeiras oriundas dos excedentes de caixa. As receitas financeiras futuras dependem de:

- saldo atual dos excedentes de caixa disponíveis para aplicação;
- saldo gerado em cada próximo período (dia, mês etc.).

A cada dia, a empresa gera um saldo de caixa, positivo ou negativo, que é adicionado ao saldo anterior disponível para aplicação. Esse saldo gera eventual receita financeira para o dia seguinte, e assim sucessivamente. Portanto, em princípio, teremos de calcular diariamente a projeção diária do fluxo de caixa, para obtermos o saldo diário disponível para aplicação, e, com base nesse saldo, projetarmos as receitas financeiras.

Projeção mensal das receitas financeiras

A experiência tem demonstrado que não há sentido prático em projetar saldos diários de fluxo de caixa dentro do processo orçamentário, tanto pela relevância da informação para essa tarefa, como pelo seu grau significativo de imprevisibilidade. Esse tipo de projeção é necessário apenas na gestão diária do fluxo de caixa, quando do processo de execução do planejamento financeiro de curto prazo.

Dessa maneira, recomenda-se a projeção das receitas financeiras *mensais*, considerando apenas dados de saldos de caixa também em periodicidade mensal. Nesse critério, há duas metodologias básicas:

1. Considerar como base para projeção apenas o saldo inicial de disponibilidades de caixa (o saldo anterior do balanço patrimonial), aplicando-se a taxa mensal média esperada de aplicação (de receita financeira).
2. Considerar como base para projeção:
   - o saldo inicial de disponibilidades, aplicando-se a taxa mensal média esperada de aplicação, *mais*
   - o movimento de caixa do mês em curso, aplicando-se *metade* da taxa mensal média esperada de aplicação.

Em ambas as metodologias remanesce a questão de se colocar ou não, juntamente com o saldo de caixa, a própria receita financeira gerada no mês, porque, no mundo real, cada receita financeira diária pode aumentar o fluxo de caixa diário e, consequentemente, fazer parte da base de cálculo da próxima receita financeira diária.

Entendemos que a aplicação do procedimento mais complexo sempre é o mais recomendável. Em empreendimentos financeiros, nos quais a receita financeira é a maior fonte de renda e orçamento, deve-se aplicar a melhor metodologia possível. Em empreendimentos comerciais, de serviços e industriais, nos quais a maior fonte de renda são as receitas de venda, e as receitas financeiras tendem a ser marginais ou complementares, pode-se adotar um procedimento mais simplificado.

No passado, quando em ambiente econômico altamente inflacionário e de indexação generalizada, as receitas financeiras assumiam números expressivos e era necessário o tratamento mais completo possível. Dentro de uma conjuntura econômica normal, com estabilidade monetária, os excedentes de caixa tendem a ficar dentro da sua real função de provedor de fundos para as atividades operacionais, sem escopo principal de geração de renda. Assim, as receitas financeiras também seguem a mesma lógica, ficando como atividade marginal ou complementar. Nesse sentido, é perfeitamente aceitável, normalmente, um tratamento orçamentário menos complexo.

Geração de caixa negativo e receitas financeiras negativas

Esse tema está sendo conduzido no pressuposto de que a empresa possui um excedente de caixa e, também, de que consegue mantê-lo durante todo o período orçamentado. Contudo, é possível que o fluxo de caixa gerado no ano seja negativo, suplantando até as disponibilidades iniciais, e que a empresa detecte a necessidade de suprir-se de outras fontes de financiamentos para fazer face às insuficiências de caixa.

Na ocorrência desse fato, geração de caixa negativo, em vez de receita financeira, haverá a ocorrência de despesas financeiras. Havendo disponibilidades negativas, a taxa a ser considerada não deve mais ser a taxa de aplicação, mas, sim, a taxa de captação, normalmente maior. Em resumo, se o fluxo mensal de caixa for negativo, e este suplantar também o saldo inicial de caixa, estará havendo insuficiência de caixa, ou geração de caixa negativo. Nesse caso, não haverá receita financeira no sentido literal da palavra, mas receita financeira negativa (despesa financeira), que deverá ser obtida aplicando-se, ao caixa negativo, a taxa de captação.

Podemos resumir as duas possibilidades:

1. Saldo Inicial de Caixa (de disponibilidades)
   (+) Geração de caixa negativo mensal
   = *Saldo Disponível para aplicação*
   Geração: receita financeira
   Taxa a ser aplicada: *de aplicação*.

2. Saldo Inicial de Caixa (de disponibilidades)
   (+) Geração de caixa negativo mensal
   = *Saldo Negativo (Insuficiência de Caixa)*
   Geração: receita financeira negativa (despesa financeira)
   Taxa a ser aplicada: *de captação*.

A apresentação da receita financeira negativa pode ser feita junto com a receita financeira positiva, já que o fato pode ocorrer uma vez ou outra durante o período, e no conjunto das duas, apresentar-se como receita financeira líquida.

Caixa negativo e novos financiamentos

O caixa negativo gerado na projeção dos demonstrativos contábeis pode, então, ter dois tratamentos no plano orçamentário:

- ser mantido como saldo de caixa negativo, gerando receita financeira negativa;
- ser transformado em um novo financiamento e incluído no orçamento de novos financiamentos (ver Tabela 7.4).

A segunda possibilidade deve ser adotada se, após a primeira análise do processo orçamentário, a empresa entender que o saldo negativo deve mesmo ser financiado por alguma linha regular de financiamento ou empréstimo, com conhecimento dos juros e prazos. Se adotado esse procedimento, o orçamento de financiamentos e despesas financeiras deverá ser refeito.

Exemplo numérico

A receita financeira de aplicações financeiras, em nosso exemplo, está sendo orçamentada e calculada diretamente na projeção da demonstração de resultados. Utilizamos a metodologia mais simples, que é considerar como base para o cálculo das receitas financeiras apenas o saldo inicial de disponibilidades (Aplicações Financeiras). Como premissa básica, adotamos a taxa de juros de aplicação de 0,7% ao mês.

Vejamos o cálculo de dois meses, janeiro e fevereiro.

Janeiro			
Saldo Inicial de Aplicações Financeiras (Balanço Patrimonial – Tabela 9.4)	=	$	929.100
Taxa de juros mensal	=		0,7%
Receita Financeira do mês janeiro/X1 (Demonstração de Resultados – Tabela 9.3)	=	$	6.504
Fevereiro			
Saldo Inicial de Aplicações Financeiras (Balanço Patrimonial – Tabela 9.4)	=	$	1.233.391
Taxa de juros mensal	=		0,7%
Receita Financeira do mês fevereiro/X1 (Demonstração de Resultados – Tabela 9.3)	=	$	8.634

9.4 Demonstrativos financeiros projetados

Demonstração de resultados

O primeiro demonstrativo a ser projetado é a demonstração de resultados, que apresentamos na Tabela 9.3. Na coluna Dado ou Fonte da Informação, apresentamos os orçamentos que deram origem a todas as linhas da demonstração de resultados. Os itens que não têm identificação de origem foram orçamentados no próprio demonstrativo de resultados.

Na linha de Receitas Financeiras de Aplicações, colocamos o percentual utilizado para calcular as receitas financeiras – 0,7% a.m.

As rubricas Equivalência Patrimonial e Resultados Não Operacionais foram estimadas aleatoriamente.

Na linha de Impostos sobre o Lucro, o dado 0,3 equivale a 30% de Impostos sobre o Lucro, calculados sobre o Lucro Operacional II.

Na linha de Dividendos Propostos, o dado 0,4 equivale a 40% de Lucros a serem distribuídos, calculados sobre o Lucro Líquido depois do Imposto de Renda.

As linhas Lucro Acumulado e Provisão Dividendos Acumulado, foram incluídas para facilitar a projeção do balanço patrimonial.

Balanço patrimonial

A Tabela 9.4 apresenta o balanço patrimonial projetado, peça que é elaborada após a demonstração de resultados. Os itens que não têm referência de quadros como fonte da informação foram colocados aleatoriamente.

Fluxo de caixa

Como consequência dos demonstrativos anteriores, a Tabela 9.5 evidencia o fluxo de caixa projetado, em seus três grandes fluxos de atividade: das atividades operacionais, das atividades de investimentos e das atividades de financiamentos.

A única informação que não é obtida diretamente na demonstração de resultados é dos impostos sobre as compras. Como ela é parte da apuração dos Pagamentos a Fornecedores e do Recolhimento de Impostos sobre Vendas, é necessário tê-la como informação adicional. Sua fonte de informação é a Tabela 5.2 – Impostos sobre compras.

Tabela 9.3 – Demonstração de resultados

	Dado ou Fonte da Informação	Janeiro	Fevereiro	Março	Abril	Maio	Junho	Julho	Agosto	Setembro	Outubro	Novembro	Dezembro	Total
RECEITA OPERACIONAL BRUTA II	Tabela 4.4	1.544.125	1.546.875	1.568.875	1.685.200	1.730.300	1.753.290	1.761.155	1.769.020	2.138.180	2.148.190	2.158.200	2.208.250	22.011.660
(−) Impostos sobre Vendas IPI-ISS	Tabela 4.4	0	0	0	0	0	0	0	0	0	0	0	0	0
RECEITA OPERACIONAL BRUTA I	Tabela 4.4	1.544.125	1.546.875	1.568.875	1.685.200	1.730.300	1.753.290	1.761.155	1.769.020	2.138.180	2.148.190	2.158.200	2.208.250	22.011.660
(−) Impostos sobre Vendas-ICMS-PIS-Cofins	Tabela 4.4	(310.752)	(310.820)	(316.815)	(347.492)	(348.609)	(349.179)	(349.374)	(349.568)	(414.031)	(414.279)	(414.527)	(415.767)	(4.341.214)
RECEITA OPERACIONAL LÍQUIDA	Tabela 4.4	1.233.373	1.236.055	1.252.060	1.337.708	1.381.691	1.404.111	1.411.781	1.419.452	1.724.149	1.733.911	1.743.673	1.792.483	17.670.446
CUSTO DOS PRODUTOS VENDIDOS		797.163	1.005.282	1.074.362	1.141.884	1.189.403	1.199.546	1.212.360	1.217.724	1.365.033	1.362.651	1.365.680	1.316.201	14.247.291
- Materiais Diretos	Tabela 5.3	369.935	563.011	567.691	618.396	642.727	627.128	639.048	640.672	847.010	774.830	776.785	818.931	7.886.166
- Materiais Indiretos	Tabela 6.2	56.897	66.551	67.061	69.704	70.920	70.140	71.289	71.371	81.964	78.463	78.560	80.668	863.587
Consumo de Materiais Total		426.831	629.561	634.753	688.100	713.648	697.269	710.338	712.042	928.975	853.293	855.345	899.598	8.749.753
Mão de Obra Direta	Tabela 6.2	45.741	152.470	160.093	167.717	176.102	177.846	177.846	177.846	179.590	179.590	179.590	125.713	1.900.142
Mão de Obra Indireta	Tabela 6.2	44.041	146.804	148.272	148.272	155.685	157.227	157.227	157.227	158.768	158.768	158.768	111.138	1.702.194
Despesas Gerais	Tabela 6.2	57.562	94.062	94.451	95.707	95.707	95.707	95.707	95.707	95.707	95.707	95.707	80.251	1.091.981
Depreciação	Tabela 6.2	75.417	75.417	75.417	75.417	75.417	77.917	77.917	77.917	77.917	77.917	77.917	77.917	922.500
(+/−) Variação dos Estoques Industriais	Tabela 5.5	147.571	(93.031)	(38.623)	(33.328)	(27.155)	(6.419)	(6.674)	(3.014)	(75.923)	(2.623)	(1.646)	21.585	(119.279)
LUCRO BRUTO		436.210	230.772	177.698	195.824	192.287	204.565	199.421	201.728	359.116	371.260	377.993	476.282	3.423.155
DESPESAS OPERACIONAIS		120.998	167.555	169.782	176.366	178.285	180.205	180.124	180.124	196.276	189.093	189.093	168.414	2.096.318
Comerciais	Tabela 6.3	72.408	81.572	83.159	89.458	88.731	88.434	88.249	88.249	103.799	96.616	96.616	92.934	1.070.227
- Mão de Obra Indireta	Tabela 6.3	4.145	13.817	13.955	13.955	14.653	14.798	14.798	14.798	14.943	14.943	14.943	10.460	160.206
- Materiais Indiretos	Tabela 6.3	5.900	5.900	5.959	5.959	5.959	5.959	6.077	6.077	6.136	6.136	6.136	6.136	72.334
- Despesas Gerais	Tabela 6.3	59.147	59.467	60.472	64.884	64.884	64.884	64.884	64.884	73.004	73.004	73.004	73.004	795.522
- Depreciação	Tabela 6.3	2.333	2.333	2.333	2.333	2.333	2.333	2.333	2.333	2.333	2.333	2.333	2.333	28.000
- Provisão Devedores Duvidosos	Tabela 6.3	883	55	440	2.327	902	460	157	157	7.383	200	200	1.001	14.165
Administrativos	Tabela 6.4	48.591	85.983	86.623	86.909	89.554	91.771	91.875	91.875	92.477	92.477	92.477	75.480	1.026.090
- Mão de Obra	Tabela 6.4	15.717	52.389	52.913	52.913	55.558	56.108	56.108	56.108	56.658	56.658	56.658	39.661	607.450
- Materiais Indiretos	Tabela 6.4	5.200	5.200	5.252	5.252	5.252	5.252	5.356	5.356	5.408	5.408	5.408	5.408	63.752
- Despesas Gerais	Tabela 6.4	17.674	18.394	18.458	18.744	18.744	18.744	18.744	18.744	18.744	18.744	18.744	18.744	223.222
- Depreciação	Tabela 6.4	10.000	10.000	10.000	10.000	10.000	11.667	11.667	11.667	11.667	11.667	11.667	11.667	131.667

(continua)

Projeção das demonstrações financeiras 231

Tabela 9.3 – Demonstração de resultados (continuação)

	Dado ou Fonte da Informação	Janeiro	Fevereiro	Março	Abril	Maio	Junho	Julho	Agosto	Setembro	Outubro	Novembro	Dezembro	Total
LUCRO OPERACIONAL I		315.211	63.217	7.916	19.457	14.002	24.360	19.297	21.603	162.840	182.167	188.900	307.868	1.326.838
Receitas Financeiras de Aplicações	0,70% a.m.	6.504	8.634	8.896	7.140	6.877	6.505	5.797	6.382	6.824	5.671	4.979	6.673	80.881
Outras Receitas Financeiras	Tabela 7.8	5.173	5.173	5.173	5.173	5.173	5.173	5.173	5.173	5.173	5.173	5.173	5.173	62.073
Despesas Financeiras com Financiamentos	Tabela 7.6	(49.200)	(49.190)	(49.180)	(49.170)	(49.160)	(49.150)	(54.774)	(54.688)	(46.371)	(54.960)	(54.945)	(46.437)	(607.227)
Outras Despesas Financeiras	Tabela 7.7	(8.900)	(8.900)	(8.900)	(8.900)	(8.900)	(8.900)	(8.900)	(8.900)	(8.900)	(8.900)	(8.900)	(8.900)	(106.800)
Equivalência Patrimonial		2.500	2.500	2.500	2.500	2.500	2.500	2.500	2.500	2.500	2.500	2.500	2.500	30.000
LUCRO OPERACIONAL II		271.288	21.434	(33.596)	(23.800)	(29.509)	(19.512)	(30.908)	(27.930)	122.065	131.650	137.706	266.877	785.765
Outras Receitas e Despesas		0	0	0	0	0	0	0	0	0	0	0	0	0
- Valor de Venda de Imobilizados		0	0	0	0	0	0	0	0	0	0	0	0	0
- (-) Valor de Baixa de Imobilizados		0	0	0	0	0	0	0	0	0	0	0	0	0
LUCRO ANTES DOS IMPOSTOS		271.288	21.434	(33.596)	(23.800)	(29.509)	(19.512)	(30.908)	(27.930)	122.065	131.650	137.706	266.877	785.765
Impostos sobre o Lucro	0,3	(81.386)	(6.430)	10.079	7.140	8.853	5.854	9.272	8.379	(36.620)	(39.495)	(41.312)	(80.063)	(235.729)
LUCRO LÍQUIDO DEPOIS DO IMPOSTO DE RENDA		189.901	15.004	(23.517)	(16.660)	(20.656)	(13.659)	(21.636)	(19.551)	85.446	92.155	96.394	186.814	550.035
(-) Dividendos Propostos	0,4	(75.961)	(6.001)	9.407	6.664	8.262	5.463	8.654	7.821	(34.178)	(36.862)	(38.558)	(74.726)	(220.014)
LUCRO DO PERÍODO RETIDO		113.941	9.002	(14.110)	(9.996)	(12.394)	(8.195)	(12.981)	(11.731)	51.267	55.293	57.837	112.088	330.021
LUCRO ACUMULADO		113.941	122.943	108.833	98.837	86.443	78.248	65.266	53.536	104.803	160.096	217.933	330.021	
Provisão Dividendos Acumulados		75.961	6.001	(9.407)	(6.664)	(8.262)	(5.463)	(8.654)	(7.821)	34.178	36.862	38.558	74.726	

Tabela 9.4 – Balanço patrimonial

	Fonte da Informação	31.12.x0	31.01.x1	28.02.x1	31.03.x1	30.04.x1	31.05.x1	30.06.x1	31.07.x1	31.08.x1	30.09.x1	31.10.x1	30.11.x1	31.12.x1
ATIVO CIRCULANTE		4.027.500	3.952.883	4.491.324	4.309.819	4.518.478	4.584.830	4.478.297	4.602.351	4.679.116	5.361.500	5.123.124	5.379.961	5.545.655
Caixa/Bancos		1.000	1.000	1.000	1.000	1.000	1.000	1.000	1.000	1.000	1.000	1.000	1.000	1.000
Aplicações Financeiras		929.100	1.233.391	1.270.829	1.020.004	982.396	929.306	828.116	911.730	974.889	810.097	711.319	953.263	1.006.323
Contas a Receber de Clientes	Tabela 4.4	1.550.000	1.441.183	1.443.750	1.464.283	1.572.853	1.614.947	1.636.404	1.643.745	1.651.085	1.995.635	2.004.977	2.014.320	2.061.033
(–) Provisão Devedores Duvidosos	Tabela 4.4	(30.000)	(30.883)	(30.938)	(31.378)	(33.704)	(34.606)	(35.066)	(35.223)	(35.380)	(42.764)	(42.964)	(43.164)	(44.165)
(–) Títulos Descontados	Tabela 4.4	0	0	0	0	0	0	0	0	0	0	0	0	0
- Contas a Receber – Líquido	Tabela 4.4	1.520.000	1.410.301	1.412.813	1.432.906	1.539.149	1.580.341	1.601.338	1.608.522	1.615.705	1.952.871	1.962.014	1.971.156	2.016.868
Estoques		1.572.400	1.301.091	1.799.582	1.848.809	1.988.832	2.067.083	2.040.743	2.073.999	2.080.422	2.590.431	2.441.691	2.447.442	2.514.364
- De Materiais – Bruto	Tabela 5.4	1.000.000	875.863	1.281.323	1.291.927	1.398.623	1.449.718	1.416.959	1.443.542	1.446.950	1.881.037	1.729.674	1.733.779	1.822.285
- (–) Provisão Retificadora	Tabela 5.4	0	0	0	0	0	0	0	0	0	0	0	0	0
- De Materiais – Líquido	Tabela 5.4	1.000.000	875.863	1.281.323	1.291.927	1.398.623	1.449.718	1.416.959	1.443.542	1.446.950	1.881.037	1.729.674	1.733.779	1.822.285
- Em Processo	–	0	0	0	0	0	0	0	0	0	0	0	0	0
- Acabados	Tabela 5.5	570.000	422.429	515.460	554.082	587.410	614.565	620.984	627.657	630.672	706.594	709.218	710.864	689.279
Adiantamentos a Fornecedores		2.400	2.800	2.800	2.800	2.800	2.800	2.800	2.800	2.800	2.800	2.800	2.800	2.800
Impostos a Recuperar		4.500	5.800	5.800	5.800	5.800	5.800	5.800	5.800	5.800	5.800	5.800	5.800	5.800
Despesas do Exercício Seguinte		500	1.300	1.300	1.300	1.300	1.300	1.300	1.300	1.300	1.300	1.300	1.300	1.300
ATIVO NÃO CIRCULANTE		6.990.000	6.904.750	6.819.500	6.734.250	6.649.000	6.563.750	7.174.333	7.084.917	6.995.500	6.906.083	6.816.667	6.727.250	6.637.833
Realizável a Longo Prazo		6.000	6.000	6.000	6.000	6.000	6.000	6.000	6.000	6.000	6.000	6.000	6.000	6.000
Depósitos Judiciais		5.000	5.000	5.000	5.000	5.000	5.000	5.000	5.000	5.000	5.000	5.000	5.000	5.000
Incentivos Fiscais		1.000	1.000	1.000	1.000	1.000	1.000	1.000	1.000	1.000	1.000	1.000	1.000	1.000
Outros Ativos Não Circulantes														
Investimentos em Controladas		200.000	202.500	205.000	207.500	210.000	212.500	215.000	217.500	220.000	222.500	225.000	227.500	230.000
- Imobilizado Bruto	Tabela 7.2	9.290.000	9.290.000	9.290.000	9.290.000	9.290.000	9.290.000	9.990.000	9.990.000	9.990.000	9.990.000	9.990.000	9.990.000	9.990.000
- (–) Depreciação Acumulada	Tabela 6.2 e 6.4	(2.500.000)	(2.587.750)	(2.675.500)	(2.763.250)	(2.851.000)	(2.938.750)	(3.030.667)	(3.122.583)	(3.214.500)	(3.306.417)	(3.398.333)	(3.490.250)	(3.582.167)
Imobilizado Líquido	–	6.790.000	6.702.250	6.614.500	6.526.750	6.439.000	6.351.250	6.959.333	6.867.417	6.775.500	6.683.583	6.591.667	6.499.750	6.407.833
Intangível	–	0	0	0	0	0	0	0	0	0	0	0	0	0
ATIVO TOTAL		11.023.500	10.863.633	11.316.824	11.050.069	11.173.478	11.154.580	11.658.631	11.693.268	11.680.616	12.273.583	11.945.790	12.113.211	12.189.488

(continua)

Tabela 9.4 – Balanço patrimonial (continuação)

	Fonte da Informação	31.12.x0	31.01.x1	28.02.x1	31.03.x1	30.04.x1	31.05.x1	30.06.x1	31.07.x1	31.08.x1	30.09.x1	31.10.x1	30.11.x1	31.12.x1
PASSIVO CIRCULANTE		**2.223.500**	**1.970.995**	**2.437.179**	**2.207.259**	**2.364.157**	**2.381.956**	**2.415.360**	**2.540.297**	**2.561.601**	**3.133.071**	**2.773.832**	**2.908.284**	**3.010.521**
Fornecedores	Tabela 5.4	260.000	287.555	958.645	601.666	738.609	711.069	619.218	685.776	666.102	1.259.661	653.813	798.162	916.059
Salários e Encargos a Pagar	Tabela 6.5	120.000	50.400	173.130	183.028	192.130	207.374	215.121	220.814	226.507	234.477	240.226	245.975	131.939
Contas a Pagar	Tabela 6.5	100.000	89.589	114.615	115.587	119.557	119.557	119.557	119.557	119.557	124.970	124.970	124.970	114.666
Impostos a Recolher – sobre Mercadorias	Tabela 5.6	240.000	161.012	(67.522)	59.070	37.988	48.300	80.061	57.552	64.416	(84.046)	122.527	73.565	34.440
Impostos a Recolher – sobre Lucros	Tabela 9.1	100.000	81.386	6.430	(10.079)	(7.140)	(8.853)	(5.854)	(9.272)	(8.379)	36.620	39.495	41.312	80.063
Adiantamento de Clientes	–	3.500	5.000	5.000	5.000	5.000	5.000	5.000	5.000	5.000	5.000	5.000	5.000	5.000
Empréstimos	Tabela 7.6	1.200.000	1.220.093	1.240.879	1.262.394	1.284.677	1.307.771	1.387.721	1.469.524	1.496.219	1.522.211	1.550.938	1.580.742	1.653.629
Dividendos a pagar	Tabela 9.1	200.000	75.961	6.001	(9.407)	(6.664)	(8.262)	(5.463)	(8.654)	(7.821)	34.178	36.862	38.558	74.726
PASSIVO NÃO CIRCULANTE		**4.800.000**	**4.778.697**	**4.756.702**	**4.733.977**	**4.710.484**	**4.686.181**	**5.165.023**	**5.087.704**	**5.065.479**	**5.035.709**	**5.011.862**	**4.986.994**	**4.848.946**
Exigível a Longo Prazo														
Financiamentos	Tabela 7.6	4.800.000	4.778.697	4.756.702	4.733.977	4.710.484	4.686.181	5.165.023	5.087.704	5.065.479	5.035.709	5.011.862	4.986.994	4.848.946
PATRIMÔNIO LÍQUIDO		**4.000.000**	**4.113.941**	**4.122.943**	**4.108.833**	**4.098.837**	**4.086.443**	**4.078.248**	**4.065.266**	**4.053.536**	**4.104.803**	**4.160.096**	**4.217.933**	**4.330.021**
Capital Social		4.000.000	4.000.000	4.000.000	4.000.000	4.000.000	4.000.000	4.000.000	4.000.000	4.000.000	4.000.000	4.000.000	4.000.000	4.000.000
Reservas e Lucros Acumulados		0	0	0	0	0	0	0	0	0	0	0	0	0
Lucro do Período	Tabela 9.1	0	113.941	122.943	108.833	98.837	86.443	78.248	65.266	53.536	104.803	160.096	217.933	330.021
PASSIVO TOTAL		**11.023.500**	**10.863.633**	**11.316.824**	**11.050.069**	**11.173.478**	**11.154.580**	**11.658.631**	**11.693.268**	**11.680.616**	**12.273.583**	**11.945.790**	**12.113.211**	**12.189.488**

Tabela 9.5 – Fluxo de caixa

	Janeiro	Fevereiro	Março	Abril	Maio	Junho	Julho	Agosto	Setembro	Outubro	Novembro	Dezembro	Total
I – DAS ATIVIDADES OPERACIONAIS													
Recebimento de Duplicatas	1.652.942	1.544.308	1.548.342	1.576.630	1.688.207	1.731.833	1.753.814	1.761.679	1.793.631	2.138.847	2.148.857	2.161.537	21.500.627
Acréscimo – Adiantamento de Clientes	1.500	0	0	0	0	0	0	0	0	0	0	0	1.500
Outras Receitas Financeiras	5.173	5.173	5.173	5.173	5.173	5.173	5.173	5.173	5.173	5.173	5.173	5.173	62.073
(–) Pagamentos a Fornecedores	(403.777)	(766.877)	(1.259.478)	(970.970)	(1.094.143)	(1.020.678)	(962.106)	(1.018.827)	(1.295.932)	(1.586.568)	(1.052.894)	(1.256.191)	(12.688.442)
(–) Acréscimo – Adiantamento a Fornecedores	(400)	0	0	0	0	0	0	0	(1.295.932)	0	0	0	(400)
(–) Recolhimento de Impostos sobre Vendas	(272.202)	(147.508)	55.708	(66.668)	(47.648)	(64.312)	(91.572)	(70.435)	(47.607)	59.541	(137.241)	(80.453)	(910.398)
(–) Pagamento de Salários/Encargos	(179.243)	(242.749)	(365.334)	(373.753)	(386.754)	(398.232)	(400.285)	(400.285)	(401.989)	(404.210)	(404.210)	(401.007)	(4.358.053)
(–) Recolhimento de Despesas Gerais	(144.794)	(146.896)	(172.409)	(175.366)	(179.335)	(179.335)	(179.335)	(179.335)	(182.042)	(187.455)	(187.455)	(182.303)	(2.096.059)
(–) Recolhimento de Impostos sobre Lucro	(100.000)	(81.386)	(6.430)	10.079	7.140	8.853	5.854	9.272	8.379	(36.620)	(39.495)	(41.312)	(255.666)
(–) Variação – Impostos a Recuperar	(1.300)	0	0	0	0	0	0	0	0	0	0	0	(1.300)
(–) Variação – Desp. Exerc. Seguinte	(800)	0	0	0	0	0	0	0	0	0	0	0	(800)
(–) Outras Despesas Financeiras	(8.900)	(8.900)	(8.900)	(8.900)	(8.900)	(8.900)	(8.900)	(8.900)	(8.900)	(8.900)	(8.900)	(8.900)	(106.800)
Saldo I – Operacional	**548.197**	**155.165**	**(203.330)**	**(3.775)**	**(16.261)**	**74.401**	**122.643**	**98.342**	**(129.287)**	**(20.191)**	**323.836**	**196.543**	**1.146.282**
II – ATIVIDADES DE FINANCIAMENTOS													
Aquisição de Imobilizados	0	0	0	0	0	0	700.000	0	0	0	0	0	700.000
(–) Venda de Imobilizados	0	0	0	0	0	0	0	0	0	0	0	0	0
Aumento Realizável a Longo Prazo	0	0	0	0	0	0	0	0	0	0	0	0	0
Saldo II – Investimentos	**0**	**0**	**0**	**0**	**0**	**0**	**700.000**	**0**	**0**	**0**	**0**	**0**	**700.000**
III – ATIVIDADES DE FINANCIAMENTOS													
Aumento de Capital Social	0	0	0	0	0	0	0	0	0	0	0	0	0
(–) Lucros Distribuídos	(200.000)	(75.961)	(6.001)	9.407	6.664	8.262	5.463	8.654	7.821	(34.178)	(36.862)	(38.558)	(345.289)
Novos Financiamentos	0	0	0	0	0	560.000	0	0	0	0	0	0	560.000
(–) Amortizações	(50.410)	(50.400)	(50.390)	(50.380)	(50.369)	(50.359)	(50.289)	(50.219)	(50.149)	(50.079)	(50.010)	(111.598)	(664.652)
Saldo III – Financiamentos	**(250.410)**	**(126.360)**	**(56.391)**	**(40.973)**	**(43.705)**	**517.903**	**(44.826)**	**(41.565)**	**(42.329)**	**(84.258)**	**(86.872)**	**(150.156)**	**(449.941)**
Receitas Financeiras de Aplicações	6.504	8.634	8.896	7.140	6.877	6.505	5.797	6.382	6.824	5.671	4.979	6.673	80.881
Saldo total do Período	**304.291**	**37.438**	**(250.825)**	**(37.608)**	**(53.090)**	**598.810**	**(616.386)**	**63.159**	**(164.792)**	**(98.778)**	**241.943**	**53.060**	**77.223**
(+) SALDO INICIAL DE CAIXA	930.100	1.234.391	1.271.829	1.021.004	983.396	930.306	1.529.116	912.730	975.889	811.097	712.319	954.263	930.100
= SALDO FINAL DE CAIXA	1.234.391	1.271.829	1.021.004	983.396	930.306	1.529.116	912.730	975.889	811.097	712.319	954.263	1.007.323	1.007.323
Informação Adicional													
IMPOSTOS SOBRE COMPRAS	117.538	391.846	245.931	301.906	290.649	253.105	280.311	272.269	514.887	267.246	326.249	374.439	3.636.376

Simulação no planejamento financeiro

A utilização do instrumental de simulação é altamente recomendada para o processo de projeção dos demonstrativos contábeis, dada a enorme possibilidade de estruturação de um modelo matemático. Além de ser relativamente fácil de ser construído, o modelo permitirá, ao mesmo tempo, grande abrangência e complexidade, bem como a possibilidade de incorporação de condições probabilísticas e aleatórias.

A recomendação da utilização da simulação está em que a conclusão do processo orçamentário é feita após a adoção de um *único cenário* e um único conjunto de premissas. Como no planejamento estratégico a empresa sempre desenvolve pelo menos mais dois outros cenários, pessimista e otimista, a simulação poderá trabalhar com esses cenários alternativos, expandindo até em mais cenários, com inclusão de probabilidades etc. (ver, por exemplo, Corrar, 1993).

A tecnologia de informação tem oferecido boas soluções para a realização de simulação na conclusão do processo orçamentário. Além das tradicionais planilhas de cálculo, que hoje incorporam praticamente todas as principais ferramentas matemático-estatísticas necessárias para o processo de simulação, podemos encontrar, no mercado, Sistemas Especialistas para Simulação, bem como soluções nos Sistemas de Suporte à Decisão e *Business Intelligence*.

Esse instrumental será abordado de forma introdutória com exemplos numéricos no Capítulo 12.

9.5 Exemplo sintético para apuração do saldo final de caixa e elaboração do fluxo de caixa

Para apurar o saldo final de caixa projetado para cada mês do período orçamentado, pode ser utilizada uma metodologia de apuração por diferença, observando os seguintes passos. Essa metodologia deve ser feita mês a mês, para cada mês do plano orçamentário. Aplica-se a metodologia no mês de janeiro. Depois de encerrado o mês de janeiro do ano em pauta de orçamento, o balanço patrimonial orçado do mês de janeiro passa a ser o balanço inicial para o mês de fevereiro a ser orçado, e assim sucessivamente.

Para aplicação da metodologia, é necessário assumir um balanço inicial que representa o encerramento do ano anterior antes do orçamento. O balanço inicial assumido para exemplificação é mostrado na Tabela 9.6.

Tabela 9.6 – Balanço patrimonial inicial conhecido ou assumido

ATIVO	
Caixa/Bancos/Aplicações Financeiras	2.000
Contas a receber de clientes	10.000
Estoques	9.000
Imobilizado	15.000
Total	36.000
PASSIVO	
Fornecedores	4.000
Salário e Contas a Pagar	3.000
Empréstimos	10.000
Capital Social	15.000
Lucros Acumulados	4.000
Total	36.000

Em seguida, tomaremos os valores decorrentes das peças orçamentárias já feitas, mas ainda não integradas nas demonstrações contábeis, conforme mostra a Tabela 9.7.

Tabela 9.7 – Orçamentos de um período

	Valor – $	Premissas
Vendas – Receita	100.000	
Contas a receber de clientes	11.667	42 dias
Consumo de Materiais/Mercadorias	65.000	
Estoques de Materiais/Mercadorias	10.833	60 dias
Fornecedores	4.514	25 dias
Depreciações	1.200	
Despesas Gerais	25.000	
Salário e Contas a Pagar	3.056	44 dias
Novos Investimentos	2.000	
Novos Financiamentos	1.750	
Amortizações de Empréstimos	900	
Despesas Financeiras	1.100	11% a.a.
Receitas Financeiras sobre saldo inicial – 8%	160	
Imposto de Renda		34%
Dividendos distribuídos – % do Lucro Líquido		60%

Esses orçamentos, claramente sintetizados, contêm também as premissas utilizadas para o orçamento dos saldos das contas do balanço patrimonial com que se relacionam. Como exemplo, verificamos que, em seguida ao orçamento de vendas, já está orçado o saldo de duplicatas a receber de clientes utilizando uma premissa de prazo médio de recebimento de vendas de 42 dias. Esse mesmo procedimento foi adotado para os itens de consumo, estoque e fornecedores de materiais e salários e contas a pagar.

Para finalizar as projeções das demonstrações financeiras, as duas premissas faltantes já estão indicadas, que são a alíquota estimada de IR/CSLL e a premissa de distribuição de lucros.

Com esses dados, podemos aplicar a metodologia de identificar o saldo final de caixa, o único elemento patrimonial que ainda não foi obtido no plano orçamentário. Os passos e procedimentos são apresentados em seguida.

1º Passo – Elaborar o orçamento da demonstração do resultado do período

Todos os dados para elaborar o orçamento da demonstração dos resultados já constam das peças orçamentárias resumidas na Tabela 9.7. O único item faltante é o valor do imposto de renda que pode ser calculado com a premissa orçamentária de 34% sobre o lucro antes do imposto de renda. A Tabela 9.8 mostra o orçamento da demonstração do resultado do período.

Tabela 9.8 – Orçamento da demonstração do resultado do período

Vendas	100.000
(–) Custo das Mercadorias Vendidas	–65.000
= Lucro Bruto	35.000
(–) Despesas Gerais	–25.000
(–) Depreciações	–1.200
= Lucro Operacional	8.800
(–) Despesas Financeiras	–1.100
(+) Receitas Financeiras sobre saldo inicial	160
= Lucro antes IR/CSLL	7.860
(–) Imposto de Renda – 34%	–2.672
= Lucro Líquido	5.188
Distribuição de dividendos – 60%	3.113
Lucros Retidos	2.075

Nessa demonstração, também já preparamos o valor dos Lucros Retidos, que irá para o passivo no balanço patrimonial a ser orçado em seguida. No exemplo, partimos da premissa de que $ 3.113 já foram distribuídos a título de dividendos, uma vez que a premissa orçamentária de distribuição de lucros é que 60% do lucro líquido foram distribuídos.

2º Passo – Levantar o passivo para o orçamento do balanço patrimonial

Uma vez que temos o valor dos Lucros Retidos e foi considerado como premissa que os dividendos já foram distribuídos, temos todos os dados dos elementos patrimoniais do passivo, conforme mostra a Tabela 9.9.

Tabela 9.9 – Orçamentos do passivo do balanço patrimonial

PASSIVO	Inicial	Orçado	Variação
Fornecedores	4.000	4.514	514
Salário e Contas a Pagar	3.000	3.056	56
Empréstimos*	10.000	11.950	1.950
Capital Social	15.000	15.000	0
Lucros Acumulados	4.000	6.075	2.075
Total	36.000	40.594	4.594
* Empréstimos			
Saldo Inicial	10.000		
(+) Despesas Financeiras	1.100		
(+) Novos Financiamentos	1.750		
(–) Amortizações	–900		
Saldo Final	11.950		

O valor final das contas de Fornecedores e Salários e Contas a Pagar consta dos orçamentos da Tabela 9.7.

O valor final da conta de Empréstimos foi obtido a partir do saldo inicial do balanço patrimonial mais os dados da Tabela 9.7. O valor final da conta Lucros Acumulados é a soma do saldo inicial do balanço patrimonial mais o valor dos Lucros Retidos obtido na Tabela 9.8.

3º Passo – Levantar o ativo para o orçamento do balanço patrimonial antes do saldo final de caixa

Temos todos os dados dos demais elementos do balanço patrimonial a ser orçado, exceto o valor do saldo final de caixa na Tabela 9.7.

Tabela 9.10 – Orçamentos do ativo do balanço patrimonial antes do saldo final de caixa

ATIVO	Inicial	Orçado	Variação
Caixa/Bancos/Aplicações Financeiras	2.000	0	–2.000
Contas a receber de clientes	10.000	11.667	1.667
Estoques	9.000	10.833	1.833
Imobilizado*	15.000	15.800	800
Total	36.000	38.300	2.300
* Imobilizado			
Saldo Inicial	15.000		
(+) Novos Investimentos	2.000		
(–) Depreciações	–1.200		
Saldo Final	15.800		

O valor do saldo de Contas a Receber de Clientes e Estoques foi obtido a partir da Tabela 9.7 decorrente das premissas orçamentárias. O saldo final de Imobilizado foi obtido a partir do saldo inicial do balanço patrimonial mais os dados dos orçamentos de investimentos e despesas de depreciações.

4º Passo – Apurar o saldo final de caixa orçado com o valor do passivo menos o valor do ativo antes do saldo final de caixa

Uma vez que o valor total do passivo já foi obtido na Tabela 9.9, a diferença com o valor do ativo, antes do saldo final de caixa, da Tabela 9.10, é o saldo final de caixa orçado.

Tabela 9.11 – Valor do saldo final de caixa obtido por diferença entre o total do passivo orçado e o total do ativo orçado antes do saldo final de caixa

Total do Passivo		40.594	
Total do Ativo antes do Saldo Final de Caixa		–38.300	
Saldo Final de Caixa		2.294	

Com o saldo final de caixa, podemos concluir o orçamento do balanço patrimonial, uma vez que esse valor completa o ativo total.

5º Passo – Levantar o orçamento do balanço patrimonial final com o saldo final de caixa

A Tabela 9.12 mostra o orçamento do balanço patrimonial final, uma vez que o saldo final de caixa já foi obtido no passo anterior.

Tabela 9.12 – Orçamento do balanço patrimonial final

ATIVO	Inicial	Orçado	Variação
Caixa/Bancos/Aplicações Financeiras	2.000	**2.294**	294
Contas a receber de clientes	10.000	11.667	1.667
Estoques	9.000	10.833	1.833
Imobilizado	15.000	15.800	800
Total	36.000	40.594	4.594
PASSIVO			
Fornecedores	4.000	0	–4.000
Salário e Contas a Pagar	3.000	2.000	–1.000
Empréstimos	10.000	0	–10.000
Capital Social	15.000	15.000	0
Lucros Acumulados	4.000	13.000	9.000
Total	36.000	30.000	–6.000

Esse procedimento deverá ser feito para todos os 12 meses do período sendo orçado. É uma metodologia simples, mas eficaz.

Com os dados do balanço patrimonial orçado e da demonstração dos resultados orçada, podemos elaborar o fluxo de caixa pelos dois métodos. A Tabela 9.13 mostra o fluxo de caixa estruturado pelo método indireto.

Tabela 9.13 – Fluxo de caixa pelo método indireto

Lucro Líquido do Período	5.188
(+) Depreciações	1.200
(+) Despesas Financeiras com Empréstimos	1.100
= Lucro Gerado pelas Operações	7.488
Aplicações no Capital de Giro	
Variação de Contas a Receber de Clientes	–1.667
Variação de Estoques	–1.833
Variação dos Fornecedores	514
Variação de Salários/Contas a Pagar	56
Subtotal – Lucro das Operações ou	
Lucro Gerado para o Caixa	**4.557**
(–) Novos Investimentos	–2.000
(+) Novos Financiamentos	1.750
(–) Amortizações de Empréstimos	–900
(–) Distribuição de Dividendos	–3.113
= Saldo de Caixa do Período	294
(+) Saldo Inicial de Caixa	2.000
= Saldo Final de Caixa	2.294

A Tabela 9.14 mostra o fluxo de caixa estruturado pelo método direto.

Tabela 9.14 – Fluxo de caixa pelo método direto

Recebimento de Vendas	98.333
(–) Pagamentos a Fornecedores	–66.319
(–) Pagamentos de Salários/Despesas	–24.944
(–) Pagamento de IR/CSLL	–2.672
= FLuxo de Caixa/Atividades Operacionais	4.397
(+) Receitas Financeiras	160
(–) Novos Investimentos	–2.000
(+) Novos Financiamentos	1.750
(–) Amortizações de Empréstimos	–900
(–) Distribuição de Dividendos	–3.113
= Saldo de Caixa do Período	294
(+) Saldo Inicial de Caixa	2.000
= Saldo Final de Caixa	2.294

Os valores de recebimento de vendas, pagamentos a fornecedores e pagamento de salários e encargos foram obtidos por retrabalho das contas do balanço patrimonial e demonstração dos resultados, conforme evidenciado na Tabela 9.15.

Tabela 9.15 – Cálculos para o método direto

Recebimento de Vendas	
Saldo Inicial de Duplicatas a Receber	10.000
(+) Vendas – Receitas	100.000
(–) Saldo Final de Duplicatas a Receber	–11.667
Recebimento de Vendas	98.333
Pagamentos a Fornecedores	
Custo das Mercadorias Vendidas	65.000
(+) Estoque Final de Materiais	10.833
(–) Estoque Inicial de Materiais	–9.000
= Compras de Materiais	66.833
(+) Saldo Inicial de Fornecedores	4.000
(–) Saldo Final de Fornecedores	–4.514
= Pagamentos a Fornecedores	66.319
Pagamentos de Salários e Despesas Gerais	
Saldo Inicial de Salários/Contas a Pagar	3.000
(+) Despesas Gerais	25.000
(–) Saldo Final Salários/Contas a Pagar	–3.056
Pagamentos de Salários/Despesas Gerais	24.944

Questões e exercícios

1. Considere o balanço inicial dado a seguir, bem como os dados adicionais, e elabore a projeção da demonstração de resultados para o período orçado, bem como o balanço final projetado.

   a) Balanço Inicial

Ativo Circulante	$	Passivo Circulante	$
Caixa/Bancos	–	Duplicatas a Pagar	1.700.000
Duplicatas a Receber	4.833,000	Impostos a Recolher	100.000
Estoque de Materiais	2.167,000	Impostos sobre o Lucro	–
		Ex. Longo Prazo – Empréstimos	15.000,000
Ativo Não Circulante		Patrimônio Líquido	
Equipamentos	25.000.000	Capital Social	15.200.000
Total	32.000.000	Total	32.000.000

   b) Orçamentos anuais e dados adicionais:

	$
Orçamento da Receita Operacional Bruta	84.329.500
Orçamento da Receita Operacional Líquida	67.832.500
Orçamento de Consumo de Materiais	19.070.571
Orçamento de Compras Brutas	26.106.600
Orçamento de Compras Líquidas de Impostos	20.082.000
Orçamento de Despesas Gerais de Fabricação	26.500.000
Orçamento de Depreciações Industriais	4.000.000
Orçamento de Despesas com Vendas	9.000.000
Orçamento de Despesas Administrativas	3.200.000

   Despesas Financeiras – 12% de juros ao ano
   Impostos sobre o Lucro – 40% sobre o Lucro antes dos Impostos

   c) Considere ainda:
   - foram adquiridos $ 4.300.000 em novos equipamentos, à vista;
   - 75% dos impostos sobre o lucro gerados no ano já foram pagos, restando apenas 25% a pagar;
   - 50% dos juros gerados no ano foram pagos, restando 50% a pagar, além do valor principal dos empréstimos, do qual nada foi pago;
   - o total do lucro líquido, após os impostos sobre o lucro, foi retido na empresa;
   - os impostos a recolher das vendas menos os das compras têm um prazo médio de recolhimento de 30 dias;
   - a conta de duplicatas a receber equivale a 35 dias das vendas e a conta de duplicatas a pagar equivale a 28 dias de compras;
   - o saldo final de caixa será obtido por diferença e não há necessidade de projetar receitas financeiras.

2. Depois de concluído o exercício anterior, faça a projeção do fluxo de caixa do ano, utilizando os dados dos balanços iniciais e finais e da demonstração de resultados projetada.
3. Considere a solução do Exercício 1 e verifique e analise a liquidez e o endividamento da empresa, bem como calcule e analise a rentabilidade.
4. Considere o balanço inicial, os dados e as informações apresentados a seguir:

A) Balanço inicial

	$	
Disponibilidades	20.000	
Clientes	80.000	
Estoques		
. Materiais	50.000	
. Acabados – Quantidade = 3.500	63.000	Custo Médio = 18,00
Imobilizado		
. Valor Original	600.000	
. Depreciação Acumulada	–120.000	
Total	693.000	
Fornecedores	40.000	
Contas a Pagar	13.000	
Patrimônio Líquido		
. Capital Social	600.000	
Lucros Acumulados	40.000	
. Lucro Projetado	0	
Total	693.000	

B) Dados atuais/Reais

	Produto A	Produto B	Total
. Estoque Inicial – Qtde.	2.000	1.500	3.500
. Vendas do Ano Anterior – Qtde.	30.000	12.000	42.000
. Preço Médio Obtido – $	20,00	30,00	
Custo de Materiais por unidade de produto – $	12,00	17,00	

C) Informações para o orçamento de vendas, produção e consumo de materiais
   a) espera-se vender no próximo ano 10% a mais de quantidade do produto A e 8% do produto B;
   b) estima-se um aumento de preço de venda da ordem de 4% para o produto A e 5% para o produto B;
   c) os impostos sobre vendas representam 25% da receita bruta;
   d) o saldo final da conta Clientes deve corresponder a 40 dias da receita bruta;

e) o estoque final de produtos acabados deve manter-se em 35 dias de venda para os dois produtos;

f) estima-se que o custo dos materiais terá aumento de 5% para o produto A e 4% para o produto B;

g) as compras serão iguais ao consumo;

h) os impostos sobre compras representam 20% das compras líquidas;

i) o saldo final da conta Fornecedores deve corresponder a 20 dias das compras brutas;

j) os impostos sobre vendas serão recolhidos no ano, descontados os impostos sobre compras.

D) Outros dados

a) os gastos de fabricação do ano estão previstos em $ 40.000;

b) as despesas operacionais do ano estão previstas em $ 50.000;

c) a taxa de depreciação é de 10% a.a. do valor original do imobilizado e é considerada despesa;

d) os investimentos serão de $ 50.000 realizados no meio do ano, não depreciáveis, dos quais 40% serão financiados a uma taxa de juros de 10% a.a., no longo prazo. Os juros são pagos no exercício;

e) o saldo orçado de conta a pagar não deverá ter alteração;

f) o saldo de disponibilidades será obtido por diferença e a receita financeira equivale a 8% a.a., calculáveis sobre o saldo inicial.

E) Faça

a) o orçamento de vendas – quantidade, valor líquido, valor bruto, conta Clientes;

b) o orçamento de produção em quantidades;

c) o orçamento de consumo de materiais, compras líquidas, compras brutas;

d) o orçamento do custo dos produtos vendidos e estoque final de produtos acabados, considerando como custo de produção o consumo de materiais e os gastos de fabricação;

e) a demonstração de resultados projetada, desconsiderando imposto sobre o lucro;

f) o balanço final.

5. Depois de concluído o exercício anterior, faça a projeção do fluxo de caixa do ano, utilizando os dados dos balanços iniciais e finais e da demonstração de resultados projetada.

6. Considere a solução do Exercício 4 e verifique e analise a liquidez e o endividamento da empresa, bem como calcule e analise a rentabilidade.

Capítulo 10

Controle orçamentário

Essa etapa acontece após a execução das transações dos eventos econômicos previstos no plano orçamentário. Não se concebe um plano orçamentário sem o posterior acompanhamento dos acontecimentos reais *versus* os planejados e a análise de suas variações.

A base do controle orçamentário é o confronto dos dados orçados contra os dados reais obtidos pelo sistema de informação contábil. As variações ocorridas entre os dados reais e os dados orçados permitirão uma série de análises, identificando se as variações ocorridas foram decorrentes de plano, preços, quantidades, eficiência etc.

10.1 Objetivos, conceitos e funções

Os objetivos principais do controle orçamentário são:

- identificar e analisar as variações ocorridas;
- corrigir erros detectados;
- ajustar o plano orçamentário, se for o caso, para garantir o processo de otimização do resultado e da eficácia empresarial.

Responsabilidade pelo controle orçamentário

Segundo a premissa de que os gestores são responsáveis pela geração do lucro de suas áreas de responsabilidade, o controle orçamentário é mais um dos instrumentos de gestão necessários para otimizar esse objetivo. Portanto, cada gestor deve efetuar o seu controle orçamentário.

O setor de Controladoria também deve, concomitantemente, efetuar o monitoramento e o apoio aos gestores individuais sobre seus orçamentos. Além disso, cabe à Controladoria o papel de efetuar o controle orçamentário da empresa ou corporação como um todo, uma vez que é responsável pelo conjunto do processo orçamentário e pelo acompanhamento e coordenação dos objetivos globais do empreendimento. Cabe também à Controladoria propor as ações corretivas, decorrentes do controle orçamentário, tanto para os gestores individualmente como para a empresa como um todo.

Conceito de controle

Na linha de delegação de responsabilidade e autoridade e orçamento participativo, o conceito de controle efetuado pela Controladoria é no sentido de buscar a congruência de objetivos, otimização dos resultados setoriais e corporativos, apoio aos gestores, correção de rumos, ajustes de planos etc. – nunca em um conceito de controle punitivo, que enfraquece a atuação do *controller*.

As justificativas e explicações das variações ocorridas são no sentido de auxílio ao processo de otimização do lucro e eficácia empresarial. Obviamente, cada gestor tem a consciência de que o controle orçamentário é parte integrante do processo de avaliação de desempenho.

10.2 Controle matricial

As empresas que adotam o conceito de gerenciamento matricial (tanto de despesas como de receitas e investimentos) devem incorporá-lo no controle orçamentário. Assim, as justificativas das variações orçamentárias devem vir de forma dupla: cada gestor de um centro de custo ou receita justifica a sua parte, e o gestor responsável pelo total dos gastos ou receitas, concordando ou não com as justificativas individuais, faz sua análise e justificativa do conjunto do item orçamentado.

Um resumo das principais características do gerenciamento matricial é apresentado a seguir:

- controle cruzado das despesas e receitas;
- linhas e colunas;
- sugere-se para itens relevantes;
- dupla responsabilidade (*double accountability*);
- gestor de linhas;
- gestor de colunas;
- possibilidade de conflitos;
- deve fazer parte do modelo orçamentário;
- deve ser aceito dentro da cultura orçamentária da empresa.

Controle cruzado das despesas e receitas

É o fundamento do controle matricial, com a incorporação do gestor de linha na matriz das despesas e receitas, que será responsável junto à empresa (à Controladoria ou ao Comitê Orçamentário, dependendo do modelo do processo orçamentário) pelo total de determinado gasto ou determinada receita.

Double accountability

Esse gerenciamento implica então uma dupla responsabilidade de prestação de contas, a do gestor de linha e a do gestor de colunas. Essa dupla responsabilidade tem seus aspectos favoráveis (maior controle) e seus aspectos desfavoráveis (conflito e acomodação).

Possibilidade de conflitos

O objetivo do gerenciamento matricial é a redução de gastos e o aumento da receita. No caso da redução de gastos, o conflito se instalará se o gestor de coluna quiser gastar mais do que o gestor de linha. No caso do aumento da receita, o conflito se instalará se o gestor de linha entender que é possível obter mais receita do que espera o gestor de coluna.

Outro aspecto comportamental a ser considerado é a possibilidade de acomodação do gestor de colunas, sabendo que há um outro responsável por determinado gasto ou receita junto à empresa.

Aplicabilidade

Alguns gastos, pela sua própria natureza e dimensão de valor, já têm dentro das empresas um controle específico, como é o caso das despesas com pessoal, gerenciadas pelo Departamento de Recursos Humanos, o consumo de materiais, gerenciado pelo Departamento de Compras ou Suprimentos, os gastos com fretes e movimentação, gerenciados pelo Departamento de Logística.

Porém, cada empresa tem sua especificidade em termos de gastos ou receitas de maior dimensão ou não e deve modelar o gerenciamento matricial segundo suas próprias características. Não há necessidade de aplicar o gerenciamento matricial para todos os gastos e receitas. Esse modelo de gerenciamento deve ser aplicado aos gastos e receitas relevantes. De um modo geral, as despesas que tendem a merecer esse tipo de controle são as seguintes:

- energia elétrica;
- despesas de viagens e estadas com funcionários;
- fretes, transporte interno e armazenagem;
- serviços de manutenção
- materiais de manutenção e conservação;
- despesas com telecomunicações;
- depreciações de imobilizados;
- horas extras;
- benefícios dados aos funcionários.

Cultura orçamentária

O gerenciamento matricial, bem como o orçamento base zero, são conceitos que dão maior detalhamento e rigidez na condução do processo orçamentário, exigindo dos administradores em todos os níveis hierárquicos muito mais atenção sobre as verbas orçadas e a necessidade constante de prestação de contas das variações apontadas no controle orçamentário.

Portanto, sua implementação deve ser objeto de um projeto cuidadoso, preparando adequadamente os funcionários e as chefias. Fatalmente a adoção desses conceitos impactará significativamente a cultura orçamentária existente, transformando-a para melhor (o que se espera), ou mesmo para pior. O sucesso da implantação determinará o sucesso do uso desses instrumentos e sua permanência como um instrumento efetivo de planejamento e controle de resultados.

Controle matricial das despesas

A Tabela 10.1 mostra um modelo de gerenciamento matricial das despesas.

Tabela 10.1 – Gerenciamento matricial – despesas

	Despesas	Depto. 1	Depto. 2	Depto. N	Total
	SALÁRIOS E ENCARGOS	1.000	2.000	3.000	6.000
	MATERIAIS INDIRETOS				
	· Manutenção	1.000	2.000	3.000	6.000
	· Expediente	1.000	2.000	3.000	6.000
	DESPESAS GERAIS				
Gestores de Linha	· Energia Elétrica	1.000	2.000	3.000	6.000
	· Viagens	1.000	2.000	3.000	6.000
	· Serviços de Limpeza	1.000	2.000	3.000	6.000
	· Etc.	1.000	2.000	3.000	6.000
	DEPRECIAÇÕES				
	· Diretas	1.000	2.000	3.000	6.000
	· Indiretas	1.000	2.000	3.000	6.000
	TOTAL GERAL	9.000	18.000	27.000	54.000

Gestores de Colunas: Depto. 1, Depto. 2, Depto. N

Os gestores de colunas são os responsáveis pelos Departamentos 1, 2 e N. Os gestores de linha são os responsáveis, junto à empresa, pelo total das despesas para os quais foram designados.

Controle matricial das receitas

A Tabela 10.2 mostra um modelo de gerenciamento matricial das receitas.

Tabela 10.2 – Gerenciamento matricial – receitas

	Receitas	Filial 1	Filial 2	Filial N	Total
	LINHA DE PRODUTO 1				
	- Produto X	3.000	4.000	5.000	12.000
Gestores de Linha	- Produto Y	4.000	5.000	6.000	15.000
	LINHA DE PRODUTO 2				
	- Produto 21	6.000	7.000	8.000	21.000
	- Produto 22	7.000	8.000	9.000	24.000
	TOTAL GERAL	20.000	24.000	28.000	72.000

(Gestores de Colunas: Filial 1, Filial 2, Filial N)

No caso das receitas, o gerenciamento mais utilizado é a designação pela empresa de um gerente de produto ou projeto. Dessa maneira, além do controle orçamentário das receitas de cada unidade de negócio, fábrica, loja, estabelecimento, escritório ou filial, que será feito pelo responsável de cada uma dessas unidades administrativas, a empresa elegerá um gestor de linha para cada produto, para consolidar o processo de avaliação do resultado por produto e linha de produto.

O exemplo da tabela do gerenciamento matricial das receitas deverá ter a continuidade, com a inserção do custo dos produtos vendidos ou custo variável dos produtos, para se obter o gerenciamento matricial da margem de contribuição por produto e por filial, bem como a margem bruta ou até mesmo a margem operacional por produto e por filial.

10.3 Características de controle e modelo de processo orçamentário

Dentro do modelo de processo orçamentário, algumas questões características de controle podem ser diferentes de uma empresa para outra. Alguns exemplos são apresentados a seguir.

Orçamento como sistema de autorização de gastos

Para algumas empresas, estando previsto no orçamento, qualquer gasto pode ser efetuado sem nenhuma outra consulta adicional. O valor orçado aprovado é, por si só, suficiente para a autorização de efetivação do gasto. Suponhamos, por exemplo, que, para um determinado departamento, foram previstos para o mês de junho, gastos com treinamento da ordem de $ 12.000. Nesse modelo, o responsável por esse departamento pode efetuar gastos em treinamento, até esse valor, sem consulta adicional ao seu superior.

Outras empresas, porém, adotam modelo diferente. Para efetivar o gasto de determinadas despesas (normalmente as relevantes e pontuais) é necessária uma autorização complementar, quando do momento de realização do gasto. Em outras palavras, mesmo estando previstos no orçamento, só poderá ser efetivada a realização de determinados gastos se forem aprovados novamente por nível hierárquico superior. Tomando o mesmo exemplo do parágrafo anterior, para realizar um treinamento, mesmo que de valor inferior aos $ 12.000 naquele mês, o responsável pelo departamento deverá obter uma aprovação complementar de seu superior imediato.

Procedimento de corte

Algumas empresas adotam um sistema de controle, em tempo real, de impedimento de realização de uma despesa, quando o valor do novo gasto a ser realizado, somado aos gastos já realizados no mês, superar o valor previsto no orçamento do período para cada tipo de despesa. Essa característica de controle, como das demais, devem estar dentro do modelo orçamentário adotado.

Para que isso aconteça, a empresa deve ter sistemas de informações que trabalhem em tempo real e que permitam uma adequada relação custo-benefício do procedimento. Esse tipo de procedimento, contudo, só é possível para gastos que tenham ocorrência diária e permitam esse tipo de controle. Os gastos mais comuns são as despesas gerais, constantes do orçamento de despesas departamentais, principalmente:

- despesas gerais de viagens, treinamento, fretes, publicidade;
- consumo de materiais indiretos, como material de expediente, manutenção etc.

Esse tipo de controle dificilmente será aplicado a gastos com características de ocorrência mensal, como salários e encargos sociais, aluguéis, *leasing* etc.

Reserva orçamentária e complementos de verbas orçamentárias

Algumas empresas adotam a política de criar, dentro do orçamento mestre, um orçamento denominado reserva orçamentária, que se caracteriza por ser um valor estimado para cobrir eventuais necessidades de complementos de diversas verbas orçamentárias. O objetivo é evitar ajustes ao orçamento principal (*budget*). A reserva orçamentária (ou reservas) fica sob a administração exclusiva dos níveis superiores (presidência e diretorias) e já é prevista no orçamento original.

A reserva orçamentária é utilizada para fazer complementos de verbas orçamentárias quando surgem situações de pequeno ou médio valor e, à discrição do responsável, é retirada do valor desta e realocada para o gestor solicitante, após justificativa, dentro do gasto que suplantou o valor orçado. É também utilizada para fazer os complementos, se for o caso, para permitir a realização dos gastos oriundos de procedimento de corte.

Realocação de verbas orçamentárias no orçamento de despesas departamentais

Essa questão também é aplicada de forma diversa entre as empresas. Algumas empresas não permitem nenhuma realocação de verbas. Assim, se o responsável tiver realizado gastos em excesso ao orçado, por exemplo, no item Despesas com Pessoal, a empresa não permite que compense com sobra orçamentária que tenha, por exemplo, no item Despesas Gerais. Essa possibilidade de compensação de verbas é permitida por outras empresas, dentro do total de despesas departamentais. Seja qual for a política, esta deve estar dentro do modelo de condução do processo orçamentário.

Uma possibilidade interessante é um procedimento alternativo. Possibilitar a realocação ou compensação de verbas, em razão de variações orçamentárias positivas e negativas já ocorridas, apenas dentro de cada grupo de despesas. Assim, poderia ser possível compensar, por exemplo, excesso de gastos com horas extras com economias orçamentárias em encargos sociais ou salários, apenas dentro do grupo de Despesas com Pessoal. Da mesma forma, seria possível compensar, por exemplo, excesso de gastos com materiais de manutenção com economias de gastos com materiais de expediente, dentro do grupo Consumo de Materiais Indiretos. Dentro da mesma linha, seria possível compensar excesso de gastos com Despesas de Viagens, com economias ocorridas no item Despesas com Treinamento, dentro do grupo Despesas Gerais.

Folga orçamentária[1]

Define-se como folga orçamentária a diferença entre o montante orçado e o valor realmente necessário que satisfaça as necessidades previstas, representando o excesso de recursos solicitados para executar uma tarefa, ou seja, é uma subestimação da receita ou superestimação de gastos em um orçamento.

Essa situação é estudada na teoria da agência que reflete conflito de interesses entre os administradores e os acionistas. Alguns administradores, com objetivo de obter alguma vantagem sobre a empresa, como, mais facilidade em conseguir re-

---

[1] Com base em: FARIA, Juliano Almeida de; GOMES, Sônia Maria da Silva. *Folga orçamentária*. Feira de Santana, BA: Uefs Editora, 2013.

muneração variável caso o orçamento seja o modelo de gestão utilizado pela empresa para esse fim, forçam e convencem o responsável pela condução do plano orçamentário a admitir números que lhes favoreçam.

Esse tema é tratado também de maneira mais simplificada como "jogo orçamentário". Esse procedimento deve ser minimizado ao máximo dentro da empresa. Cabe ao *controller* e alta administração o monitoramento desse tipo de comportamento, para que não ponha em risco a credibilidade do orçamento para períodos futuros. Em outras palavras, isso tem de ser eliminado ou, pelo menos, reduzido ao máximo para não permitir uma cultura orçamentária pouco saudável.

Algumas empresas tomam medidas drásticas para evitar esse comportamento. Caso o gestor peça verbas maiores do que necessita, e por motivos racionais não consiga gastar, elas impõem uma penalidade financeira, com a redução de prioridade de projetos para exercícios seguintes, assim como qualificam esse tipo de comportamento negativo para avaliação do desempenho do gestor.

10.4 Relatórios de controle orçamentário

Todas as peças orçamentárias devem ser objeto dos relatórios de acompanhamento em relação ao realmente acontecido. O relatório clássico de controle orçamentário, por tipo de despesa e receita, para todos os centros de custos ou divisões, compreende:

- os valores orçados para o mês em pauta;
- os valores reais contabilizados no mês;
- a variação do mês entre o real e o orçado;
- os valores orçados acumulados até o mês em pauta;
- os valores reais acumulados contabilizados até o mês;
- a variação acumulada entre o real e o orçado até o mês.

Pode ser complementado com as seguintes informações:

- variação percentual do mês;
- variação percentual até o mês;
- total do orçamento do ano (*budget*);
- soma dos dados reais até o mês mais o orçamento restante do ano (*forecast*).

Na Tabela 10.3 apresentamos um modelo básico de relatório de controle orçamentário.

Tabela 10.3 – Modelo de controle orçamentário

Discriminação	DO MÊS – R$				ATÉ O MÊS – R$				Dados Anuais		
	Real	Orçado	Variação	%	Real	Orçado	Variação	%	Real + Orçado	Orçado	Variação %
Receita/Despesa Centro de Custo											

Relatório de receitas e despesas reais *versus* orçadas por centro de custo

O modelo apresentado é o relatório de controle orçamentário mais comum. Mensalmente, todos os responsáveis pelos centros de custos devem ter acesso a esses dados, que são a fonte básica de informações para avaliação de seu desempenho e resultado em relação ao orçamentado.

Cada centro de custo deverá ter o seu relatório específico. Seguindo a linha hierárquica da empresa, o relatório de mesmo modelo deverá ser elaborado de forma aglutinada para as chefias que têm responsabilidade por mais de um centro de custo. Assim, o mesmo modelo deverá somar os dados de cada gerência, diretoria, unidade de negócio etc. até o total da empresa. A Tabela 10.4 apresenta o modelo de relatório de controle orçamentário para o Departamento 12 – Fábrica BU1, da Unidade de Negócio 1.

Relatório de receitas e despesas totais por centro de custo e unidades de negócios

Um segundo relatório básico é focalizar, em resumo, o total das despesas e receitas por centro de custo e unidades de negócios, listando todos eles para dar uma visão geral do plano orçamentário. É um instrumento muito importante para a Controladoria, pois permite uma visão abrangente do andamento das operações da empresa.

Apresentamos na Tabela 10.5 um exemplo desse relatório, compreendendo praticamente todos os elementos operacionais da demonstração de resultados.

Esse formato poderá ser utilizado para todas as demais peças orçamentárias, incluindo os demonstrativos contábeis projetados.

Tabela 10.4 – Relatório de controle orçamentário – real × orçado – mês fevereiro – Área industrial

Discriminação	DO MÊS – R$				ATÉ O MÊS – R$				Dados Anuais		
	Real	Orçado	Variação	%	Real	Orçado	Variação	%	Real + Orçado	Orçado	Variação %
MÃO DE OBRA DIRETA	151.145	152.470	-1.325	-0,9%	197.580	198.210	-630	-0,3%	1.899.511	1.900.142	0,0%
Salários	80.000	80.800	-800	-1,0%	104.500	105.040	-540	-0,5%	1.006.424	1.006.964	-0,1%
Horas Extras	1.700	1.616	84	5,2%	2.300	2.101	199	9,5%	20.338	20.139	1,0%
Encargos Sociais	69.445	70.054	-609	-0,9%	90.780	91.070	-290	-0,3%	872.748	873.038	0,0%
MÃO DE OBRA INDIRETA	146.680	146.804	-124	-0,1%	189.620	190.845	-1.225	-0,6%	1.700.969	1.702.194	-0,1%
Salários	76.400	76.500	-100	-0,1%	98.700	99.450	-750	-0,8%	886.271	887.021	-0,1%
Horas Extras	800	765	35	4,6%	1.100	995	106	10,6%	8.976	8.870	1,2%
Encargos Sociais	69.480	69.539	59	-0,1%	89.820	90.400	-580	-0,6%	805.722	806.302	-0,1%
MATERIAIS INDIRETOS	67.000	66.551	449	0,7%	122.500	123.447	-947	-0,8%	862.640	863.587	-0,1%
Auxiliares	29.000	28.151	849	3,0%	47.000	46.647	353	0,8%	394.661	394.308	0,1%
Manutenção	28.000	27.650	350	1,3%	56.000	55.300	700	1,3%	339.689	338.989	0,2%
Expediente	10.000	10.750	-750	-7,0%	19.500	21.500	-2.000	-9,3%	128.290	130.290	-1,5%
DESPESAS GERAIS	93.946	94.062	-116	-0,1%	152.492	151.624	868	0,6%	1.092.849	1.091.981	0,1%
Energia Elétrica	52.000	51.520	480	0,9%	67.000	66.976	24	0,0%	566.744	566.720	0,0%
Telecomunicações	6.000	5.886	114	1,9%	12.200	11.336	864	7,6%	71.060	70.196	1,2%
Fretes e Carretos	5.000	5.260	-260	-4,9%	10.300	10.520	-220	-2,1%	65.004	65.224	-0,3%
Serviços Terceirizados 1	6.300	6.300	0	0,0%	12.600	12.600	0	0,0%	75.600	75.600	0,0%
Serviços Terceirizados N	7.200	7.200	0	0,0%	14.400	14.400	0	0,0%	92.880	92.880	0,0%
Reembolso Km Rodados	5.800	6.000	-200	-3,3%	12.700	12.000	700	5,8%	77.020	76.320	0,9%
Despesas de Viagens, Estadas	2.500	2.800	-300	86,0%	5.000	5.600	-600	-10,7%	33.504	34.104	-1,8%
Aluguéis Imobiliários	0	0	0	0,0%	0	0	0	0,0%	0	0	0,0%
Aluguéis Equipamentos	5.096	5.096	0	0,0%	10.192	10.192	0	0,0%	61.152	61.152	0,0%
Contratos de *Leasing*	2.550	2.550	0	0,0%	5.100	5.100	0	0,0%	32.385	32.385	0,0%
Publicidade	0	0	0	0,0%	0	0	0	0,0%	0	0	0,0%

(continua)

Controle orçamentário 255

Tabela 10.4 – Relatório de controle orçamentário – real x orçado – mês fevereiro – Área industrial (continuação)

Discriminação	DO MÊS – R$				ATÉ O MÊS – R$				Dados Anuais		
	Real	Orçado	Variação	%	Real	Orçado	Variação	%	Real + Orçado	Orçado	Variação %
Miscelâneos/Outros	1.500	1.450	50	3,4%	3.000	2.900	100	3,4%	17.500	17.400	0,6%
DEPRECIAÇÃO	75.517	75.417	100	0,1%	150.833	150.833	0	0,0%	922.500	922.500	0,0%
Máquinas e Equip. Diretos	50.517	50.417	100	0,2%	100.833	100.833	0	0,0%	622.500	622.500	0,0%
Outros Imobilizados	25.000	25.000	0	0,0%	50.000	50.000	0	0,0%	300.000	300.000	0,0%
TOTAL GERAL	534.288	535.302	–1.014	–0,2%	813.025	814.960	–1.935	–0,2%	6.478.469	6.480.404	0,0%
Homens Diretos	101	101	0	0,0%	101	101	0	0,0%	23	110	–79,1%
Homens Indiretos	51	51	0	0,0%	51	51	0	0,0%	4	51	–92,2%
Horas Diretas	16.483	16.483	–0	0,0%	21.400	21.428	–28	–0,1%	194.718	194.747	0,0%
Horas Indiretas	8.242	8.242	0	0,0%	10.700	10.714	–14	–0,1%	90.644	90.658	0,0%

Tabela 10.5 – Relatório de controle orçamentário – real x orçado – mês fevereiro. Total por centro de custo

Discriminação	DO MÊS – R$				ATÉ O MÊS – R$				Dados Anuais		
	Real	Orçado	Variação	%	Real	Orçado	Variação	%	Real + Orçado	Orçado	Variação %
RECEITA OPER. LÍQUIDA	1.230.000	1.236.055	–6.055	–0,5%	2.940.000	2.469.428	470.573	19,1%	18.141.019	17.670.446	2,7%
CONSUMO MAT. DIRETOS	567.000	563.011	3.989	0,7%	938.000	932.946	5.054	0,5%	7.891.220	7.886.166	0,1%
GASTOS INDUSTRIAIS	534.288	535.302	–1.014	–0,2%	813.025	814.960	–1.935	–0,2%	6.478.469	6.480.404	0,0%
DESPESAS COMERCIAIS	80.500	81.572	–1.072	–1,3%	152.000	153.980	–1.980	–1,3%	1.068.247	1.070.227	–0,2%
DESPESAS ADMINISTRATIVAS	85.000	85.983	–983	–1,1%	133.000	134.573	–1.573	–1,2%	1.024.517	1.026.090	–1.573
LUCRO OPERACIONAL I	53.212	63.217	–10.005	–15,8%	368.000	378.429	–10.429	–2,8%	1.316.409	1.326.838	–10.429
LUCRO LÍQUIDO	8.000	15.004	–6.975	–46,5%	194.000	204.905	–10.905	–5,3%	539.130	550.035	–2,0%

10.5 Análise das variações

Tendo como base as informações levantadas pelos relatórios de controle orçamentário, faz-se a análise das variações, a qual busca identificar em maior detalhe os principais motivos que causaram a variação em valor de cada item orçamentado, fundamentando sua justificativa pelos gestores responsáveis pelos orçamentos e operações.

A diferença de valor entre os dados reais e orçados basicamente decorre de dois elementos:

1. Quantidade real diferente da quantidade orçada.
2. Preço real diferente do preço orçado.

Portanto, a variação em valor do item orçado é um somatório da diferença de quantidade mais a diferença de preço.

Variação em Valor (Real × Orçado)	=	Diferença de Preço (Real × Orçado)	+	Diferença de Quantidade (Real × Orçado)

Esquema de modelo sintético de análise das variações

Podemos traduzir a análise das variações dentro de uma figura esquemática, que auxilia a compreensão e o detalhamento da análise das variações.

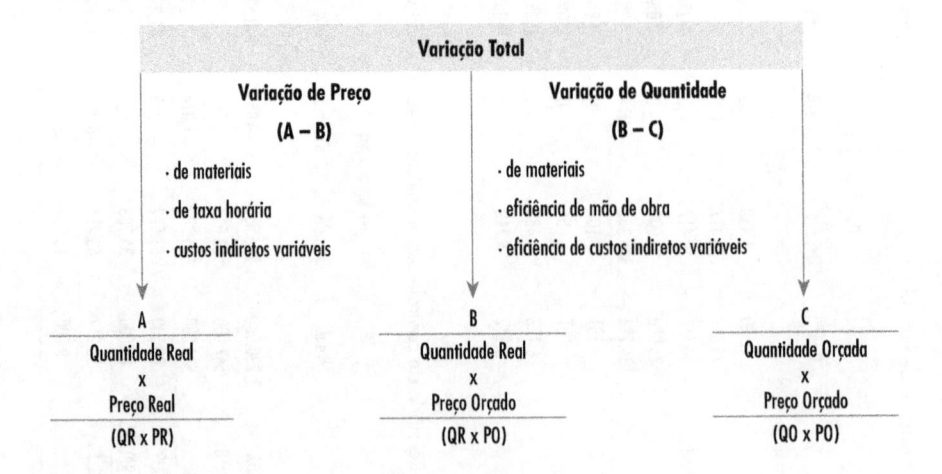

	Variação Total	
Variação de Preço (A – B)		Variação de Quantidade (B – C)
· de materiais		· de materiais
· de taxa horária		· eficiência de mão de obra
· custos indiretos variáveis		· eficiência de custos indiretos variáveis
A Quantidade Real × Preço Real (QR × PR)	B Quantidade Real × Preço Orçado (QR × PO)	C Quantidade Orçada × Preço Orçado (QO × PO)

Figura 10.1 – Esquema genérico de análise das variações.

Vamos aplicar o esquema de análise das variações para o item *Reembolso km Rodados* da Tabela 6.2, que mostra o gasto real *versus* orçado do mês de fevereiro para a área industrial.

O valor orçado para o mês de fevereiro desse gasto para esse setor foi de $ 6.000. O gasto real foi de $ 5.800. Portanto, houve uma variação favorável de $ 200, pois gastou-se a mais do que havia sido orçado. A análise das variações identifica as causas que levaram a essa variação de valor da despesa.

Vamos supor que houvesse sido orçada para o mês de fevereiro uma quantidade de 12.000 km a serem rodados e que a empresa reembolse para os funcionários $ 0,50 por km rodado. No mês de fevereiro houve um aumento real do reembolso de km rodado, não previsto inicialmente nas premissas orçamentárias, de $ 0,08, passando o preço unitário de reembolso para $ 0,58. A quantidade real de km rodados pelo departamento foi de 10.000 km.

Então, temos:

- *Orçamento:* 12.000 km a $ 0,50 = $ 6.000
- *Real:* 10.000 km a $ 0,58 = $ 5.800
- *Variação:* = $ 200 Favorável

Identificando as variações:

Variação de Preço
(Quantidade Real x Preço Real) – (Quantidade Real x Preço Orçado)
(10.000 km x 0,58) $ 5.800 – $ 5.000 (10.000 km a 0,50) =
= $ 800 Desfavorável

Variação de Quantidade
(Quantidade Real x Preço Orçado) – (Quantidade Orçada x Preço Orçado)
(10.000 km x 0,50) $ 5.000 – $ 6.000 (12.000 km a 0,50) =
= $ 1.000 Favorável

Resumo

Variação de Preço	=	$ 800	Desfavorável
Variação de Quantidade	=	$ 1.000	Favorável
Variação Total	=	$ 200	Favorável

Outra forma de apresentar a análise das variações é a seguinte:

Diferença de Quantidade = 3.000 Real − 3.400 Orçado =
400 unidades x Preço Orçado $ 0,50 = $ 200 Favorável

Diferença de Preço = $ 0,60 Real − $ 0,50 Orçado =
$ 0,10 x Quantidade Orçada 3.000 = $ 300 Desfavorável

Variação Total = $ 100 Desfavorável

Recomenda-se a análise das variações nesse grau de detalhe para os itens e variações relevantes. O fundamento da relação custo/benefício da informação contábil recomenda que não se devem despender tempo e recursos para analisar itens não relevantes e variações não significativas.

Convém ressaltar que todos os itens orçados têm as variáveis preço e quantidade. Para alguns itens, isso é mais visível, como as vendas (preço e quantidade), compras de materiais (custo de aquisição e quantidade), mão de obra direta (número de funcionários e horas trabalhadas), mão de obra indireta (número de funcionários e salário médio) etc.

Em outros gastos, não há uma clara visibilidade, mas as variáveis preço e quantidade também são componentes do custo. Exemplos:

- energia elétrica: quantidade de demanda ou kWh consumidos *versus* preço da demanda e do kWh;
- telefone: quantidade de minutos *versus* preço por minuto;
- serviços de terceiros: quantidade ou horas de pessoas alocadas *versus* custo por pessoa ou hora;
- aluguéis de equipamentos: quantidade de equipamentos *versus* preço mensal do aluguel por equipamento etc.

Análise das variações com taxa cambial

Quando um gasto ou receita decorre de transações com o mercado exterior, além das diferenças de preços e quantidades poderá haver a diferença das variações das taxas de câmbio. Assim, a análise das variações deve ser decomposta em três elementos:

a) Diferença de quantidade de consumo do recurso ou do volume de vendas;
b) Diferença do custo unitário da despesa ou preço unitário da venda;
c) Diferença decorrente da variação cambial da moeda estrangeira.

Para exemplificar, vamos imaginar que a empresa fez um orçamento de gasto de consumo de materiais diretos importados no valor de $ 405.000,00 e o gasto realizado foi de $ 411.840,00 no período, gerando uma diferença desfavorável de $ 6.840,00.

Tabela 10.6 – Análise das variações em moeda estrangeira

Item	Qtde.	Preço em US$	Taxa do US$	Valor total
Material 1 – Mês 1				
Consumo orçado	5.400	25,00	3,00	405.000,00
Consumo realizado	5.200	24,00	3,30	411.840,00
Diferença – Desfavorável				–6.840,00
Variação de preço em US$				
Quantidade real x preço orçado x taxa orçada	5.200	25,00	3,00	390.000,00
Quantidade real x preço real x taxa orçada	5.200	24,00	3,00	374.400,00
Diferença – Favorável				15.600,00
Variação de taxa de câmbio				
Quantidade real x preço real x taxa orçada	5.200	24,00	3,00	374.400,00
Quantidade real x preço real x taxa real	5.200	24,00	3,30	411.840,00
Diferença – Desfavorável				–37.440,00
Variação de quantidade				
Quantidade real x preço orçado x taxa orçada	5.400	25,00	3,00	405.000,00
Quantidade real x preço orçado	5.200	25,00	3,00	390.000,00
Diferença – Favorável				15.000,00
Resumo				
Diferença de preço em US$ – Favorável				15.600,00
Diferença de taxa de câmbio – Desfavorável				–37.440,00
Diferença de quantidade – Favorável				15.000,00
Total – Desfavorável				–6.840,00

A Tabela 10.6 mostra o cálculo das diferenças. Como o preço em moeda estrangeira foi inferior em US$ 1,00, gerou uma diferença favorável de $ 15.600,00. A quantidade consumida a menor de 200 unidades gerou também uma diferença favorável de $ 15.000,00. Contudo, a taxa de câmbio do dólar subiu de $ 3,00 para $ 3,30, gerando uma diferença desfavorável de $ 37.440,00.

Em termos de justificativa de controle orçamentário, a responsabilidade dos gestores deve ficar somente com as diferenças de preço e quantidade, não devendo ser atribuída aos gestores de compra e da produção a diferença da taxa de câmbio, uma vez que é uma variável não controlável pela empresa.

Questões e exercícios

1. O departamento de assistência técnica havia orçado para determinado mês um gasto com reembolso de km rodados de $ 13.200, a um preço orçado de $ 0,55 por km. O gasto real foi de $ 14.022 a um preço de $ 0,57 por km. Fazer a análise das variações entre o real e o orçado.

2. Considerando os dados do exercício anterior e sabendo que o corpo de assistentes técnicos compõe-se de 12 funcionários, qual a média mensal de km rodados real e a orçada?

3. A receita líquida das vendas orçadas para determinado mês foi de $ 210.000 para uma quantidade orçada de 4.200 unidades de produto final. A receita líquida real do mês foi de $ 220.000 para uma quantidade de 4.450 unidades. Fazer a análise das variações entre o real e o orçado.

4. Considerando os dados do exercício anterior, havia sido orçado um lucro bruto na venda do produto final de $ 58.800.

    a) apure o custo total das vendas orçado;

    b) calcule o custo médio do produto final orçado;

    c) sabendo que o lucro bruto real das vendas foi de $ 56.000, faça uma análise das variações do custo das vendas entre o real e o orçado.

Capítulo 11
Análise das demonstrações financeiras

A metodologia clássica para avaliação do desempenho global da empresa é normalmente chamada de análise financeira ou análise de balanço. Por meio de um conjunto de procedimentos e conceitos aplicados de forma inter-relacionada, obtém-se uma série de indicadores que permite fazer uma avaliação sobre a situação econômica e financeira da empresa e o retorno do investimento.

A visão mais comum da análise de balanço é em relação a balanços publicados. Porém, em nosso entendimento, o mais importante é a aplicação dos fundamentos da análise de balanço com os demonstrativos contábeis da própria empresa, objetivando um monitoramento dos resultados e desempenho dos gestores e investimentos.

Para a conclusão do processo orçamentário, é necessária a análise das demonstrações financeiras projetadas com o intuito de verificar se os números apresentados refletem os objetivos e metas tanto estratégicos como operacionais ou de programas de produção e vendas. Fundamentalmente, é necessário:

1. Analisar a lucratividade projetada para verificação das novas margens de lucro sobre as vendas e as estruturas de custos projetadas.
2. Avaliar a rentabilidade projetada para verificar se atende o que é esperado ou o desejado.
3. Verificar os impactos na liquidez e no endividamento da situação projetada, se os números obtidos pelo plano orçamentário não comprometerão a saúde financeira da empresa.
4. Verificar a situação patrimonial projetada, avaliando as novas estruturas do ativo e passivo e se elas são coerentes com os planos estratégicos e operacionais.
5. Verificar qual o impacto que a situação projetada poderá causar no valor da empresa e os reflexos para seus investidores.

Como o instrumental de análise de balanço ou análise das demonstrações financeiras oferece um conjunto de indicadores que permite as análises citadas, estrutura-se essa análise, comparando pelo menos com o último exercício, para avaliar e fundamentar as conclusões e, com isso, aceitar ou não o plano orçamentário.

11.1 Análise financeira ou de balanço

Constitui-se em um processo de meditação sobre os demonstrativos contábeis, objetivando uma avaliação da situação da empresa em seus aspectos operacionais, econômicos, patrimoniais e financeiros.

A avaliação sobre a empresa tem por finalidade analisar o seu resultado e o seu desempenho, detectar os pontos fortes e fracos do processo operacional e financeiro da companhia, objetivando propor opções de curso futuro a serem tomadas e seguidas pelos gestores da empresa.

Nesse processo, o analista vale-se de uma série de cálculos matemáticos, traduzindo os demonstrativos contábeis em indicadores. Tais indicadores buscam evidenciar as características dos principais inter-relacionamentos existentes entre o balanço patrimonial, que apresenta uma visão estática e momentânea da empresa, e a dinâmica representada pela demonstração de resultados.

Os demonstrativos contábeis de fluxo de caixa e demonstração das origens e aplicações de recursos também devem ser utilizados para melhorar a compreensão sobre o desempenho empresarial, pois contêm elementos adicionais para o entendimento das operações da empresa.

Comparabilidade e tendências

A análise de balanço deve ser um instrumento que possibilite o gerenciamento da informação contábil. Assim, um dos fundamentos desse modelo de análise é a criação de indicadores que permitam sempre uma análise comparativa. A comparabilidade dos dados de análise de balanço pode ser feita em vários aspectos, como comparação com:

- períodos passados;
- períodos orçados;
- padrões setoriais;
- padrões internacionais;
- padrões internos da empresa;
- empresas concorrentes etc.

A maneira adequada de dar um atributo de informação gerencial aos indicadores de análise de balanço é o acompanhamento tendencial. O acompanhamento dos indicadores de forma contínua (no mínimo, mensal e, preferencialmente, de forma gráfica) possibilita apreender situações de tendência futura, dando, portanto, aos gestores uma ferramenta adicional para mudança e planejamento.

Técnicas básicas

O ferramental tradicional da análise de balanço compõe-se de:

1. Análise vertical.
2. Análise horizontal.
3. Indicadores econômico-financeiros.
4. Avaliação final.

Análise vertical (AV)

Denominamos *análise vertical* aquela de participação percentual ou de estrutura dos elementos dos demonstrativos contábeis. Assume-se como 100% um determinado elemento patrimonial, que, em princípio, deve ser o mais importante, e se faz uma relação percentual de todos os demais elementos sobre ele.

Para o balanço patrimonial convencionou-se adotar como 100% o total do ativo e do passivo. Para a demonstração de resultados convencionou-se adotar como 100% o valor do total da receita de vendas, líquida dos impostos, denominada legalmente *Receita Operacional Líquida*.

A análise vertical da demonstração de resultados é muito mais significativa do que a do balanço patrimonial, pois, pelo fato de atribuir 100% à receita operacional, permite uma visão da estrutura de custos e despesas da empresa, em termos de média sobre as vendas. Essa análise deve ser explorada ao máximo, já que permite extrair informações muito úteis.

Análise horizontal (AH)

É uma análise de crescimento (ou de variação). Tomam-se como 100% todas as contas de um determinado período e se faz uma relação percentual sobre os dados desse período. O novo número relativo indica o quanto o dado do período subsequente é maior ou menor do que o dado do período anterior. Como é comum utilizar vários períodos, a variação sequencial e consecutiva acaba indicando uma tendência de crescimento (ou diminuição). A análise horizontal, considerando-se a moeda corrente do país, sem expurgo dos efeitos inflacionários, é denominada *análise horizontal nominal*.

Análise horizontal real (AHR)

Como os dados dos demonstrativos contábeis são expressos em moeda (normalmente moeda corrente do país), há a possibilidade de se utilizar uma opção, qual seja: identificar o crescimento ou a variação de período a período, levando-se em conta a inflação da moeda de cada período.

Assim, a análise horizontal real é a análise horizontal nominal menos a inflação considerada para cada um dos períodos subsequentes. Essa técnica é totalmente recomendável quando se utilizam mais de dois períodos ou, sempre, em caso de ambiente conjuntural com altas taxas de inflação permanentemente.

Indicadores econômico-financeiros

Compreendem a geração de um painel básico de indicadores para complementar as análises vertical e horizontal. Esses indicadores podem ser tanto de relações entre elementos do balanço patrimonial como de elementos da demonstração de resultados que se relacionam com o balanço patrimonial.

São apresentados em termos de índices, percentuais, números absolutos, dias etc., com o objetivo de facilitar ainda mais o entendimento da situação da empresa apresentada nos demonstrativos contábeis.

Avaliação final

Consiste em um relatório sumariando as conclusões obtidas na análise dos demonstrativos contábeis. Deve ser objetiva ao máximo e, necessariamente, conter a avaliação sobre a situação da empresa, apresentando, se possível, cursos futuros de ação.

Restrições dos dados

De modo geral, a análise de balanço tem-se fundamentado nos demonstrativos contábeis apresentados pela legislação comercial, os quais, elaborados conforme os princípios contábeis geralmente aceitos, incorporam as restrições de mensuração e informação que os próprios princípios apresentam. Portanto, a análise de balanço com a utilização desses demonstrativos deve ser complementada com considerações adicionais em termos de mensuração pelo valor econômico.

Dessa maneira, é imprescindível o avaliador ter em mente que uma empresa avaliada segundo princípios de gestão econômica que consideram fluxos futuros de benefícios descontados a custos de oportunidade apresentará resultados diferentes da avaliação contábil dos demonstrativos tradicionais.

Tais diferenças deverão ser consideradas quando da apresentação do relatório de avaliação final.

Exemplo numérico – Análises vertical e horizontal

Nas tabelas 11.1 e 11.2 a seguir, apresentamos um exemplo de análises horizontal e vertical do balanço patrimonial e da demonstração de resultados. Nesse exemplo, não estamos desenvolvendo a análise horizontal real (descontada da inflação do nível geral de preços), uma vez que ela é coerente com uma economia de moeda estável.

As análises vertical e horizontal produzem indicadores percentuais relativos. A análise vertical do balanço patrimonial deve ser feita com muita cautela, para não serem tiradas conclusões errôneas ou óbvias demais. Como a base da AV do balanço patrimonial é o total do ativo, qualquer alteração significativa desse valor, muito diferente das operações tradicionais, pode modificar as estruturas percentuais e sua análise pode não fornecer informações úteis e conclusivas. Como exemplos dessas alterações não costumeiras, podemos citar a criação de reservas de reavaliação no ativo permanente com contrapartida no patrimônio líquido, um investimento significativo em imobilizado com entrada de capital, uma aquisição de controlada etc.

Tabela 11.1 – Análises vertical e horizontal do balanço patrimonial

	31.12.X0 Real	AV	31.12.X1 Projetado	AV	AH
ATIVO CIRCULANTE	4.027.500	36,5%	5.545.655	45,5%	38%
Caixa/Bancos	1.000	0,0%	1.000	0,0%	0%
Aplicações Financeiras	929.100	8,4%	1.006.323	8,3%	8%
Contas a Receber de Clientes	1.550.000	14,1%	2.061.033	16,9%	33%
(–) Provisão Devedores Duvidosos	(30.000)	–0,3%	(44.165)	–0,4%	47%
(–) Títulos Descontados	0	0,0%	0	0,0%	–
· Contas a Receber – Líquido	1.520.000	13,8%	2.016.868	16,5%	33%
Estoques	1.572.400	14,3%	2.514.364	20,6%	60%
· · De Materiais – Bruto	1.000.000	9,1%	1.822.285	14,9%	82%
· · (–) Provisão Retificadora	0	0,0%	0	0,0%	–
· De Materiais – Líquido	1.000.000	9,1%	1.822.285	14,9%	82%
· Em Processo	0	0,0%	0	0,0%	–
· Acabados	570.000	5,2%	689.279	5,7%	21%
· Adiantamentos a Fornecedores	2.400	0,0%	2.800	0,0%	17%
Impostos a Recuperar	4.500	0,0%	5.800	0,0%	29%
Despesas do Exercício Seguinte	500	0,0%	1.300	0,0%	160%
ATIVO NÃO CIRCULANTE					
Realizável a Longo Prazo	6.000	0,1%	6.000	0,0%	0%
Depósitos Judiciais	5.000	0,0%	5.000	0,0%	0%
Incentivos Fiscais	1.000	0,0%	1.000	0,0%	0%
Outros Ativos Não Circulantes	6.990.000	63,4%	6.637.833	54,5%	–5%
Investimentos em Controladas	200.000	1,8%	230.000	1,9%	15%
· Imobilizado Bruto	9.290.000	84,3%	9.990.000	82,0%	8%
· (–) Depreciação Acumulada	(2.500.000)	–22,7%	(3.582.167)	–29,4%	43%
Imobilizado Líquido	6.790.000	61,6%	6.407.833	52,6%	–6%
Intangível	0	0,0%	0	0,0%	–
ATIVO TOTAL	11.023.500	100,0%	12.189.488	100,0%	11%

(continua)

Tabela 11.1 – Análises vertical e horizontal do balanço patrimonial (continuação)

	31.12.X0 Real	AV	31.12.X1 Projetado	AV	AH
PASSIVO CIRCULANTE	2.223.500	20,2%	3.010.521	24,7%	35%
Fornecedores	260.000	2,4%	916.059	7,5%	252%
Salários e Encargos a Pagar	120.000	1,1%	131.939	1,1%	10%
Contas a Pagar	100.000	0,9%	114.666	0,9%	15%
Impostos a Recolher – sobre Mercadorias	240.000	2,2%	34.440	0,3%	–86%
Impostos a Recolher – sobre Lucros	100.000	0,9%	80.063	0,7%	–20%
Adiantamento de Clientes	3.500	0,0%	5.000	0,0%	43%
Empréstimos	1.200.000	10,9%	1.653.629	13,6%	38%
Dividendos a Pagar	200.000	1,8%	74.726	0,6%	–63%
PASSIVO NÃO CIRCULANTE					
Exigível a Longo Prazo	4.800.000	43,5%	4.848.946	39,8%	1%
Financiamentos	4.800.000	43,5%	4.848.946	39,8%	1%
PATRIMÔNIO LÍQUIDO	4.000.000	36,3%	4.330.021	35,5%	8%
Capital Social	4.000.000	36,3%	4.000.000	32,8%	0%
Reservas e Lucros Acumulados	0	0,0%	0	0,0%	–
Lucro do Período	0	0,0%	330.021	2,7%	–
PASSIVO TOTAL	11.023.500	100,0%	12.189.488	100,0%	11%

Tabela 11.2 – Análises vertical e horizontal da demonstração de resultados

	31.12.X0 Real	AV	31.12.X1 Projetado	AV	AH
RECEITA OPERACIONAL BRUTA II	18.062.310	124,6%	22.011.660	124,6%	22%
(–) Impostos sobre Vendas IPI-ISS	0	0,0%	0	0,0%	–
RECEITA OPERACIONAL BRUTA I	18.062.310	124,6%	22.011.660	124,6%	22%
(–) Impostos nas Vendas-ICMS-PIS-Cofins	(3.562.310)	–24,6%	(4.341.214)	–24,6%	22%
RECEITA OPERACIONAL LÍQUIDA	14.500.000	100,0%	17.670.446	100,0%	22%
CUSTO DOS PRODUTOS VENDIDOS	11.925.000	82,2%	14.247.291	80,6%	19%
· Materiais Diretos	6.250.000	43,1%	7.886.166	44,6%	26%
· Materiais Indiretos	750.000	5,2%	863.587	4,9%	15%
Consumo de Materiais Total	7.000.000	48,3%	8.749.753	49,5%	25%
Mão de Obra Direta	1.600.000	11,0%	1.900.142	10,8%	19%

(continua)

Tabela 11.2 – Análises vertical e horizontal da demonstração de resultados (continuação)

	31.12.X0 Real	AV	31.12.X1 Projetado	AV	AH
Mão de Obra Indireta	1.520.000	10,5%	1.702.194	9,6%	12%
Despesas Gerais	900.000	6,2%	1.091.981	6,2%	21%
Depreciação	905.000	6,2%	922.500	5,2%	2%
(+/−) Variação dos Estoques Industriais	0	0,0%	(119.279)	−0,7%	−
LUCRO BRUTO	2.575.000	17,8%	3.423.155	19,4%	33%
DESPESAS OPERACIONAIS	1.785.000	12,3%	2.096.318	11,9%	17%
Comerciais	855.000	5,9%	1.070.227	6,1%	25%
- Mão de Obra	150.000	1,0%	160.206	0,9%	7%
- Materiais Indiretos	65.000	0,4%	72.334	0,4%	11%
- Despesas	600.000	4,1%	795.522	4,5%	33%
- Depreciação	28.000	0,2%	28.000	0,2%	0%
- Provisão Devedores Duvidosos	12.000	0,1%	14.165	0,1%	18%
Administrativas	930.000	6,4%	1.026.090	5,8%	10%
- Mão de Obra	560.000	3,9%	607.450	3,4%	8%
- Materiais Indiretos	60.000	0,4%	63.752	0,4%	6%
- Despesas	180.000	1,2%	223.222	1,3%	24%
- Depreciação	130.000	0,9%	131.667	0,7%	1%
LUCRO OPERACIONAL I	790.000	5,4%	1.326.838	7,5%	68%
Receitas Financeiras de Aplicações	60.000	0,4%	80.881	0,5%	35%
Outras Receitas Financeiras	45.000	0,3%	62.073	0,4%	38%
Despesas Financeiras com Financiamentos	(500.000)	−3,4%	(607.227)	−3,4%	21%
Outras Despesas Financeiras	(90.000)	−0,6%	(106.800)	−0,6%	19%
Equivalência Patrimonial	20.000	0,1%	30.000	0,2%	50%
LUCRO OPERACIONAL II	325.000	2,2%	785.765	4,4%	142%
Outras Receitas e Despesas	0	0,0%	0	0,0%	−
- Valor de Venda de Imobilizados	0	0,0%	0	0,0%	−
- (−) Valor da Baixa de Imobilizados	0	0,0%	0	0,0%	−
LUCRO ANTES DOS IMPOSTOS	325.000	2,2%	785.765	4,4%	142%
Impostos sobre o Lucro	(97.500)	−0,7%	(235.729)	−1,3%	142%
LUCRO LÍQUIDO DEPOIS DO IMP. RENDA	227.500	1,6%	550.035	3,1%	142%

A AV da demonstração de resultados é extremamente significativa, pois deixa bem clara a estrutura de custos e despesas da empresa. A AH, por indicar variação (crescimento ou diminuição do valor do elemento patrimonial em análise), por si só já dá uma informação significativa e, além disso, deve ser enriquecida com a análise inter-relacionada das variações entre os elementos do balanço patrimonial que se integram com os elementos da demonstração de resultados. As principais inter-relações são:

Elementos da demonstração de resultados	Elementos do balanço patrimonial
Receita Operacional Bruta	Contas a Receber de Clientes Impostos a Recolher
Custo dos Produtos Vendidos	Produção em Andamento e Produtos Acabados
Consumo de Materiais	Estoques de Materiais Contas a Pagar a Fornecedores
Despesas de Pessoal	Salários e Encargos a Pagar
Despesas Gerais	Contas a Pagar
Depreciação	Imobilizado
Despesas Financeiras	Empréstimos e Financiamentos
Receitas Financeiras	Aplicações Financeiras

Assim, caso ocorra um aumento de vendas de 10%, seria admissível que Contas a Receber também aumentassem em 10%. Uma redução do consumo de materiais em 5% deveria promover uma redução do estoque de materiais na mesma magnitude, e assim sucessivamente.

Obviamente, outros fatores poderão afetar essa relação direta. Por exemplo, no caso de aumento de vendas, é possível que ele tenha sido conseguido com uma alteração da política de crédito, com mais prazo para pagamento. Nesse caso, Contas a Receber de Clientes provavelmente terão um aumento percentual maior do que o da receita.

Outro motivo que causa aumento da carteira de clientes, diferente do aumento de vendas, é o aumento da inadimplência. Assim, caso a empresa tenha maiores problemas com duplicatas em atraso, a carteira de clientes poderá aumentar mais do que as vendas.

Na área de compras de materiais e custo dos produtos vendidos, a situação é semelhante. A redução do prazo médio de pagamento poderá diminuir a conta de fornecedores, mesmo que o consumo de materiais aumente. O inverso – um aumento do prazo de pagamento – aumentará a conta de fornecedores em percentual maior do que o consumo de materiais.

Exemplo de avaliação – AV do balanço patrimonial

O ativo apresentou uma pequena alteração estrutural, com a participação do permanente ficando menor do que a do ativo circulante. O valor absoluto do ativo permanente diminuiu em 31.12.X1 em relação a 31.12.X0, basicamente porque as novas aquisições de imobilizados foram em valor inferior ao total da depreciação lançada como despesa no ano.

O aumento geral do passivo circulante com o aumento do endividamento financeiro e dos passivos de funcionamento permitiu que fossem feitas as aplicações no capital de giro, no qual os estoques cresceram 60%, e as contas a receber, 33%, impedindo um crescimento significativo das aplicações financeiras em 31.12.X1, que só cresceram 8%. Os demais itens do ativo circulante também tiveram um aumento de participação na estrutura do ativo.

A estrutura do passivo evidencia apenas uma pequena mudança do perfil da dívida, pois a parcela do endividamento de longo prazo foi transferida para o curto prazo.

Exemplo de avaliação – AV da demonstração de resultados

As projeções para o ano de X1 indicam um custo dos produtos vendidos médio de 80,6% da receita líquida, um ganho de 1,6% em relação ao realizado no exercício anterior. A causa é o aumento projetado das vendas – de 224% – que permitirá uma boa diluição dos custos fixos industriais, mesmo que aumentem em valor absoluto.

As despesas operacionais, administrativas e comerciais também terão um aumento do valor absoluto em X1, mas devem representar menos sobre a receita líquida de vendas (11,9%) em relação ao ano anterior (12,3%).

Com isso, a margem operacional, que era de 5,4% em X0, deverá ir para 7,5% em X1, melhorando o resultado da empresa. Os demais itens não tiveram alteração significativa e o lucro líquido após os impostos, sobre as vendas líquidas, saiu de 1,6% em X0 para 3,1% em X1.

Exemplo de avaliação – AH do balanço patrimonial e da demonstração de resultados

As variações de crescimento de contas a receber maiores do que as variações do total das vendas decorrem de ajuste de política de crédito. O mesmo acontece com as variações de fornecedores e contas a pagar, que decorrem de ajustes de prazos de pagamento.

O permanente possui uma variação negativa de 5%, tendo em vista que o total bruto do imobilizado aumentou 8%, enquanto a depreciação acumulada aumentou em 43%, provocando uma redução de 5% no conjunto do imobilizado.

No passivo, o aumento de empréstimos de curto prazo (38%) decorre de contabilização de juros e novos empréstimos superiores às amortizações. O aumento do patrimônio líquido de 8% se deu em virtude da retenção de lucros, resultados não distribuídos, de R$ 330.021.

A AH da demonstração de resultados indica um aumento da receita de vendas de 22%, um crescimento expressivo projetado. O custo das vendas aumenta em 19%, uma vez que, mesmo aumentando em 1,2% o custo do consumo de materiais, haverá uma redução percentual das despesas gerais, pois são essencialmente custos fixos. As despesas operacionais aumentarão na média 17%, pois são, na maioria, custos fixos que tiveram reajustes, principalmente a mão de obra, mas em percentual inferior ao aumento das receitas. Com isso, o lucro operacional cresce em 68%, e o lucro líquido, 142%. Portanto, a avaliação final é que o resultado do ano de X1 deverá ser melhor em razão do aumento expressivo projetado para as receitas, superior aos aumentos das despesas gerais.

Exemplo numérico – Indicadores econômico-financeiros

O instrumento complementar das análises vertical e horizontal é o painel de indicadores econômico-financeiros. Na Tabela 11.3, apresentamos os principais indicadores, bem como suas fórmulas, parâmetros e conceito básico.

A análise dos indicadores financeiros deve considerar todos os aspectos conjuntamente. O analista deve assumir alguns parâmetros e dizer se a empresa está bem ou não, tanto em cada um dos indicadores como no conjunto deles, e verificar, entre outras coisas:

1. Os índices de liquidez estão bons ou não?
2. O endividamento é aceitável?
3. O giro do ativo está melhorando?
4. Os prazos médios de recebimento e pagamento são normais?
5. Os prazos médios de estocagem são aceitáveis para o setor? Não há excesso de estoques de forma crônica?
6. O lucro gerado apresenta um grau de segurança para pagamento do serviço da dívida (juros dos financiamentos)?
7. A rentabilidade do capital próprio está dentro da média do custo de oportunidade do mercado?
8. Os dividendos distribuídos satisfarão os acionistas e promoverão maior valor da empresa?
9. A análise geral indica empresa em crescimento e potencial de geração de lucros?

Tabela 11.3 – Painel de indicadores econômico-financeiros

INDICADORES INDICADORES DE CAPACIDADE DE PAGAMENTO	19X0 Real	19X1 Projetado	Fórmula	Conceito	Parâmetros
Liquidez Imediata	0,42	0,33	Disponibilidades / Passivo Circulante	Capacidade de pagamento de todo passivo circulante apenas com recursos de caixa	Quanto maior, melhor
Liquidez Corrente	1,81	1,84	Ativo Circulante / Passivo Circulante	Capacidade de pagamento de dívidas de curto prazo	Acima de 1, sendo considerado normal 1,50
Liquidez Seca	1,10	1,01	Ativo Circulante (–) Estoques / Passivo Circulante	Idem liquidez corrente, excluindo os estoques, por não serem facilmente realizáveis	Entre 0,60 e 0,70
Endividamento Geral	1,76	1,82	Passivo Circulante + Passivo não Circulante / patrimônio líquido	Indicador de solvência ou cobertura de dívida com todos os credores	Até 1,00. Acima de 1,00, no Brasil, é considerado excessivo
Endividamento Financeiro	1,50	1,50	Empréstimos e Financiamentos / patrimônio líquido	Indicador de solvência ou cobertura de dívida com os credores bancários	Até 1,00. Acima de 1,00, no Brasil, é considerado excessivo
Índice de Cobertura de Juros	1,58	2,19	Lucro Operacional / Juros de Financiamentos	Indicador da capacidade de pagamento dos encargos com capital de terceiros	Quanto maior, melhor
INDICADORES DE ATIVIDADE					
Prazo Médio de Recebimento (dias)	31	34	Dupls. a Receber – Clientes * 360 Dias / Receita Operacional Bruta	Vendas médias diárias retidas em carteira, não recebidas por serem vendas a prazo	Padrão do setor ou produto, sendo normal entre 30 e 60 dias
Prazo Médio de Pagamento (dias)	13	38	Dupls. a Pagar – Fornecedores * 360 Dias / Compras Brutas	Compras médias diárias retidas em carteira, não pagas por serem vendas a prazo	Padrão do setor ou produto, sendo normal ao redor de 30 dias
Prazo Médio de Estocagem de Materiais (dias) (se comércio, é estoque de mercadorias)	51	75	Estoque de Materiais * 360 Dias / Consumo de Materiais	Consumo médio diário retido em estoque. Estoque necessário para dias de produção	Quanto menor, melhor. Depende dos conceitos de estoque de segurança e administração de produção
Prazo Médio de Estocagem na Produção (dias)	0	0	Estoque de Prods. Processo * 360 Dias / Custo dos Produtos Vendidos	Representa o ciclo médio de fabricação. Custo médio da fábrica em elaboração	Quanto menor, melhor. Depende dos conceitos de estoque de segurança e administração de produção

(continua)

Tabela 11.3 – Painel de indicadores econômico-financeiros (continuação)

INDICADORES INDICADORES DE CAPACIDADE DE PAGAMENTO	19X0 Real	19X1 Projetado	Fórmula	Conceito	Parâmetros
Prazo Médio de Estoque Prod. Acabados (dias)	17	17	$\dfrac{\text{Estoque de Prods. Acabados} \times 360 \text{ Dias}}{\text{Custo dos Produtos Vendidos}}$	Representa o tempo médio de espera de produtos acabados antes da venda	Quanto menor, melhor. Depende dos conceitos de estoque de segurança e administração de vendas
Giro do Estoque – Global (vezes)	7,6	5,7	$\dfrac{\text{Custo dos Produtos Vendidos}}{\text{Total dos Estoques}}$	Representa a quantidade de vezes que a fábrica consegue produzir produtos no ano	Quanto maior, melhor. Depende dos conceitos de administração de produção e vendas
Giro do Ativo (vezes)	1,3	1,3	$\dfrac{\text{Receita Operacional Líquida}}{\text{Ativo Total}}$	É a quantidade de vezes que a empresa consegue transformar o ativo em vendas	Quanto maior, melhor. Quanto mais giro, maior possibilidade de reduzir a margem operacional
Giro do patrimônio líquido (vezes)	3,6	4,1	$\dfrac{\text{Receita Operacional Líquida}}{\text{patrimônio líquido}}$	É a quantidade de vezes que a empresa consegue transformar o capital próprio em vendas	Quanto maior, melhor. Quanto mais giro, maior possibilidade de reduzir a margem líquida
Margem Bruta	17,8%	19,4%	$\dfrac{\text{Lucro Bruto}}{\text{Receita Operacional Líquida}}$	Lucro bruto percentual obtido em cada venda (antes dos juros e impostos)	Setorial/produto. Quanto maior, melhor. Deve ser associado ao giro do ativo
Margem Operacional	5,4%	7,5%	$\dfrac{\text{Lucro Operacional}}{\text{Receita Operacional Líquida}}$	Lucro operacional percentual obtido em cada venda (antes dos juros e impostos)	Setorial/produto. Quanto maior, melhor. Deve ser associado ao giro do ativo
Margem Líquida	0%	0,%	$\dfrac{\text{Lucro Líquido após Impostos}}{\text{Receita Operacional Líquida}}$	Lucro final percentual obtido em cada venda	Setorial/produto. Quanto maior, melhor. Deve ser associado ao giro do capital próprio
Rentabilidade do Ativo – Bruta	7,2%	10,9%	$\dfrac{\text{Lucro Operacional}}{\text{Ativo Total}}$	Representa a capacidade operacional de geração de lucro antes dos impostos e juros	Setorial/produto. Quanto maior, melhor. Deve ser associado ao giro do ativo
Rentabilidade do patrimônio líquido	5,7%	12,7%	$\dfrac{\text{Lucro Líquido Final}}{\text{patrimônio líquido}}$	Representa a remuneração do capital próprio. Indicador final de rentabilidade	Libor, Prime Rate, TJLP. Entre 12% e 15%, é considerado bom; abaixo, fraco; e acima, ótimo

(continua)

Tabela 11.3 – Painel de indicadores econômico-financeiros (continuação)

INDICADORES / INDICADORES DE CAPACIDADE DE PAGAMENTO	19X0 Real	19X1 Projetado	Fórmula	Conceito	Parâmetros
Análise de Preços e Retorno de Ações					
Valor Patrimonial por Ação – R$ (Quantidade de Ações = 2.000.000)	2,00	2,17	$\dfrac{\text{patrimônio líquido}}{\text{Quantidade de Ações do Capital}}$	Representa o valor contábil unitário de cada ação	Não há. Cada empresa expressa seu capital social com quantidades diferentes de ações
Lucro por Ação	0,11	0,28	$\dfrac{\text{Lucro Líquido Final}}{\text{Quantidade de Ações do Capital}}$	É o lucro anual que cabe a cada ação	Deve ter uma análise de rentabilidade similar à do patrimônio líquido
Dividendos por Ação – R$	0,05	0,11	$\dfrac{\text{Dividendos Propostos/Distribuídos}}{\text{Quantidade de Ações do Capital}}$	É a parcela do lucro anual que será distribuída para cada ação	É base para avaliar o valor da ação no mercado, pois representa a rentabilidade "caixa" da ação
Cotação da Ação no Mercado – valor aleatório	1,40	2,40	Não há	Representa o valor que o mercado dá para a empresa	Se for superior ao valor patrimonial, o mercado vê a empresa em crescimento; se inferior, o mercado vê a empresa com a rentabilidade prejudicada
P/L – Relação Preço/Lucro (com valor de mercado)	12,31	8,73	$\dfrac{\text{Valor de Mercado da Ação}}{\text{Lucro por Ação}}$	Representa em quantos anos o investidor recupera o valor investido na ação	Para ações com maior risco, o mercado quer P/L menor, aceitando P/L maior em ações de menor risco. Ao redor de 8, é um número normal

* Utilizamos o consumo de materiais, pois nesses demonstrativos não há evidências claras do valor das compras brutas.

A análise de balanço tem de questionar a validade dos números apresentados nas demonstrações financeiras, e deve também haver segurança em todos os dados. Dentro de um processo orçamentário, no qual os dados são obtidos internamente, as questões relacionadas a seguir, em tese, não deveriam ser objeto de dúvidas. De qualquer maneira, fazem parte do processo de análise das demonstrações financeiras. Por exemplo:

1. Foram feitas todas as provisões retificadoras para estoques obsoletos, estoques com preço de custo maior do que o do mercado?
2. Foram feitas todas as provisões para perdas prováveis com investimentos, depósitos em juízo, contingências fiscais e trabalhistas?
3. Foi feita reserva adequada para provisão para créditos de liquidação duvidosa?
4. Todos os passivos estão declarados? Há contratos de *leasing* ou avais não constantes como passivos?
5. A demonstração de resultados não contém elementos em duplicata? (Exemplo: considerar como vendas valores-base de intermediação.)

Essas considerações têm por finalidade dar um grau de confiança maior tanto para o analista como para o usuário dos relatórios da análise de balanço.

11.2 Análise da rentabilidade

Essa deve ser considerada a melhor análise a ser extraída das demonstrações financeiras. Uma rentabilidade adequada obtida continuadamente é, possivelmente, o maior indicador da sobrevivência e sucesso da empresa. Podemos separar a análise da rentabilidade em dois grandes aspectos:

1. Análise da geração da margem de lucro: Leva em conta o desempenho operacional da empresa, pelo conceito de giro do ativo, que implica maior ou menor necessidade de margem operacional sobre as vendas.
2. Análise da destinação do lucro: Leva em conta a alavancagem do capital de terceiros, para aumento da rentabilidade do capital próprio.

Método Dupont

Classicamente, a análise da geração da margem de lucro é denominada *Método Dupont*, pois foi disseminada por essa empresa norte-americana no início do século XX. Ela relaciona os dois componentes principais da geração operacional do lucro, para analisar a rentabilidade operacional:

$$\text{Rentabilidade Operacional} = \text{Giro} \times \text{Margem}$$

O giro a ser considerado é o do ativo, que é a relação entre a receita de vendas e o ativo empregado para gerar essas vendas. O fundamento é que a empresa deve buscar sempre o maior giro, ou seja, a maior produtividade de seu Ativo Operacional. Quanto mais vendas a empresa conseguir com o mesmo ativo, maior a possibilidade de geração de lucros, pois vendas adicionais permitirão ganhos adicionais.

Ativo operacional e giro do ativo

Na Tabela 11.3 apresentamos o giro do ativo considerando o ativo total do balanço patrimonial. Para uma análise adequada, convém considerarmos o conceito de Ativo Operacional, que são todos os valores investidos em ativos necessários para obter as vendas. As principais adaptações do ativo constante do balanço tradicional para termos o ativo operacional são:

1. Todos os passivos ligados ao capital de giro devem ser considerados como redutores do ativo.
2. As aplicações financeiras devem ser consideradas redutoras do passivo de empréstimos e financiamentos.
3. Os dividendos a pagar devem ser considerados redutores das aplicações financeiras.
4. Ativos não operacionais podem (devem) ser desconsiderados (exemplo: investimentos em outras empresas ou em coligadas e controladas).

No nosso exemplo com os dados constantes da Tabela 11.1, temos (não estamos excluindo o valor dos Investimentos em Controladas, pelo valor não relevante e para simplificação):

Tabela 11.4 – Ativo operacional

	31.12.X0	31.12.X1
ATIVO TOTAL	11.023.500	12.189.488
(–) Caixa e Aplicações Financeiras	(930.100)	(1.007.323)
(–) Fornecedores	(260.000)	(916.059)
(–) Salários e Encargos a Pagar	(120.000)	(131.939)
(–) Contas a Pagar	(100.000)	(114.666)
(–) Impostos a Recolher – mercadorias	(240.000)	(34.440)
(–) Impostos a Recolher – sobre o lucro	(100.000)	(80.063)
(–) Adiantamento de Clientes	(3.500)	(5.000)
(–) Dividendos a Pagar	(200.000)	(74.726)
= ATIVO OPERACIONAL	9.069.900	9.825.273

Com isso, podemos calcular o giro do ativo:

$$\text{Giro do Ativo Operacional} = \frac{\text{Receita Operacional Líquida}}{\text{Ativo Operacional}}$$

$$X0 = \frac{14.500.000}{9.069.900} = 1,6 \text{ vez} \qquad X1 = \frac{17.670.446}{9.825.273} = 1,80 \text{ vez}$$

O ano X1 apresentou uma pequena melhora no giro, a qual decorreu do aumento das vendas, uma vez que não houve redução do valor do ativo operacional. O ideal é que sempre haja aumento do valor das vendas, concomitante com a redução do Ativo Operacional.

Lucro e margem operacionais

Considera-se Lucro Operacional o lucro das operações de compra, produção e vendas dos produtos e serviços da empresa. Resultados financeiros não devem ser considerados como operacionais. Os itens Outras Receitas Financeiras e Outras Despesas Financeiras são operacionais porque se referem normalmente às despesas bancárias, juros de clientes, descontos de fornecedores, juros a fornecedores, descontos a clientes, variações cambiais de créditos e obrigações com clientes e fornecedores etc. e não são, na realidade, relacionados com os ativos e passivos financeiros.

A Tabela 11.5 mostra a separação dos resultados operacionais dos resultados financeiros. Esses dois resultados, para obtermos uma avaliação adequada da rentabilidade, devem estar líquidos dos impostos sobre o lucro. Para tanto, utiliza-se o conceito da alíquota média dos impostos sobre o lucro e aplica-se sobre os resultados financeiros (pois são dedutíveis ou tributáveis), obtendo-se o custo financeiro líquido. A diferença do lucro é o lucro operacional, também líquido dos impostos.

Tabela 11.5 – Lucro operacional e custo financeiro líquido de impostos

	31.12.X0	31.12.X1
ALÍQUOTA MÉDIA DE IMPOSTOS		
Lucro antes dos Impostos sobre o Lucro	325.000	785.765
Impostos sobre o Lucro	97.500	235.729
= Alíquota Média de Impostos	30%	30%
CUSTO DO CAPITAL DE TERCEIROS		
Despesas Financeiras com Financiamentos	500.000	607.227
(–) Receitas Financeiras	(60.000)	(80.881)

(continua)

Tabela 11.5 – Lucro operacional e custo financeiro líquido de impostos (continuação)

	31.12.X0	31.12.X1
= Despesas Financeiras Líquidas	440.000	526.346
(–) Impostos sobre o Lucro	(132.000)	(157.904)
= DESPESAS FINANCEIRAS LÍQUIDAS DOS IMPOSTOS	308.000	368.442
LUCRO OPERACIONAL LÍQUIDO		
Lucro Líquido do Exercício	227.500	550.035
(+) Despesas Financeiras Líquidas dos Impostos	308.000	368.442
= LUCRO OPERACIONAL LÍQUIDO	535.500	918.477

Com isso, podemos calcular a margem operacional:

$$\text{Margem Operacional} = \frac{\text{Lucro Operacional Líquido dos Impostos}}{\text{Receita Operacional Líquida}}$$

$$X0 = \frac{535.500}{14.500.000} = 3,693\% \qquad 19X1 = \frac{918.477}{17.670.446} = 5,198\%$$

Com esses dados, vimos que houve uma boa melhora da margem operacional em X1, decorrente de maior volume de vendas, em percentual superior aos aumentos de custos. A empresa deve sempre buscar menos custos e maior volume de vendas para obter a maior margem operacional.

Análise da geração da rentabilidade operacional

A análise da geração de lucro é:

$$\text{Rentabilidade Operacional} = \text{Giro} \times \text{Margem}$$

Portanto, temos o Lucro Operacional sobre o Ativo Operacional:

$$X0 = 1,6 \times 3,693\% = 5,90\%$$
$$X1 = 1,8 \times 5,198\% = 9,35\%$$

O incremento da rentabilidade operacional sobre o ativo em X1 foi decorrente tanto do aumento do giro como do aumento da margem. Esses percentuais podem ser obtidos pela fórmula direta, sem os seus elementos analíticos:

$$\text{Rentabilidade Operacional} = \frac{\text{Lucro Operacional}}{\text{Ativo}}$$

$$X0 = \frac{535.500}{9.069.900} = 5,90\% \qquad 19X1 = \frac{918.477}{9.825.273} = 9,35\%$$

Avaliação da rentabilidade do lucro operacional

O Lucro Operacional, deduzido do percentual médio de impostos sobre o lucro, equivale à rentabilidade do patrimônio líquido. Partindo do pressuposto de que uma empresa pode ser totalmente financiada com capital próprio, a rentabilidade operacional líquida dos impostos será igual à rentabilidade do patrimônio líquido e, portanto, avaliada com os mesmos parâmetros (Libor, Prime Rate, TJLP, custo de oportunidade de capital de mercado etc.).

A rentabilidade de X0 é fraca, enquanto a rentabilidade de X1 é considerada regular ou aceitável.

Rentabilidade do capital de financiamento

O segundo aspecto da rentabilidade é a destinação do lucro obtido. O lucro operacional deve ser suficiente para cobrir os encargos financeiros e remunerar adequadamente o capital próprio. A análise da destinação do lucro obtido é exatamente para verificar se a alavancagem financeira aconteceu, ou seja, se a tomada de capital de terceiros beneficiou os acionistas.

A análise deve identificar qual foi a remuneração média anual do capital de terceiros e a remuneração final do patrimônio líquido. Para tanto, é necessário identificar o valor dos tipos de capital de financiamento. O capital próprio é representado pela figura do patrimônio líquido; o capital de terceiros compreende os empréstimos e financiamentos de curto e longo prazos, deduzidos das aplicações financeiras. Assim, baseados em nosso exemplo numérico, podemos montar a estrutura das fontes de capital apresentada na Tabela 11.6 a seguir.

Tabela 11.6 – Passivo operacional ou estrutura do capital de financiamento

	31.12.X0	31.12.X1
CAPITAL DE TERCEIROS		
Empréstimos – Passivo Circulante	1.200.000	1.653.629
Empréstimos – Exigível no Longo Prazo	4.800.000	4.848.946
(–) Caixa e Aplicações Financeiras	(930.100)	(1.007.323)
Subtotal	5.069.900	5.495.252
CAPITAL PRÓPRIO		
patrimônio líquido	4.000.000	4.330.021
= TOTAL DE FONTES DE CAPITAL	9.069.900	9.825.273

Destinação do lucro

O capital de terceiros é remunerado pelos juros. No nosso exemplo, são as despesas financeiras com financiamentos. Como consideramos as aplicações financeiras como redutoras dos empréstimos e financiamentos, para obter a rentabilidade do capital de terceiros (o custo de capital de terceiros), diminuímos das despesas financeiras as receitas obtidas pelas aplicações, resultando em despesas financeiras líquidas.

Para fins de rentabilidade, temos de diminuir das despesas financeiras líquidas a média dos impostos sobre o lucro, uma vez que elas são dedutíveis para fins de impostos sobre o lucro.

Portanto, o custo financeiro é a soma das:

- despesas financeiras com financiamentos;
- diminuídas das receitas financeiras de aplicações financeiras;
- diminuídas dos impostos sobre o lucro, sobre o resultado líquido dos dois itens anteriores.

A remuneração do capital próprio é o lucro líquido final deduzido das despesas financeiras líquidas. Em outras palavras, os acionistas são remunerados pelo lucro residual após o custo de capital de terceiros, que é representado pela última linha da demonstração de resultados.

Custo do capital de terceiros

Com os dados obtidos nas tabelas 11.5 e 11.6, podemos calcular a rentabilidade dos tipos de capital de financiamento. Apresentamos primeiro o custo de capital de terceiros.

$$\text{Custo de Capital de Terceiros} = \frac{\text{Custo de Capital de Terceiros (Líquido dos Impostos)}}{\text{Capital de Terceiros}}$$

$$X0 = \frac{R\$\ 308.000}{R\$\ 5.069.900} = 6{,}08\% \qquad 19X1 = \frac{R\$\ 368.442}{R\$\ 5.495.252} = 6{,}71\%$$

O custo de capital de terceiros teve um pequeno aumento em X1, mantendo-se entre 6% e 7% ao ano.

Rentabilidade do capital próprio

Após o pagamento do custo de capital de terceiros, o lucro residual é a rentabilidade dos acionistas, donos do capital próprio.

$$\text{Rentabilidade do Capital Próprio} = \frac{\text{Lucro Líquido após Impostos}}{\text{Patrimônio Líquido}}$$

$$X0 = \frac{R\$\ 227.500}{R\$\ 4.000.000} = 5{,}69\% \qquad X1 = \frac{R\$\ 550.035}{R\$\ 4.330.021} = 12{,}7\%$$

A rentabilidade de X0 deve ser considerada fraca, e o fato de o custo de capital de terceiros ter ficado em 6,08% significa que não houve alavancagem financeira; ou seja, emprestar foi elemento redutor de lucro para o acionista.

A rentabilidade de X1 é considerada boa e seria inferior se não houvesse alavancagem financeira, uma vez que o custo de capital de terceiros (6,71%) foi elemento de melhora na rentabilidade do acionista.

Essa análise pode ser comprovada comparando-se as três rentabilidades fundamentais: a rentabilidade líquida do ativo operacional, o custo de capital de terceiros e a rentabilidade do acionista, como podemos ver na Tabela 11.7.

Tabela 11.7 – Análise comparativa de rentabilidades (líquidas dos impostos)

	31.12.X0	31.12.X1
Rentabilidade do Ativo Operacional	5,90%	9,35%
Custo do Capital de Terceiros	6,08%	6,71%
Rentabilidade do Capital Próprio	5,69%	12,70%

Fica evidente o fenômeno alavancagem financeira, notadamente no ano X1. A rentabilidade do ativo como um todo foi inferior à rentabilidade do capital próprio; significa que, pelo fato de a empresa ter um custo de capital de terceiros inferior à rentabilidade líquida do ativo operacional, os acionistas foram beneficiados com uma rentabilidade que é superior à do total do ativo.

11.3 EVA® – *Economic Value Added* (Valor Econômico Agregado ou Adicionado)

O EVA é um conceito de custo de oportunidade, ou lucro residual, que foi retomado mais recentemente; é um conceito tradicional da teoria econômica, mas que nem sempre tem sido adotado, tanto no tempo como em todas as empresas.

Em linhas gerais, esse conceito significa que há, realmente, valor adicionado à empresa quando o Lucro Líquido após o imposto de renda é superior a um determinado custo de oportunidade de capital. Esse custo de oportunidade de capital é considerado como o lucro mínimo que a empresa deveria ter para remunerar adequadamente o investimento do acionista.

A rentabilidade mínima do acionista equivale a um custo de oportunidade. Em outras palavras, se o acionista aplicasse seu dinheiro em outro negócio ou outra empresa, teria no mínimo aquele rendimento. Portanto, valor adicionado só pode ser considerado quando o lucro obtido pelo acionista for maior do que um rendimento mínimo de mercado.

Recomenda-se a aplicação do conceito do EVA tanto para a rentabilidade do acionista quanto para a rentabilidade do Ativo Total. A fórmula do EVA, segundo seus criadores (ver em Ehrbar, 1999, p. 2), é a seguinte:

$$EVA = Nopat - C\% \ (TC)$$

onde:

Nopat = Lucro Operacional Líquido após os Impostos

C% = Custo percentual do capital

TC = Capital Total

Portanto, o EVA caracteriza-se por ser um conceito de lucro residual. Considera-se lucro, ou valor adicionado, aquele que excede uma rentabilidade mínima sobre o investimento.

Entendemos ser fundamental essa análise de rentabilidade que, juntamente com a rentabilidade do patrimônio líquido, deve ser a conclusiva. Se a empresa adota um custo mínimo de capital, só se justifica a aprovação de um orçamento, em condições normais, se os resultados projetados cobrem o custo de oportunidade de capital adotado.

Não há dúvida de que, em termos orçamentários, temos de fazer as devidas considerações para situações econômicas conjunturais, em que, por questões de recessão da economia nacional e internacional, crise no setor, eventos não esperados, problemas naturais e climáticos etc., sabe-se que o resultado não será o desejado, ou será até mesmo de prejuízo.

Mas, em linhas gerais, o plano orçamentário considera-se aprovado se atender os requisitos de rentabilidade do capital próprio e valor econômico adicionado.

Que custo de oportunidade adotar?

Não há exatamente um consenso sobre qual taxa de desconto adotar. Algumas sugestões são:

- taxa de juros de títulos do governo norte-americano;
- Libor ou Prime Rate;
- Taxa de Juros de Longo Prazo (TJLP) no Brasil;
- custo médio ponderado de capital da empresa;
- custo médio ponderado de capital ajustado pelo risco da empresa;
- custo de capital exigido/declarado pelos acionistas etc.

Quanto maior for a taxa de custo de oportunidade a ser adotada, mais difícil será, para a empresa, apresentar valor agregado. Portanto, esse é um fator fundamental. Não vemos nenhum inconveniente em utilizar o custo de capital exigido pelos acionistas.

Qual o valor do capital total (investimento)?

Esse elemento exige uma definição. Pode-se simplesmente tomar como referência o valor contábil do ativo; pode-se tomar como referência o ativo operacional líquido, conforme demonstramos na Tabela 11.4; pode-se tomar como referência o valor econômico da empresa obtido por fluxos futuros de caixa descontado no início do período etc.

Como a taxa de juros, esse elemento reveste-se de capital importância. Entendemos que o conceito de ativo operacional líquido é um referencial significativo.

Exemplo

Tomando como base os resultados das tabelas 11.4 e 11.5 e assumindo um custo de oportunidade exigido pelos acionistas de 8%, teríamos a seguinte mensuração do valor econômico adicionado para os dois exercícios analisados.

Tabela 11.8 – Valor Econômico Adicionado – custo de oportunidade de 8% a.a.

	31.12.X0	31.12.X1
Lucro Operacional Líquido (a)	535.500	918.477
Ativo Operacional (b)	9.069.900	9.825.273
Custo de Oportunidade (c)	8,0%	8,0%
Custo Mínimo de Capital (d = (b*c))	725.592	786.022
Valor Econômico Adicionado (e = a – d)	(190.092)	132.456
Rentabilidade Adicionada (e/b)	–2,1%	1,3%

No exemplo, verificamos que X1 deverá ter um valor adicionado de R$ 132.456, que representa uma rentabilidade adicionada de 1,3%. Em X0, não houve valor adicionado, porque a rentabilidade final foi inferior à rentabilidade mínima exigida pelo custo de oportunidade dos acionistas.

De acordo com o enfoque do EVA, não houve agregação de valor, mas, sim, *destruição de valor do acionista*. Considera-se destruição do valor do acionista quando o valor adicionado é negativo. No ano X0, se o acionista tivesse investido em outro negócio, poderia ter uma rentabilidade mínima de R$ 725.592. Como a empresa só rendeu R$ 535.500, o acionista deixou de ter renda de R$ 190.092; portanto, sua riqueza foi parcialmente destruída. De modo percentual, o investidor perdeu 2,1% no ano em relação a um custo médio de oportunidade em outros empreendimentos.

Análise do EVA e o acionista

Nesse exemplo, consideramos para análise do EVA o ativo operacional líquido, independentemente da forma como ele é financiado. Portanto, não consideramos a possibilidade da alavancagem financeira. Quando se quer incorporar o conceito de alavancagem financeira, o custo de oportunidade a se adotar deverá ser, então, o custo médio ponderado de capital.

Questões e exercícios

1. Discorra resumidamente sobre as técnicas de análise financeira de balanços (análises vertical, horizontal e indicadores), sua utilidade, seus objetivos e problemas.

2. Escolha três ou quatro indicadores que você considera essenciais para a análise de balanço. Justifique.

3. Com os demonstrativos apresentados a seguir, faça uma análise de balanço, elaborando:

a) análises vertical e horizontal do balanço patrimonial e demonstração de resultados;
b) construção dos indicadores;
c) avaliação final sobre a empresa em termos de estrutura financeira, patrimonial e rentabilidade.

balanço patrimonial	Ano 1	Ano 2
ATIVO CIRCULANTE	120.000	132.700
Aplicações Financeiras	25.000	23.200
Contas a Receber de Clientes	43.000	61.200
Estoques	50.000	45.500
Outros Valores a Realizar	2.000	2.800
ATIVO NÃO CIRCULANTE		
Realizável a Longo Prazo	2.000	2.400
Depósitos Judiciais	2.000	2.400
OUTROS ATIVOS NÃO CIRCULANTES	88.000	81.900
Investimentos em Controladas	18.000	19.200
Imobilizados	150.000	162.000
(–) Depreciação Acumulada	(80.000)	(99.300)
TOTAL	210.000	217.000
PASSIVO CIRCULANTE	85.300	85.600
Fornecedores	10.000	11.000
Contas a Pagar	7.800	8.300
Impostos a Recolher	4.500	5.800
Dividendos a Pagar	8.000	4.000
Empréstimos	55.000	56.500
PASSIVO NÃO CIRCULANTE		
Exigível a Longo Prazo	34.700	37.400
Financiamentos	34.700	37.400
PATRIMÔNIO LÍQUIDO	90.000	94.000
Capital Social	68.000	68.000
Reservas	16.400	22.000
Lucros Acumulados	5.600	4.000
TOTAL	210.000	217.000
demonstração de resultados	Ano 1	Ano 2
RECEITA OPERACIONAL BRUTA	320.000	347.000
(–) Impostos sobre Vendas	(35.000)	(38.000)
RECEITA OPERACIONAL LÍQUIDA	285.000	309.000
CUSTO DOS PRODUTOS VENDIDOS	187.400	205.800
Consumo de Materiais	104.000	114.000
Depreciação	18.400	19.300
Outros Custos de Fabricação	65.000	72.500

(continua)

(continuação)

LUCRO BRUTO	97.600	103.200
(–) DESPESAS OPERACIONAIS	67.500	76.700
Com Vendas	38.400	41.700
Administrativas	29.100	35.000
LUCRO OPERACIONAL I	30.100	26.500
Receitas Financeiras	2.800	2.500
Despesas Financeiras	(13.050)	(18.000)
Equivalência Patrimonial	800	1.200
LUCRO OPERACIONAL II	20.650	12.200
Impostos sobre o Lucro	(7.021)	(4.148)
LUCRO LÍQUIDO DO EXERCÍCIO	13.629	8.052

4. Considerando os mesmos demonstrativos contábeis do exercício anterior, elabore para os dois exercícios:

    a) análise de rentabilidade com o Método Dupont;

    b) rentabilidade do capital de financiamento;

    c) rentabilidade do capital próprio;

    d) avaliação da rentabilidade final, se é forte ou fraca.

5. Com os mesmos demonstrativos do Exercício 3, apure o EVA (Valor Econômico Adicionado), considerando um custo de oportunidade de capital de 12% ao ano.

6. Com os mesmos demonstrativos financeiros, elabore e comente, para os dois exercícios:

    a) o lucro gerado pelas operações;

    b) o lucro gerado para o caixa;

    c) o EBITDA e a rentabilidade bruta de caixa.

7. Considerando:

    - que uma empresa vendeu R$ 120.000 em um período e obteve um lucro de R$ 11.000;
    - que ela tem um giro do ativo de 1,25%;
    - que a participação do capital próprio no ativo total é igual a 60%;
    - que o restante do passivo está dividido em 70% de circulante e 30% de passivo não circulante;
    - que essa empresa tem um índice de Liquidez Corrente de 1,5 e não tem realizável no longo prazo.

    a) qual o valor do seu ativo permanente?

    b) calcule, analise e interprete a rentabilidade.

8. Considerando os seguintes dados de uma empresa:
   - um ativo total de R$ 320.000;
   - um giro do ativo de 0,80%;
   - custos e despesas totais do período de R$ 247.000;
   - um ativo permanente de 72% do ativo total;
   - um passivo não circulante de R$ 10.000 (não tem realizável no longo prazo);
   - um capital próprio representando 65% do ativo.

   a) calcule o índice de Liquidez Corrente;
   b) calcule, analise e interprete a rentabilidade.

Capítulo 12

Introdução à simulação no planejamento orçamentário

Conforme Shannon (1975), "simulação é o processo de planejamento de um modelo de um sistema real e condução de experimentos com esse modelo, com o objetivo tanto do entendimento do comportamento do sistema ou de avaliação das várias estratégias (dentro dos limites impostos por um critério ou de um conjunto de critérios) para a operação do sistema".

A incorporação do instrumento da simulação no planejamento financeiro e orçamentário é fundamental para o processo de avaliação final do plano orçamentário. Após o cálculo de todo o plano orçamentário, baseado nas premissas gerais e demais premissas assumidas, fazem-se as projeções das demonstrações financeiras e sua análise, procurando validar o plano orçamentário em relação aos objetivos e às metas decorrentes dos planejamentos estratégico e operacional.

Se os resultados projetados não estiverem de acordo com as expectativas, há de refazer todas as peças ou algumas das peças orçamentárias, bem como eventualmente modificar as premissas existentes ou incorporar novas premissas. A simulação é importante nessa etapa de validação do orçamento. Com um modelo de simulação adequado e construído de forma integrada, ganha-se tempo na avaliação das alternativas possíveis e, com isso, recompõem-se as premissas e conclui-se o plano orçamentário.

Neste capítulo utilizaremos alguns modelos de simulação em finanças e orçamento, construídos em planilha eletrônica (Excel). Conforme Naylor (1971), "a simulação computacional é uma técnica numérica para conduzir experimentos com certos tipos de modelos matemáticos que descrevem o comportamento de um sistema em computador digital, sobre um período de tempo". De acordo com o mesmo autor, um modelo a ser analisado pela simulação é caracterizado pelo seguinte:

1. Muitas variáveis X e suas funções.
2. Variáveis randômicas e suas distribuições.
3. Muitos parâmetros.
4. Muitas ligações entre os elementos do modelo.
5. Não linearidades.
6. Restrições combinadas.
7. Uma resposta ou respostas que podem ou não ter um caminho no tempo.

O plano orçamentário é um modelo matemático que representa os efeitos econômico-financeiros das operações da empresa planejadas para um determinado período. O método contábil é aquele que liga as inúmeras variáveis e os inúmeros parâmetros necessários para esse planejamento. Portanto, a simulação é adequada para esse instrumento de gestão.

Nossos exemplos não são construídos para incorporar variáveis randômicas, permitindo apenas alterações de variáveis de forma determinística. Contudo, a utilização de um modelo integrado, que permite verificar imediatamente os resultados após alterações de quaisquer variáveis, uma de cada vez ou várias ao mesmo tempo, auxilia sobremaneira a identificação de possibilidades de alteração nos dados programados e valores orçados.

> Todos os modelos apresentados estão disponíveis na página deste livro no site www.cengage.com.br.

12.1 Exemplo 1 – Modelo sintético

A Tabela 12.1 mostra um modelo de simulação resumindo as peças orçamentárias e projetando as demonstrações financeiras. O modelo é integrado, pois os dados finais obtidos decorrem das operações aritméticas necessárias, bem como do método contábil de partidas dobradas.

O modelo de simulação foi estruturado da seguinte maneira:

1. À esquerda, nas primeiras três colunas, estão os dados resumidos das peças orçamentárias, com quantidades e preços unitários.

2. O segundo conjunto de números, denominado *Demonstração de Resultados*, apresenta os dados das peças orçamentárias que deverão fazer parte desse demonstrativo para o fechamento do plano orçamentário. Note, por exemplo, que do Orçamento de Vendas vai apenas o dado da Receita Líquida de $ 20.000.

3. Os dados da próxima coluna, *Balanço Inicial*, são dados determinados, uma vez que se supõe que eles já são conhecidos antes do início do orçamento.

4. O próximo bloco de três colunas, do *Balanço Final*, evidencia, na coluna *Base*, as premissas para os saldos finais, premissas essas que devem constar do plano orçamentário. Dessa maneira, os valores resultantes na coluna *Valor* decorrem da aplicação dos dados dos orçamentos em conjunto com as premissas. No caso de Clientes, como as vendas brutas foram orçadas em $ 24.400, considerando 25 dias de prazo médio de recebimento de clientes, teremos $ 1.694 no saldo do balanço final projetado ($ 24.440 ÷ 360 dias x 25 dias = $ 1.694). Assim, todas as demais contas foram projetadas.

Introdução à simulação no planejamento orçamentário 289

Tabela 12.1 – Simulação no planejamento financeiro e orçamentário – situação A

Qtde.	Preço Unit.	Total	Demonstração de Resultados	Balanço Inicial	Base	Balanço Final Rubrica	Valor	Fluxo de Caixa
ORÇAMENTO DE VENDAS								
1.000	20	20.000	20.000		25 dias	Clientes	1.694	24.206
Impostos	22%	4.400						
Rec Oper. Bruta		24.400						
ORÇAMENTO DE CONSUMO								
1.000	10	10.000	10.000					
ORÇAMENTO DE ESTOQUES								
1.000	10	10.000		1.400	100 dias	Estoques Materiais	2.778	
ORÇAMENTO DE COMPRAS								
1.137,78	10	11.378						
Impostos	20%	2.276						
Compras Brutas		13.653		800	20 dias	Fornecedores	759	13.695
ORÇAMENTO DE IMPOSTOS								
		2.124		200	30 dias	Imp. a Recolher	177	2.147
ORÇAMENTO DE DESPESAS								
		8.000	8.000	180	15 dias	Contas a Pagar	333	7.847
ORÇAMENTO DE DEPRECIAÇÃO								
		500	500					
ORÇAMENTO DE INVESTIMENTOS								
		1.000	50	5.000	10% juros	Imobilizado	5.450	1.000
ORÇAMENTO DE DESP. FINANCEIRAS								
		300	300	200	10% juros			
ORÇAMENTO DE FINANCIAMENTOS								
		800	40	3.000	20% amortiz.	Financiamentos	3.540,0	600,0
ORÇAMENTO DE PATRIM. LÍQUIDO								
Ativo Total				4.920			5.113,3	
Passivo Total				9.100			9.922,2	
Lucro do Período I			1.110	9.100			9.922,2	
MOVIMENTAÇÃO DE CAIXA								
Saldo de Caixa				1.200,0		Caixa I		916,7
Receita Financeira – SI			96		8% juros	Caixa II		1.001,3
Receita Financeira – Movimentação			(11,3)		4% juros			
Lucro do Período II			1.194,7					

DEMONSTRAÇÃO DE RESULTADOS

Receita Líquida	20.000,0
(–) Custos	(10.000,0)
Materiais	(8.000,0)
Despesas	
Depreciação	(550,0)
Despesas Financeiras	(340,0)
(+) Receitas Financeiras	84,7
= Lucro	1.194,7

BALANÇO PATRIMONIAL

Ativo	Inicial	Final
Caixa	1.200,0	1.001,3
Clientes	1.500,0	1.694,4
Estoques	1.400,0	2.777,8
Imobilizado	5.000,0	5.450,0
Total	9.100,0	10.923,6
Passivo		
Fornecedores	800,0	758,5
Impostos a Recolher	200,0	177,0
Contas a Pagar	180,0	333,3
Financiamento	3.000,0	3.540,0
PL	4.920,0	6.114,7
Inicial	4.920,0	4.920,0
Lucro		1.194,7
Total	9.100,0	10.923,6

FLUXO DE CAIXA

Recebimento de Clientes	24.205,6
(–) Pagamentos	
Fornecedores	(13.694,9)
Impostos	(2.147,4)
Despesas	(7.846,7)
(–) Investimentos	(1.000,0)
(–) Amortizações	(600,0)
(+) Financiamentos	800,0
(+) Receitas Financeiras	84,7
Movimentação	(198,7)
(+) Saldo Inicial	1.200,0
= Saldo Final	1.001,3

5. A coluna de *Fluxo de Caixa*, também matematicamente interligada por fórmula, evidencia a projeção de cada conta. No caso de clientes, o saldo inicial de clientes de $ 1.500, mais as vendas brutas de $ 24.400, menos o saldo final projetado de $ 1.694, indica que os recebimentos de vendas serão de $ 24.206 no fluxo de caixa.

6. Ao final estão as projeções das demonstrações financeiras, de forma resumida e sem preocupação de classificação mais adequada.

Utilizando o modelo em simulação

Como todas as colunas e números estão interligados, pode-se utilizar essa estrutura de planejamento financeiro em simulação, testando várias possibilidades de alterações das principais variáveis.

A título de exemplo, vamos supor que podemos aumentar as vendas em 120 unidades, mantendo o mesmo preço de $ 20 por unidade. Para tanto, deveremos aumentar também o consumo de materiais na mesma quantidade. Só que o preço de compra deverá subir para $ 11. Outrossim, o prazo de pagamento cairá para 10 dias.

Assim, as variáveis alteradas serão:

1. Quantidade vendida de 1.000 para 1.120 unidades.
2. Quantidade consumida de materiais de 1.000 para 1.120 unidades.
3. Preço de compra sem impostos de $ 10 para $ 11 por unidade.
4. Prazo médio de pagamento de fornecedores de 20 para 10 dias.

Alterando as variáveis no modelo, este, automaticamente, dará as novas projeções financeiras, mostradas na Tabela 12.2.

O lucro projetado aumenta de $ 1.194,7 para $ 1.257,9, porque a margem bruta obtida pelo volume adicional foi superior aos custos fixos de despesas e depreciações e suficiente para cobrir o aumento de preço dos materiais. Contudo, o saldo final de caixa diminuiu de $ 1.001,3 da situação inicial para $ 564,6 na Situação B, basicamente porque houve uma redução do prazo médio de pagamento, exigindo maior desembolso de caixa da empresa em relação à situação anteriormente projetada.

Todas as variáveis articuladas no modelo estruturado poderão ser alteradas e, automaticamente, teremos demonstrações financeiras projetadas que respondem às novas premissas. Assim, pode-se, com esse instrumento, validar o orçamento, bem como avaliar as possíveis alterações necessárias para o reprocessamento do plano orçamentário.

12.2 Exemplo 2 – Modelo simplificado

Apresentamos a seguir um exemplo numérico de orçamento completo, em uma abordagem simplificada. Os dados referem-se a um período. Necessariamente, o orçamento é um sistema que exige a periodicidade mensal. Portanto, todos os da-

Introdução à simulação no planejamento orçamentário 291

Tabela 12.2 – Simulação no planejamento financeiro e orçamentário – situação B

	Qtde.	Preço Unit.	Total	Demonstração de Resultados	Balanço Inicial	Base	Balanço Final Rubrica	Valor	Fluxo de Caixa
ORÇAMENTO DE VENDAS	1.120	20	22.400	22.400	1.500	25 dias	Clientes	1.898	26.930
Impostos		22%	4.928						
Rec. Oper. Bruta			27.328						
ORÇAMENTO DE CONSUMO	1.120	11	12.320	12.320					
ORÇAMENTO DE ESTOQUES	1.000	10	10.000		1.400	100 dias	Estoques Materiais	2.778	
ORÇAMENTO DE COMPRAS	1.369.778	10	13.698						
Impostos		20%	2.740						
Compras Brutas			16.437		800	10 dias	Fornecedores	457	16.781
ORÇAMENTO DE IMPOSTOS			2.188		200	30 dias	Imp. a Recolher	182	2.206
ORÇAMENTO DE DESPESAS			8.000	8.000	180	15 dias	Contas a Pagar	333	7.847
ORÇAMENTO DE DEPRECIAÇÃO			500	500					
ORÇAMENTO DE INVESTIMENTOS			1.000	50	5.000	10% taxa anual	Imobilizado	5.450	1.000
ORÇAMENTO DE DESP. FINANCEIRAS			300	300		10% juros			
ORÇAMENTO DE FINANCIAMENTOS			800	40	3.000	20% amortiz.	Financiamentos	3.540	600
ORÇAMENTO DE PATRIM. LÍQUIDO					4.920			5.613	
Ativo Total					9.100			10.125,6	
Passivo Total					9.100			10.125,6	
Lucro do Período I				1.190					
MOVIMENTAÇÃO DE CAIXA									
Saldo de Caixa					1.200		Caixa I		497
Receita Financeira – SI				96		8% juros	Caixa II		564,6
Receita Financeira – Movimentação				(28,1)		4% juros			
Lucro do Período II				1.257,9					

DEMONSTRAÇÃO DE RESULTADOS

Receita Líquida	22.400
(–) Custos	
Materiais	–12.320
Despesas	–8.000
Depreciação	–550
Despesas Financeiros	–340
(+) Receitas Financeiras	67,9
= Lucro	1.257,9

BALANÇO PATRIMONIAL

Ativo	Inicial	Final
Caixa	1.200	565
Clientes	1.500	1.898
Estoques	1.400	2.778
Imobilizado	5.000	5.450
Total	9.100	10.690,2
Passivo		
Fornecedores	800	457
Imp. Recolher	200	182
Contas a Pagar	180	333
Financiamento	3.000	3.540
PL	4.920	6.178
Inicial	4.920	
Lucro		1.257,9
Total	9.100	10.690,2

FLUXO DE CAIXA

Recebimento de Clientes	26.930
(–) Pagamentos	
Fornecedores	(16.781)
Impostos	(2.206)
Despesas	(7.847)
(–) Investimentos	(1.000)
(–) Amortizações	(600)
(+) Financiamentos	800
(+) Receitas Financeiras	67,9
Movimentação	–635,4
(+) Saldo Inicial	1.200
= Saldo Final	564,6

dos e cálculos apresentados no exemplo numérico devem ser feitos para todos os meses do ano e, posteriormente, consolidados pelo somatório para obtermos também os dados anuais. No caso do orçamento de despesas departamentais, sugerimos apenas os números totais para as três áreas operacionais, para simplificação.

Esse modelo de orçamento está também estruturado de acordo com o conceito de simulação, na planilha eletrônica. Assim, todos os dados que são objeto de cálculo e da movimentação pelo método contábil estão formatados com as fórmulas adequadas. Dessa maneira, é possível utilizar o conceito de simulação, alterando qualquer variável que se deseje e que cause os números.

O modelo é consolidado nas demonstrações financeiras projetadas, que incluem a demonstração de resultados, o balanço final projetado e o fluxo de caixa projetado.

Tabela 12.3 – Orçamento de vendas – preços, quantidades, receita, clientes

Ano/Mês 1	Dados	Produto A	Produto B	Total
ORÇAMENTO DE QUANTIDADE				
Quantidade Real – Período Anterior	unid.	30.000	12.000	42.000
Aumento Previsto		10%	8%	
Quantidade Orçada	unid.	33.000	12.960	45.960
ORÇAMENTO DE PREÇOS				
Preço de Venda Atual – Bruto	$	20,00	30,00	
Estima de Reajuste no Período		4%	5%	
Preço de Venda Orçado	$	20,80	31,50	
ORÇAMENTO DE VENDAS				
Receita Operacional Bruta	$	686.400	408.240	1.094.640
(–) Impostos sobre Vendas	25% $	(171.600)	(102.060)	(273.660)
Receita Operacional Líquida	$	514.800	306.180	820.980
ORÇAMENTO DE CLIENTES				
Prazo Médio de Recebimento	dias	25	65	
Saldo Final de Duplicatas a Receber	$	47.667	73.710	121.377
(–) Provisão para Créditos Incobráveis	2% $	(953)	(1.474)	(2.428)
Saldo Final de Duplicatas a Receber Líquido	$	46.713	72.236	118.949

Tabela 12.4 – Orçamento de produção – quantidades

Ano/Mês 1	Dados	Produto A	Produto B	Total
Estoque Inicial – Produtos Acabados	unid.	2.000	1.500	3.500
Vendas Orçadas	unid.	33.000	12.960	45.960
Estoque Final – Política de Estocagem	dias	35	35	
Estoque Final – Orçado	unid.	3.208	1.260	4.468
Produção Orçada	unid.	34.208	12.720	46.928

Tabela 12.5 – Orçamento de materiais – estoques, consumo, compras, fornecedores

Ano/Mês 1	Dados	Produto A	Produto B	Total
ORÇAMENTO DE ESTRUTURA DO PRODUTO				
Custo dos Materiais por Produto – Atual	$	12,00	17,00	
Estima de Aumento de Custo		5%	4%	
Custo dos Materiais Orçado	$	12,60	17,68	
CONSUMO DE MATERIAIS				
Quantidade de Produção Orçada	unid.	34.208	12.720	46.928
Custo de Materiais Orçado	$	12,60	17,68	
Consumo de Materiais Orçado	$	431.025	224.890	655.915
ESTOQUE FINAL DE MATERIAIS				
Prazo Médio de Estocagem	dias	30	40	
Estoque Final Orçado	$	35.919	18.741	54.660
COMPRA DE MATERIAIS				
Estoque Inicial – Real	$	22.000	28.000	50.000
Consumo Orçado	$	431.025	224.890	655.915
Estoque Final – Orçado	$	35.919	18.741	54.660
Orçamento de Compras – Líquido	$	444.944	215.630	660.574
(+) Impostos sobre Compras	30% $	133.483	64.689	198.172
Orçamento de Compras – Bruto	$	578.427	280.320	858.746
ORÇAMENTO DE FORNECEDORES				
Prazo Médio de Pagamento	dias	20	20	
Saldo Final de Duplicatas a Pagar	$	32.135	15.573	47.708

Tabela 12.6 – Orçamento do custo dos produtos vendidos e estoque final de produtos acabados

Ano/Mês 1	Dados	Produto A	Produto B	Total
Estoque Inicial – Produtos Acabados	unid.	2.000	1.500	3.500
Estoque Inicial – Produtos Acabados	$	40.000	23.000	63.000
Orçamento de Custos de Produção				
· Consumo de Materiais	$	431.025	224.890	655.915
· Custos de Fabricação	$	28.000	12.000	40.000
· Depreciação Industrial	$	30.000	25.000	55.000
Soma	$	489.025	261.890	750.915
Produção Orçada	unid.	34.208	12.720	46.928
Total Estoque Inicial + Produção (a)	$	529.025	284.890	813.915
Total Estoque Inicial + Produção (b)	unid.	36.208	14.220	50.428
Custo Médio Ponderado Orçado (a/b)	$	14,61	20,03	
QUANTIDADE				
· Vendida	unid.	33.000	12.960	45.960
· Do Estoque Final	unid.	3.208	1.260	4.468
CUSTO DOS PRODUTOS				
· Vendidos	$	482.149	259.646	741.796
· Do Estoque Final	$	46.876	25.243	72.119

Tabela 12.7 – Orçamento de impostos a recolher sobre mercadoria e produtos

Ano/Mês 1	Dados	Produto A	Produto B	Total
IMPOSTOS A RECOLHER DO PERÍODO				
(+) Impostos sobre Vendas	$	–	–	273.660
(–) Impostos sobre Compras	$	–	–	(198.172)
Líquido a Recolher Orçado	$	–	–	75.488
SALDO FINAL DE IMPOSTOS A RECOLHER				
Prazo Médio de Recolhimento	dias	–	–	20
Saldo Final Orçado	$	–	–	4.194
RECOLHIMENTO DE IMPOSTOS				
Saldo Inicial	$	–	–	5.000
(+) Impostos a serem recolhidos no ano	$	–	–	75.488
(–) Saldo Final Orçado	$	–	–	(4.194)
Orçamento de Recolhimento de Impostos	$	–	–	76.294

Tabela 12.8 – Orçamento de despesas departamentais

Ano/Mês 1 Gastos	Industriais	Departamentos Comerciais	Administrativos
MÃO DE OBRA DIRETA			
· Salários e outras remunerações			
· Horas Extras			
· Incentivos			
· Encargos Legais e Espontâneos			
Soma			
MÃO DE OBRA INDIRETA			
· Salários e outras remunerações			
· Horas Extras			
· Incentivos			
· Encargos Legais e Espontâneos			
Soma			
MATERIAIS INDIRETOS			
· Materiais Auxiliares, Ferramentas etc.			
· Materiais de Manutenção			
· Materiais de Expediente etc.			
Soma			
DESPESAS GERAIS			
· Energia Elétrica			
· Telefone e Comunicações			
· Viagens, com Veículos etc.			
· Serviços de Terceiros, Comissões etc.			
· Aluguéis			
· Publicidade			

Tabela 12.8 – Orçamento de despesas departamentais (continuação)

Ano/Mês 1 Gastos	Industriais	Departamentos Comerciais	Administrativos
- Fretes, Seguros etc.			
Soma			
Subtotal	40.000	35.000	15.000
DEPRECIAÇÕES			
- Imóveis			
- Máquinas e Equipamentos			
- Móveis e Utensílios etc.			
Soma	55.000	2.000	3.000
TOTAL GERAL	95.000	37.000	18.000

Tabela 12.9 – Orçamento de salários e contas a pagar

Ano/Mês 1	Total
Saldo Inicial de Salários e Contas a Pagar	8.000
Orçamento de Mão de Obra e Despesas	90.000
Prazo Médio de Pagamento em dias	15
Saldo Final de Salários e Contas a Pagar	3.750

Tabela 12.10 – Orçamento de investimentos e financiamentos

Ano/Mês 1	Total
ORÇAMENTO DE CAPITAL	
Investimentos em Imobilizados	50.000
Outros Investimentos	0
Total	50.000
ORÇAMENTO DE FINANCIAMENTOS	
Financiamentos	20.000
Debêntures	0
Capital Social	0
Total	20.000

Tabela 12.11 – Orçamento de depreciações

Ano/Mês 1		Total
ORÇAMENTO DE IMOBILIZADOS		
Saldo Inicial de Imobilizados Valor Bruto		600.000
Orçamento de Aquisições do Período		50.000
Orçamento de Baixas do Período		0
Saldo Final de Imobilizados – Orçado		650.000
ORÇAMENTO DE DEPRECIAÇÕES		
Taxa anual de depreciações		
. Sobre Imobilizados Existentes	7,5%	45.000
. Sobre Novos Imobilizados	30%	15.000
Total		60.000 *

* Devem ser distribuídos pelos departamentos.

Tabela 12.12 – Orçamento de despesas financeiras

Ano/Mês 1		Total
ORÇAMENTO DE FINANCIAMENTOS		
Saldo Inicial de Financiamentos		0
Orçamento de Financiamentos do Período		20.000
Orçamento de Amortizações do Período		0
Saldo Final de Financiamentos – Orçado		20.000
ORÇAMENTO DE DESPESAS FINANCEIRAS		
Taxa anual de juros		
. Sobre Financiamentos Existentes	0,0%	0
. Sobre Novos Financiamentos	10%	1.000 *
Total		1.000

* Supondo que os financiamentos entraram no meio do período.

Utilizando o modelo em simulação

Alterando algumas das variáveis possíveis do modelo, de forma determinística, podemos verificar o impacto nas demais peças orçamentárias e nas demonstrações financeiras projetadas, configurando o conceito de simulação.

Alteraremos as seguintes variáveis:

1. No orçamento de quantidade de vendas, o aumento previsto para o Produto A será de 12%.

2. No orçamento de quantidade de vendas, o aumento previsto para o Produto B será de 6%.

3. No orçamento de preços, a estimativa de reajuste do Produto A será de 5%.

4. No orçamento de preços, a estimativa de reajuste do Produto B será de 6%.
5. No orçamento de clientes, o prazo médio de recebimento de vendas do Produto A será de 30 dias.
6. No orçamento de estrutura do produto, a estimativa de aumento de custos do Produto A será de 6%.
7. No orçamento de estrutura do produto, a estimativa de aumento de custos do Produto B será de 5%.
8. No orçamento de estoque final de materiais, o prazo médio de estocagem do Produto B será de 30 dias.

Alteradas essas variáveis nos modelos, praticamente todas as peças orçamentárias sofrerão alterações de valor e quantidades, bem como praticamente todos os elementos patrimoniais do ativo e passivo, os dados da demonstração de resultados e do fluxo de caixa.

Vamos comparar os principais dados alterados:

	Situação Anterior	Situação com Alterações
Produto A – unidades	33.000	33.600
Produto B – unidades	12.960	12.720
Receita Operacional Líquida – Total – $	820.980	832.572
Saldo Final de Contas a Receber – Total – $	118.949	129.197
Orçamento de Produção – Quantidade		
Produto A – unidades	34.208	34.867
Produto B – unidades	12.720	12.457
Orçamento de Compras de Materiais – Total – $	858.746	872.746
Orçamento de Custo Prod. Vendidos – Total – $	741.796	750.856
Demonstrações Financeiras Projetadas		
Lucro Líquido do Período – $	16.110	17.756
Saldo Operacional – Fluxo de Caixa – $	25.434	15.935
Saldo Final – Fluxo de Caixa – $	16.034	6.535

O novo cenário, que, em linhas gerais, considera um aumento do valor das vendas e produz um aumento no lucro líquido, reduz, contudo, o saldo final de caixa. A causa principal é uma mudança na premissa de prazo médio de recebimento das vendas do Produto A, que vai de 20 para 30 dias. Com isso, no período em questão, a empresa tem de financiar mais vendas, aumentando o valor retido em contas a receber e postergando a entrada de caixa.

Um modelo de simulação de orçamento adequadamente preparado, utilizando o máximo possível de recursos computacionais, torna-se um instrumento fundamental para a validação das propostas orçamentárias, sendo de grande utilidade para o processo, principalmente na fase de orçamentação preliminar.

Tabela 12.13 – Projeção das demonstrações contábeis

Dados Reais/Atuais Coluna 1 BALANÇO INICIAL		Coluna 2 DEMONSTRAÇÃO DE RESULTADOS		Coluna 3 BALANÇO FINAL		Coluna 4 FLUXO DE CAIXA	
ATIVO		RECEITA OPERACIONAL BRUTA	1.094.640	**ATIVO**		**ATIVIDADES OPERACIONAIS**	
Caixa e Aplicações Financeiras	20.000	(–) Impostos sobre Vendas	(273.660)	Caixa e Aplicações Financeiras	16.034	Recebimento de Vendas	1.055.691
Duplicatas a Receber – Líquido	80.000	RECEITA OPERACIONAL LÍQUIDA	820.980	Duplicatas a Receber – Líquido	118.949	(–) Pagamento a Fornecedores	(851.038)
Estoques				Estoques		(–) Salários e Despesas	(94.250)
- de Materiais	50.000	(–) CUSTO DOS PRODUTOS VENDIDOS	741.796	- de Materiais	54.660	(–) Recolhimento de Impostos	(76.294)
- Produtos Acabados	63.000	- Consumo de Materiais	655.915	- Produtos Acabados	72.119	(–) Impostos sobre o Lucro	(8.675)
Imobilizado		- Custos de Fabricação	40.000	Imobilizado		Saldo Operacional	25.434
- Valor Original	600.000	- Depreciação Industrial	55.000	- Valor Original	650.000		
- Depreciação Acumulada	(120.000)	(+) Estoque Inicial Produtos Acabados	63.000	- Depreciação Acumulada	(180.000)	**ATIVIDADES DE INVESTIMENTO**	
Total	693.000	(–) Estoque Final Produtos Acabados	(72.119)	Total	731.762	Aquisição Imobilizados	(50.000)
			741.796				
PASSIVO		LUCRO BRUTO	79.184	**PASSIVO**		**ATIVIDADES DE FINANCIAMENTO**	
Duplicatas a Pagar	40.000			Duplicatas a Pagar	47.708	Novos Empréstimos	20.000
Salários e Contas a Pagar	8.000	(–) DESPESAS OPERACIONAIS		Salários e Contas a Pagar	3.750	Juros Pagos	(1.000)
Impostos a Recolher	5.000	Comerciais	35.000	Impostos a Recolher	4.194	Receitas Financeiras	1.600
Financiamentos	0	Administrativas	15.000	Financiamentos	20.000	Saldo	20.600
Patrimônio Líquido		Depreciações	5.000	Patrimônio Líquido			
- Capital Social	600.000	- Capital Social	600.000	- Capital Social	40.000	SALDO DO PERÍODO	(3.966)
- Lucros Acumulados	40.000	LUCRO OPERACIONAL	24.184	- Lucros Acumulados	40.000		
- Lucro do Período	–	(–) Despesas Financeiras	(1.000)	- Lucro do Período	16.110	**CAIXA E APLICAÇÕES FINANCEIRAS**	
Total	693.000	(+) Receitas Financeiras	1.600	Total	731.762	- Saldo Inicial	20.000
						- Saldo Final	16.034
		LUCRO ANTES DOS IMPOSTOS	24.784				
		(–) Impostos sobre o Lucro	(8.675)				
		LUCRO LÍQUIDO DO PERÍODO	16.110				

Disponibilidade dos modelos de simulação

Na página deste livro no site da Cengage (www.cengage.com.br) estão disponíveis três modelos de simulação:

Simulação 1 – O modelo apresentado no início deste capítulo com o nome de Exemplo 1 – Modelo Sintético;

Simulação 2 – O modelo apresentado neste capítulo com o nome de Exemplo 2 – Modelo Simplificado;

Simulação 3 – O modelo mais completo que contempla todas as tabelas constantes dos capítulos 4 a 7 da Parte II e dos capítulos 9, 10 e 11 da Parte III.

Questões e exercícios

1. Tome como referência os cálculos efetuados nos orçamentos de todas as tabelas apresentadas no Exemplo 2 – Modelo Simplificado, que foram elaborados com planilha eletrônica, e descreva o formato de cálculo de todas as células.

2. Partindo da resolução do orçamento do Exemplo 2 – Modelo Simplificado, considere agora:

   - que o aumento previsto no orçamento de vendas da Tabela 12.3 será de 12% para o Produto A (em vez de 10%) e de 9% para o Produto B (em vez de 8%);
   - que a política de estocagem de produtos acabados, constante da Tabela 12.4, em vez de 35 dias, será de 40 dias;
   - que a estimativa de aumento de custo da estrutura dos produtos da Tabela 12.5 será de 6% para o Produto A (em vez de 5%) e de 6% para o Produto B (em vez de 4%).

   Considerando essas novas premissas e nos demais dados de todas as tabelas do Capítulo 8 mantendo-se as originais:

   a) refaça todos os orçamentos;
   b) faça uma nova projeção dos demonstrativos contábeis.

Referências

ATKINSON, Anthony A. et al. *Contabilidade gerencial*. São Paulo: Atlas, 2000.
BOURNE, Mike; NEELY, Andy. Lore reform. *Financial Management*, Londres, jan. 2002.
BREALEY, Richard A.; MYERS, Stewart C. *Princípios de finanças empresariais*. Portugal: McGraw-Hill, 1992.
BRIGHAM, Eugene F.; GAPENSKI, Louis C.; EHRHARDT, Michael C. *Administração financeira*. São Paulo: Atlas, 2001.
CATELLI, Armando. *Apontamentos de sala de aula*. Tese (Doutorado em Controladoria e Contabilidade). São Paulo: FEA-USP, 1994.
CATELLI, Armando. *Controladoria*. São Paulo: Atlas, 1999.
CAVALCANTE FILHO, Francisco da Silva; MISUMI, Jorge Yoshio. *Mercado de capitais*. Belo Horizonte: CNBV, 1998.
COPELAND, Tom et al. *Avaliação de empresas – Valuation*. São Paulo: Makron Books, 2000.
CORRAR, Luiz João. O modelo econômico da empresa em condições de incerteza: aplicação do Método de Simulação de Monte Carlo. *Cadernos de Estudos*, Fipecafi, FEA-USP, n. 8, 1993.
CROZATTI, Jaime. Modelo de gestão e cultura organizacional – Conceitos e interações. *Cadernos de Estudos*, Fipecafi, FEA-USP, n. 18, maio-ago. 1998.
DAMODARAN, Aswath. *Avaliação de investimentos*. Rio de Janeiro: Qualitymark, 1999.
EHRBAR, Al. *EVA* – Valor Econômico Agregado. Rio de Janeiro: Qualitymark, 1999.
FALCINI, Primo. *Avaliação econômica de empresas*. São Paulo: Atlas, 1992.
FARIA, Juliano Almeida de; GOMES, Sônia Maria da Silva. *Folga orçamentária*. Feira de Santana, BA: Uefs Editora, 2013.
FRASER, Robin; HOPE Jeremy. Rethinking: life without budgets. *Business Review Weekly*, Austrália, jun. 1999.
FRASER, Robin; HOPE Jeremy. Figures of hate. *Financial Manancial*. Londres, fev. 2001.
FREZATTI, Fábio. *Orçamento empresarial*. São Paulo: Atlas, 1999.
FREZATTI, Fábio. *Gestão de valor na empresa*. São Paulo: Atlas, 2003.
GALESNE, Alain; FENSTERSEIFER, Jaime E.; LAMB, Roberto. *Decisões de investimentos da empresa*. São Paulo: Atlas, 1999.
GUERREIRO, Reinaldo. *Modelo conceitual de sistema de informação de gestão econômica*: uma contribuição à teoria da comunicação da contabilidade. Tese (Doutorado). São Paulo: FEA-USP, 1989.
GUERREIRO, Reinaldo. Mensuração do resultado econômico. *Caderno de Estudos*, Fipecafi, FEA-USP, n. 3, set. 1991.

GITMAN, Lawrence J. *Princípios de administração financeira*. 7. ed. São Paulo: Harbra, 1997.
GITMAN, Lawrence J.; MADURA, Jeff. *Administração financeira*. São Paulo: Pearson, 2003.
HENDRIKSEN, Eldon S. *Accounting theory*. 3. ed. Homewood, IL: Richard D. Irwin, 1977.
HOGI, Masakazu Hoji. *Administração financeira*. 3. ed. São Paulo: Atlas, 2001.
HORNGREN, Charles T. *Introdução à contabilidade gerencial*. 5. ed. Rio de Janeiro: Pretince-Hall, 1985.
HORNGREN, Charles T.; SUNDEM, Gary L.; STRATTON, William O. *Introduction to management accounting*. 10. ed. Upper Saddle River, NJ: Prentice-Hall, 1996.
HUMMEL, Paulo Roberto Vampré; TASCHNER, Mauro Roberto Black. *Análise e decisão sobre investimentos e financiamentos*. São Paulo: Atlas, 1988.
INTERNATIONAL FEDERATION OF ACCOUNTANTS/INTERNATIONAL MANAGEMENT ACCOUNTING PRACTISE STATMENT. *Management accounting concepts*. Relatório revisado, mar. 1998.
IUDÍCIBUS, Sérgio de. *Análise de balanços*. 5. ed. São Paulo: Atlas, 1988.
IUDÍCIBUS, Sérgio de. Por uma teoria abrangente de contabilidade. *Boletim do Ibracom*, ano XVII, n. 200, jan. 1995.
JENSEN, Michael C. Orçamento não funciona. Vamos consertá-lo. *Harvard Business Review*, Caderno Especial, 2002.
KASSAI, José Roberto et al. *Retorno de investimento*. São Paulo: Atlas, 1999.
KELLER, Wayne I.; FERRARA, William L. *Management accounting for profit control*. Tóquio: Kogakusha, McGraw-Hill, 1966.
KENNEDY, Alinson; DUGDALE, David. Getting the most from budgering. *Management Accounting*, Londres, fev. 1999.
LEAHY, Tad. As 10 maiores armadilhas do orçamento. *HSM Management*, maio-jun. 2002.
MARTINS, Eliseu. *Contribuição à avaliação do ativo intangível*. Tese (Doutorado). São Paulo: FEA-USP, 1972.
MARTINS, Eliseu. (coord.). *Avaliação de empresas*: da mensuração contábil à econômica. São Paulo: Atlas, 2001.
MARTINS, Eliseu; ASSAF NETO, Alexandre. *Administração financeira*: as finanças das empresas sob condições inflacionárias. São Paulo: Atlas, 1985.
MATARAZZO, Dante C. *Análise financeira de balanços*. 2. ed. São Paulo: Atlas, 1989.
MOORE, Carl; JAEDICKE, Robert K. *Managerial accounting*. Cincinatti: South Western, 1967.
MOREIRA, José Carlos. *Orçamento empresarial*: manual de elaboração. São Paulo: Atlas, 1984.
NAGAKAWA, Masayuki; CATELLI, Armando. *Controladoria*. São Paulo: Atlas, 1999.

NAYLOR, Thomas H. *Computer simulation experiments with models of economic systems*. Nova York: John Wiley & Sons, 1971.

NEIVA, Raimundo Alelaf. *Valor de mercado da empresa*. São Paulo: Atlas, 1992.

PADOVEZE, Clóvis Luís. *Contabilidade gerencial*. 7. ed. São Paulo: Atlas, 2010.

PADOVEZE, Clóvis Luís. *Controladoria estratégica e operacional*. 3. ed. São Paulo: Cengage Learning, 2012.

PADOVEZE, Clóvis Luís. *Contabilidade de custos*. São Paulo: Cengage Learning, 2013.

PADOVEZE, Clóvis Luís. *Sistemas de informações contábeis*. 7. ed., São Paulo: Atlas, 2015.

PADOVEZE, Clóvis Luís; BENEDICTO, Gideon Carvalho de. *Análise das demonstrações financeiras*. 3. ed. São Paulo: Cengage Learning, 2010.

PYHRR, Peter A. *Orçamento base zero*. Rio de Janeiro: Interciência, 1981.

ROSS, Stephen A.; WESTERFIELD, Randolph W.; JAFFE, Jeffrey E. *Administração financeira*. São Paulo: Atlas, 2002.

ROSSETTI, José Paschoal. *Contabilidade social*. 7. ed. São Paulo: Atlas, 1994.

SALIBY, Eduardo. *Repensando a simulação*: a amostragem descritiva. São Paulo: Atlas, Rio de Janeiro: Editora da UFRJ, 1989.

SANDRONI, Paulo. *Novíssimo dicionário de economia*. 5. ed. São Paulo: Best Seller, 2001.

SHANNON, Robert E. *Systems simulation*: the art and science. Englewood Cliffs: Prentice-Hall, 1975.

SIEGEL, Joe G.; SHIM, Jae K. *Dictionary of accounting terms*. 2. ed. Nova York: Barron's, 1995.

STEDRY, A. C. Getting the most from budgeting. In: KENNEDY, Alinson; DUGDALE, David. *Management Accounting*, Londres, v. 77, n. 2, fev. 1999.

TIFFANY, P.; PETERSON, S. D. *Planejamento estratégico*: o melhor roteiro para um planejamento estratégico eficaz. Rio de Janeiro: Campus, 1998.

VAN HORNE, James C. *Financial management and policy*. 11. ed. Upper Saddle River, NJ: Prentice-Hall, 1998.

WELSCH, Glenn A. *Orçamento empresarial*. 4. ed. São Paulo: Atlas, 1983.